So schön bunt sind die Häuser auf der griechischen Insel Kefalonia

Inhalt

PORTUGAL 14

- Von Viana do Castelo nach Porto **20**
  Tour durch Städte & Hinterland

- Von Lissabon nach Sagres **32**
  Entlang der wilden Westküste

SPANIEN 44

- Rundtour ab Pamplona (Iruña) **50**
  Historische Städte & die Pyrenäen

- Rundtour ab Málaga **64**
  Stadt, Berge & Küste des Lichts

FRANKREICH 76

- Von Arcachon nach Hossegor **82**
  Immer den Wellen nach

- Von Sisteron nach Grasse **94**
  Ein Canyon & duftende Plateaus

ITALIEN 106

- Von Bozen ins Fischleintal **112**
  Domherren & Dolomiten

- Vom Lago Maggiore nach Varese **126**
  Unterwegs von See zu See

- Von Siena nach Pitigliano **140**
  Zwischen Weltkultur & Weinbergen

SLOWENIEN 154

- Rund um den Triglav-Nationalpark **160**
  In den Alpen zu Bergen & Seen

- Von Kranjska Gora nach Triest **172**
  Durchs Gebirge an die Adria

KROATIEN 184

- Von Rovinj zur Insel Krk **190**
  Buchten, Strände, Inselträume

- Von Šibenik nach Makarska **202**
  Burgen, Berge & Wasserfälle

GRIECHENLAND 216

- Von Lefkada über Kefalonia nach Zakynthos **222**
  Camping meets Inselhopping

- Von Voidokilia Strand nach Nafplio **234**
  Die Finger des Peloponnes

Die Adriaküste im kroatischen Dalmatien ist ein Campertraum in Meerblau

Rein ins Abenteuer! Traumtouren mit dem Wohnmobil

FRANKREICH
Von Arcachon nach Hossegor
Immer den Wellen nach

FRANKREICH
Von Sisteron nach Grasse
Ein Canyon & duftende Plateaus

PORTUGAL
Von Viana do Castelo nach Porto
Tour durch Städte & Hinterland

PORTUGAL
Von Lissabon nach Sagres
Entlang der wilden Westküste

SPANIEN
Rundtour ab Pamplona (Iruña)
Historische Städte & die Pyrenäen

SPANIEN
Rundtour ab Málaga
Stadt, Berge & Küste des Lichts

Alle Touren im Überblick

Unvergessliche Campingtrips

Italien
Von Bozen ins Fischleintal
Domherren & Dolomiten

Italien
Vom Lago Maggiore nach Varese
Unterwegs von See zu See

Italien
Von Siena nach Pitigliano
Zwischen Weltkultur & Weinbergen

Slowenien
Rund um den Triglav-Nationalpark
In den Alpen zu Bergen & Seen

Slowenien
Von Kranjska Gora nach Triest
Durchs Gebirge an die Adria

Kroatien
Von Rovinj zur Insel Krk
Buchten, Strände, Inselträume

Kroatien
Von Šibenik nach Makarska
Burgen, Berge & Wasserfälle

Griechenland
Von Lefkada über Kefalonia nach Zakynthos
Camping meets Inselhopping

Griechenland
Von Voidokilia Strand nach Nafplio
Die Finger des Peloponnes

Unterm Olivenbaum, den Strand vor der Tür: So kann Campen in Griechenland aussehen

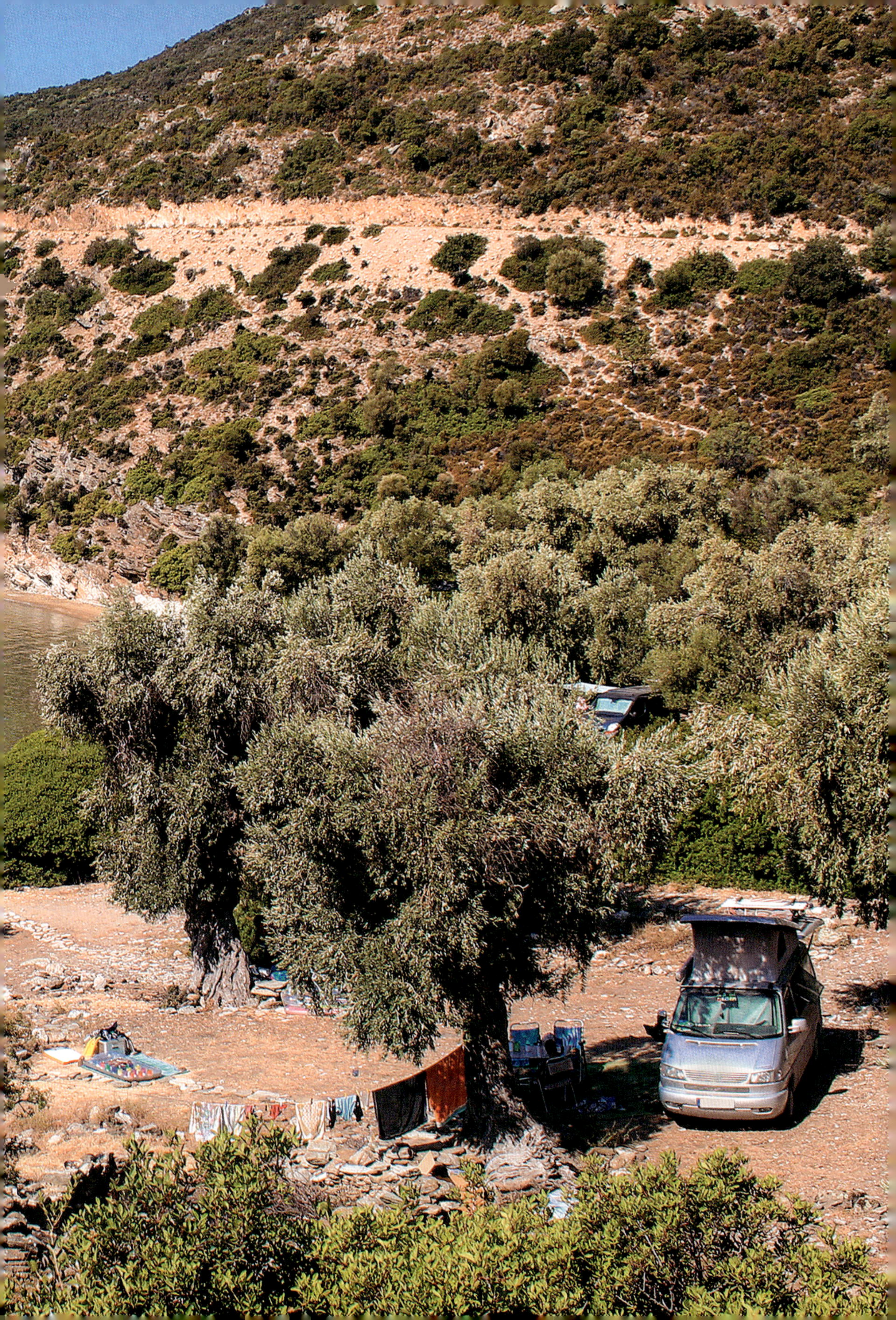

Best of Campingplätze

Für Schattensuchende

Der **Parque de Campismo Orbitur Sagres** liegt wunderschön inmitten eines Pinienwaldes – angenehm schattig und die Nadelbäume sorgen dafür, dass es herrlich nach Sommer duftet! Und auch zum Strand sind nur zehn Fußminuten. Ins Zentrum von Sagres kannst du locker mit dem Fahrrad fahren. Oder du wanderst – immer mit Meerblick – zum südwestlichsten Punkt Europas, dem Cabo de São Vicente. ▶ S. 41

Für Wanderlustige

Der Naturpark der Sierra de Grazalema in Andalusien ist ein Paradies zum Wandern und Entspannen. Und mittendrin im Wald liegt **Camping Los Linares**. Der Rio Majaceite entspringt fast vor der Haustür. Folge dem rauschenden Gebirgsbach und du kommst auf einer wunderbaren, nicht anstrengenden Wanderung, die auch für Kinder geeignet ist, zum weißen Dorf El Bosque (11 Autominuten vom Camp entfernt). Naturidylle pur! ▶ S. 72

Für alle

Die jüngeren Kinder basteln mit Salzteig oder gehen auf Schatzsuche, die Teenies surfen oder tanzen in der Disco ab. Und die Erwachsenen? Wie wär's zum Beispiel mit Paragliding? Im **Camping Panorama du Pyla** an der Atlantikküste bei Arcachon langweilt sich garantiert niemand. Dazu bietet der Platz viele kulinarische Angebote inklusive Crêperie. Den Panoramablick auf die Dune du Pilat, die höchste Wanderdüne Europas, gibt's gratis dazu. ▶ S. 90

Vom River Camping Bled läuft man gerade mal 20 Minuten zum Bleder See, in dem dieses Bilderbuchinselchen liegt

Für Wissbegierige

Im wunderbar in den Weinbergen gelegenen **Camping Moosbauer** bei Bozen wird Nachhaltigkeit großgeschrieben. So ist das Unternehmen zu 100 Prozent klimaneutral und das Restaurant direkt am Pool setzt auf ganzheitliche (Stichwort „nose to tail"), saisonale und regionale Küche. Im LernKeller gibt es Schautafeln über die Geschichte Südtirols sowie eine kleine Bibliothek mit Büchern über Land und Leute. ▶ S. 122

Für Aktive Familien

Achtung, Helm festziehen: Es geht wild hoch und runter auf dem Fahrrad-Parcours am **River Camping Bled** direkt am Fluss Save mit Blick auf die slowenischen Krawanken. Auf dem Spielplatz freuen sich die Kleineren, spielen strahlend im Sand. Papa packt das Sandspielzeug ein, Mutter und Tochter kommen gleich pitschnass vom Rafting zurück. Oder waren sie im Schwimmbad? Spaß und Entspannung: der perfekte Mix für die ganze Familie. ▶ S. 168

Für Insel-Fans

Auf der Insel mit dem witzigen Namen Krk findest du jede Menge traumhafter Ecken. Eine davon ist ganz sicher ganz im Süden beim Ort Stara Baška der Campingplatz **Škrila Sunny Camping.** Dieser beeindruckt nicht nur durch seine fantastische Lage direkt am Kiesstrand, sondern ist auch einfach wunderbar angelegt: Durch die terrassenförmige Anordnung genießt du von den Stellplätzen ein Wahnsinnspanorama aufs Meer. Es gibt ein Restaurant und eine Beach Bar – eigentlich braucht man den Platz gar nicht zu verlassen! ▶ S. 199

Für Anspruchsvolle

Wer nichts missen will, ist auf dem großzügigen **Camping Gythion Bay** genau richtig! Die gepflegte Anlage bietet über die Standardausstattung eines normalen Platzes hinaus auch einen schicken Pool mit Sonnenliegen, Glamping-Unterkünfte, moderne Bäder und einen Zugang zum endlosen Sandstrand, auf dem man Wind- oder Kitesurfen kann. ▶ S. 244

BEST OF KULINARISCHES

Für den kleinen Hunger

Nachdem man stundenlang verzückt durch die charmante Altstadt von Porto geschlendert ist, passiert es unweigerlich: der kleine Hunger ist da! Wie gut, wenn man dann auf die **Petisqueira Voltaria** stößt, die wunderbare hausgemachte Kleinigkeiten (aber auch große Gerichte, Suppen und Salate) serviert. Am besten ganz viel Verschiedenes bestellen und dann teilen! ▶ S. 31

Für Fleischfresser

O.k., Vegetarierherzen schlagen im **Asador Iturrama** in Pamplona wahrscheinlich nicht höher, aber wer gerne Fleisch ist, dem läuft beim Anblick der allerfeinsten Rindersteaks, Burger und Würste vom Grill gleich das Wasser im Munde zusammen. Und wer danach noch (immer) nicht satt ist, bestellt zum Nachtisch *torrijas*, die spanische Variante von Armer Ritter. ▶ S. 62

Für Feinschmecker

Französische Landküche *at its best!* Mit Blick auf den See einen feinen fangfrischen Fisch des Tages genießen, dazu ein Glas Weißwein trinken – und danach (oder lieber davor?) noch mit einem Bötchen (das man im Restaurant mieten kann) über den See schippern: All das geht im charmant eingerichteten Edelrestaurant **Les Roseaux** am Etang Blanc bei Seignosse unweit von Hossegor, das die Familie Lesbats seit 1926 betreibt. Sogar ein Kindermenü („Menü des Petits Canards") gibt es! ▶ S. 93

Malfatti mit Spinat und Käse sind fester Bestandteil der toskanischen Küche

Für Toskana-Fans

In der Osteria **Il Ghibellino** in Siena wird traditionelle toskanische Küche zelebriert. Die knödeligen *malfatti* gibt es in verschiedenen Variationen, die Pasta ist selbstverständlich hausgemacht. Besonderen Wert legen die Betreiber auf glutenfreie Speisen. So kommen auch Allergiker in den Genuss der typisch Sieneser Mandelkekse mit Dessertwein. Und der grandiose Duomo von Siena ist gerade mal vier Minuten zu Fuß entfernt. ▶ S. 152

Für Kreative

Frühlingsrollen mit Gurkensalat und süßer Chilisauce? Tintenfisch-Carpaccio mit Wasabi-Mayonnaise und eingelegtem Ingwer? Oder lieber Pilz-Arancini mit Trüffel-Rotwein-Sauce? Diese kreative Fusion-Küche findet man tatsächlich im kleinen Ort Stari Grad auf der kroatischen Insel Hvar – bei **Nook.** Und das Ganze wird auch noch unprätentiös und freundlich serviert und ist nicht überteuert? Also nichts wie hin! ▶ S. 215

Für Naschkatzen

Seit nunmehr über 25 Jahren stellt die Schokoladenmanufaktur **Cukrček** in Sloweniens Hauptstadt Ljubljana im Familienbetrieb Köstliches aus feinstem Kakao her. Es gibt Schokolade mit Salz, rotem Pfeffer, Rosmarin, in der Geschmacksrichtung Apfelstrudel und, und, und. Wer noch Mitbringsel für Zuhause sucht, ist hier zwischen der großen Auswahl an hübsch verpackten Pralinenschachteln natürlich auch genau am richtigen Fleck. ▶ S. 171

Für Honigbienchen

Wer sich vor oder nach dem Schwimmen und Sonnen am Myrtos Beach mit einem leckeren und gesunden Frühstück oder Lunch stärken will, dem sei **Myrtillo Café Garden** ans Herz gelegt. Es gibt leckere Sandwiches, frische Salate und griechischen Joghurt – alles regional und bio. Das Café liegt zwar nicht direkt am Strand, bietet aber einen lauschigen Garten (gut zum Abkühlen!). Der Honig ist selbstgemacht und kann auch für die Womo-Küche erstanden werden. ▶ S. 232

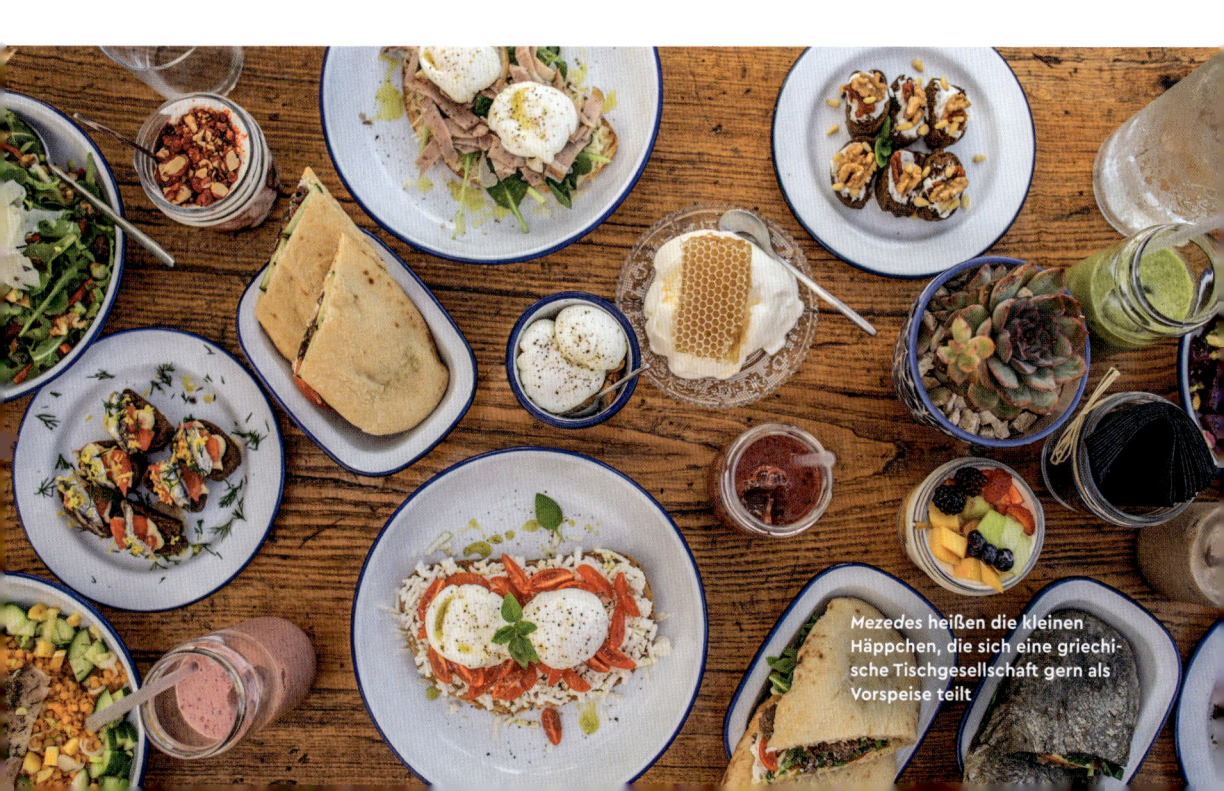

Mezedes heißen die kleinen Häppchen, die sich eine griechische Tischgesellschaft gern als Vorspeise teilt

An der portugiesischen Algarve-Küste gibt es Strand, so weit das Auge reicht

PORTUGAL

Bem-vindo im Land von Portwein & Fado

Kleine Buchten, lange Sandstrände, rostrote Felsklippen, tosende Wellen, türkisfarbenes Meer, duftende Pinien- und Eukalyptuswälder, Berge und sprudelnde Bäche – das alles ist Portugal! Die landschaftliche Vielfalt ist einzigartig und das, obwohl man das Land in rund sechs Stunden von Nord nach Süd durchfahren kann.

Keramikteller in allen Farben und Formen sind beliebte Portugal-Mitbringsel

Meeresglück

Portugal und das Meer, das ist eine Liebesgeschichte! Auf einer Küstenlänge von rund 1700 km trifft der Atlantische Ozean auf das Land, mal ruhig und friedlich, mal tosend und laut. In den kleinen Küstendörfern bestimmen die Gezeiten das Leben der Bevölkerung. Was die Strände betrifft, scheint es fast, als würde Portugal einen Wettbewerb um den schönsten Strand gewinnen wollen. An jeder Ecke erstreckt sich ein Sandmeer mit einem anderen Gesicht, eins schöner als das andere: kleine, von Klippen umsäumte Buchten, kilometerlange Traumsandstrände. Aber das Meer lädt nicht nur zum Baden ein, sondern auch zum Nationalsport, dem Surfen, oder zum Kiten. Du öffnest die Tür deines Campers und siehst rostrote steile Klippen und das azurblaue Meer vor dir. Die Luft riecht nach Salz und Freiheit. Eine Welle nach der anderen rollt auf den langen Sandstrand und die ersten Surfer bevölkern schon das Wasser. So fühlt sich Glück an!

Das Land der Spätesser

Wenn wir hierzulande für gewöhnlich ab 18 Uhr mit dem Abendessen beginnen, verschwenden die Portugiesen noch keinen Gedanken daran. In Portugal ticken die Uhren bei Essenszeiten etwas anders. Vor allem das Abendessen findet außergewöhnlich spät statt und so öffnen die meisten Restaurants erst ab 19 Uhr. Auch 22 Uhr, wenn die Sonne

Mit einer Traumlage punktet Vila Nova de Milfontes an der Mündung des Rio Mira

untergegangen ist und die Temperatur sich abkühlt, ist keine ungewöhnliche Zeit, um sich an den Herd zu stellen. Zum Abendessen, auf Portugiesisch *jantar*, wird etwas Deftiges wie Fleisch oder Fisch mit Gemüse, Reis und Kartoffeln aufgetischt. Ob es nun gesund ist, so spät abends noch etwas Warmes zu essen, sei dahingestellt: andere Länder, andere Sitten. Vorteilhaft ist auf jeden Fall eine meist freie Platzwahl im Restaurant vor 20 Uhr.

Der Traum aller Shoppingqueens

Sonntags Lebensmittel einkaufen oder eine kleine Shoppingtour starten? In Portugal haben fast alle Geschäfte auch am siebten Wochentag geöffnet! Ob Supermärkte oder Bekleidungsläden, geshoppt wird, wann es passt. Selbst vor Feiertagen machen die großen Supermärkte keinen Halt. Besonders gerne wird in riesigen Malls nach der neusten Fashion Ausschau gehalten.

Sprachtalente

Wenn man in einem Supermarkt, einer Tankstelle oder einem Restaurant „Do you speak English?" fragt, ist die Wahrscheinlichkeit hoch, dass man die Antwort „a little bit" erhält. Tatsächlich sprechen die Portugiesen mehr als nur „ein bisschen" Englisch, nämlich durchweg ziemlich gut. Und das altersunabhängig, denn selbst ältere Herren und Damen können sich gut auf Englisch unterhalten.

Familie über alles

Familienleben wird in Portugal großgeschrieben und Großmütter und Mütter genießen einen großen Stellenwert. Besonders am Wochenende steht das wöchentliche Familientreffen an erster Stelle. Man kocht und isst zusammen, die neuesten Themen werden ausgetauscht, Nachbarn und Freunde stoßen hinzu und alle verbringen schöne gemeinsame Stunden.

AUF EINEN BLICK

10,3 Mio.
Einwohner*innen
[Baden-Württemberg 11,3 Mio.]

92 212 km²
Fläche
[Bayern 70 550 km²]

> 3000
Sonnenstunden pro Jahr an der Algarve
[Hamburg 1895]

1793 km
Küstenlinie
[entspricht in etwa der Entfernung von Berlin nach Madrid]

DER
Eukalyptusbaum
MACHT DEN GRÖSSTEN ANTEIL DER WÄLDER AUS

Cabo de São Vicente
IST DER SÜDWESTLICHSTE PUNKT EUROPAS

DAS
Douro-Tal
ist eines der ältesten und schönsten Weinanbaugebiete Europas

Ø 6 Jahre
LEBEN FRAUEN HIER LÄNGER ALS MÄNNER

Lissabon
IST ÄLTER ALS ROM

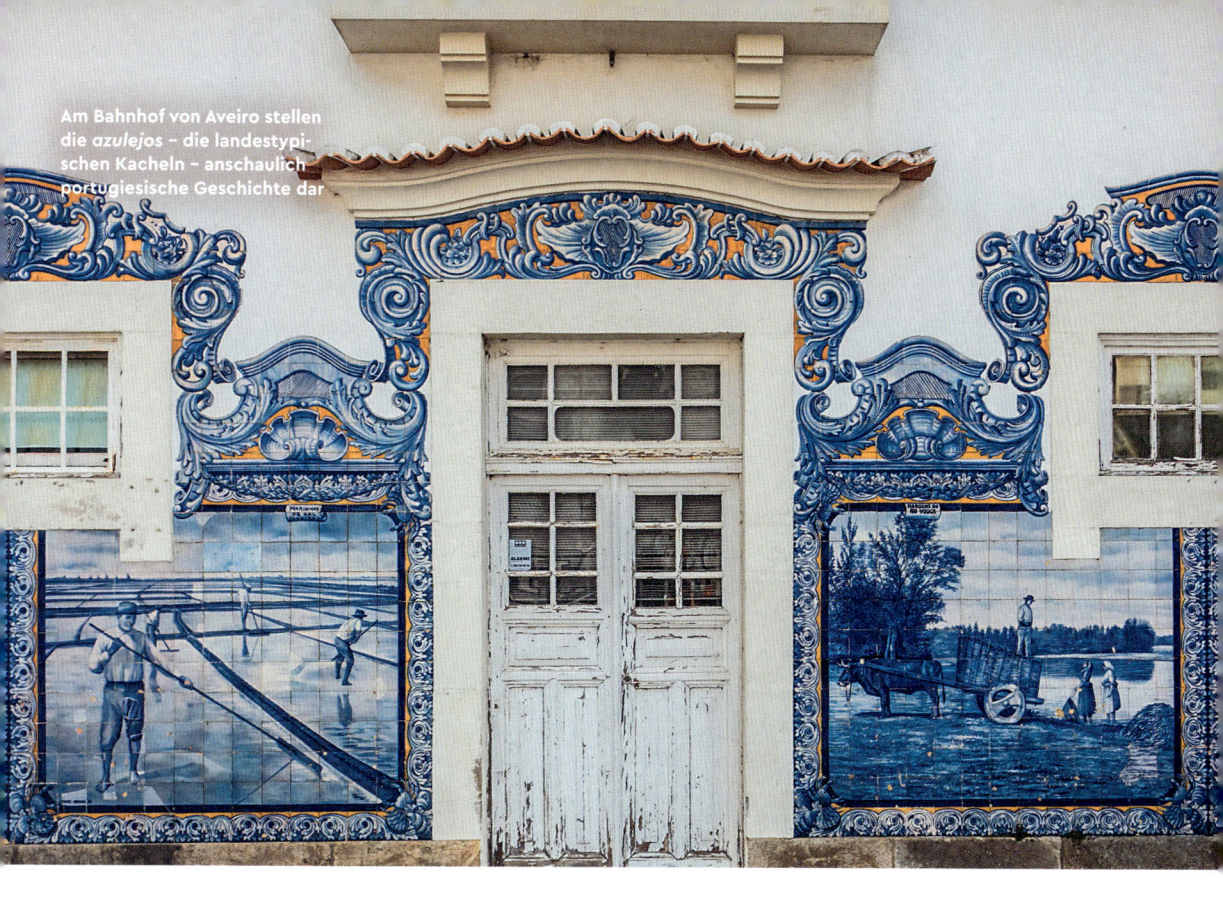

Am Bahnhof von Aveiro stellen die *azulejos* – die landestypischen Kacheln – anschaulich portugiesische Geschichte dar

Sonne satt im Süden

An der Algarve scheint es, als würde die Sonne nie eine Pause einlegen. Mit rund 3000 Sonnenstunden im Jahr können sich Sonnenliebhaber wirklich nicht beschweren. Selbst in den Wintermonaten von Dezember bis Februar beträgt die Durchschnittstemperatur 16 °C. Im Juli und August gibt die Sonne mit rund 12,8 Stunden am Tag richtig Gas.

Bunte Kacheln ohne Ende

Typisch portugiesisch: Verwinkelte, enge Gassen, weiße Hausfassaden mit blau umrahmten Fenstern und kleine Balkone, an denen Wäsche zum Trocknen hängt. Ebenfalls typisch portugiesisch: die vielen bunten Kacheln, die sogenannten *azulejos*, die sämtliche Hausfassaden schmücken. Azulejos haben eine lange Tradition in Portugal, die bis ins 13. Jh. zurückgeht. Heutzutage sind sie heiß begehrt, sogar so begehrt, dass die Kacheln nicht selten in Nacht- und Nebelaktionen von den Hausfassaden abgeschlagen und teuer verkauft oder einfach als Mitbringsel behalten werden. So kommt es, dass in einigen Straßen Lissabons bunt gekachelte Hausfassaden Löcher tragen, an denen sich bereits Kacheldiebe bedient haben. Klassischerweise zeichnet die handbemalten Azulejos ein weiß-blaues Muster aus. Augen auf und Ausschau nach den schönsten Kacheln halten!

Jeder Tag ist Markttag

Dunkelrote Kirschen, saftige Nektarinen, süße Erdbeeren, fangfrischer Fisch, Nüsse, Brot oder Blumen – ein Besuch auf dem lokalen Markt ersetzt fast einen kompletten Supermarkteinkauf. In Portugal finden Märkte üblicherweise in einer Markthalle und das in der Regel sechs Tage die Woche statt. Vor allem samstags ist der Markt ein beliebter Treffpunkt, um den Wocheneinkauf zu erledigen und den neuesten Klatsch und Tratsch auszutauschen.

Tour durch Städte & Hinterland

Von Viana do Castelo nach Porto

Strecke & Dauer

- Strecke: 312 km
- Reine Fahrzeit: 4 Std.
- Streckenprofil: Teils einfache, aber gut geteerte Autobahnstrecken mit Mautgebühren sowie kurvige Landstraßen mit Schlaglöchern im Hinterland
- Empfohlene Dauer: 6 Tage

Was dich erwartet

Städtefans aufgepasst! Auf dieser Tour geht es auf Expedition in große, kleine, moderne, historische, entspannte und lebendige Städte – aber eins haben alle gemeinsam: Großstadtgefühl mit der gewissen Portion Nostalgie. Für die perfekte Erholung zwischen den Citytrips sorgt Natur pur im Douro-Tal und das ein oder andere Gläschen Wein direkt vom lokalen Weingut. Startklar für portugiesisches Städtehopping mit Erholungsfaktor?

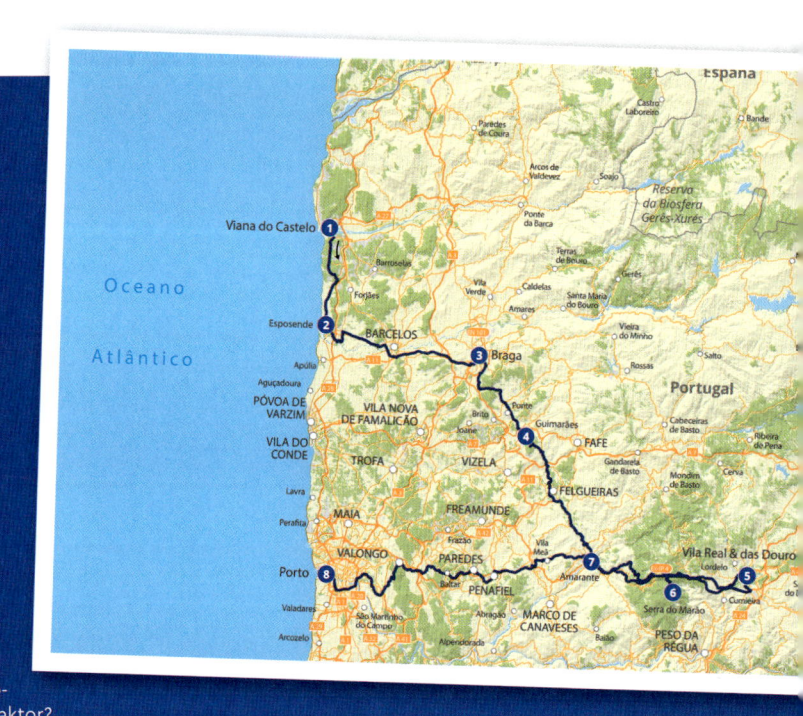

❶ Viana do Castelo

24 km

Stadt, Strand, Fluss

Die Tour startet an der Costa Verde, am wunderschönen ❶ **Viana do Castelo,** einem historischen Zentrum der Seefahrt und des Schiffsbaus. Die Stadt liegt nicht nur am Meer, sondern auch direkt am Fluss Lima und hat eine hübsche Altstadt. Die Kirche Sanutário Santa Luzia, die mit ihren kleinen Türmchen über der Stadt thront, das grüne Umland mit dem Peneda-Gêres-Nationalpark und die weißen Sandstrände, die Surferherzen höher schlagen lassen, sind weitere Gründe, sich Hals über Kopf in den Ort zu verlieben. Parken kannst du in der Rua de Limia *(GPS 41.6946332, -8.8191110).*

Den Santuario de Santa Luzia in Viano do Castelo besucht man aus Kulturinteresse und wegen des faszinierenden Panoramas

Du passierst zunächst die Ponte Eiffel und den Lima-Fluss. An diesem Punkt kann man einen letzten Panoramablick über die ganze Stadt erhaschen. Nachdem die Brücke überquert wurde, nimmst du die erste Ausfahrt am Kreisverkehr und folgst der N13. Beim nächsten Kreisverkehr wieder die erste Ausfahrt nehmen und auf die N13–3 auffahren. Dieser Straße folgst du zunächst durch ein Stück Pinienwald und dann durch die Dörfer Lordello, Castelo do Neiva, Sendim de Cima und Santiago. Hinter Santiago geht die N13–3 automatisch wieder in die N13 über. Auf der Nationalstraße fährst du durch die Dörfer Belinho und Marinhas, bis du schließlich in der Stadt Esposende landest.

❷ Esposende

35 km

Authentische Kleinstadt

Die kleine Stadt ❷ **Esposende** liegt am Meer und ist vor allem für ihre wunderschönen Sandstrände bekannt. Trotzdem verirren sich nur wenige Touristen an diesen Ort, sodass du hier die Möglichkeit hast, in das typische Leben der Portugiesen einzutauchen. Esposende zählt noch zu den Geheimtipps unter den portugiesischen Kleinstädten und versprüht eine unglaublich positive und entspannte Energie.

Von Viana do Castelo nach Porto

Der Ort vereint Beachfeeling pur für Wellenreiter, Wind- und Kitesurfer mit gemütlichem Kleinstadtleben. Nach einem relaxten, langen Spaziergang an der Praia de Fão wird es Zeit, dem knurrenden Magen nachzugeben und für ein gemütliches Mittagessen zu sorgen. Kein Problem, denn es gibt viele nette Restaurants – und nach der Stärkung schöne Geschäfte zum Shoppen. In Esposende wirkt alles noch echt und wird nicht von Touristenmassen überflutet.

Nach diesem entspannenden Zwischenstopp geht es weiter ins Inland Richtung Braga. Zunächst reist du auf der N103-1 über Wald und Wiesen und kommst durch die Dörfer Eira de Anna, Vila Nova, Mouriz, Terreiro und Coutada bis nach São Pedro de Vila Frescaninha. Am Ende des Ortes geht es hinter dem Supermarkt Continente rechts auf die N103/A11 Richtung Braga. Auf der N103 durchquert man die Dörfer Mereces und Souto das Freiras, bis die Auffahrt auf die Autobahn A 11 nach Braga auftaucht. Du lenkst dein Wohnmobil auf die Autobahn und folgst ihr 15 km bis ins lebendige Braga.

❸ Braga

23 km

Von wegen altbacken

Das schöne ❸ **Braga** ist eine der ältesten Städte Portugals. Hier weht durch die vielen Studenten ein junger und moderner Geist. Die Kombination aus alten Gebäuden, Monumenten, Kathedralen und modernen Geschäften und Restaurants ergibt zusammen die perfekte Mischung für einen Ort mit Lieblingsstadt-Potenzial. Zahlreiche Events und Veranstaltungen machen Braga zu einem lebendigen Treffpunkt für Portugiesen und Reisende. Parken: São José de São Lázaro (GPS 41.5407263, -8.4183292).

Esposende steht für Beachfeeling und Entspannung

Zum Heiligtum Bom Jesus do Monte in Braga führen barocke Monumentaltreppen

Von Braga geht es auf dem Weg ins Douro-Tal über die Stadt Guimarães. Dafür fährst du auf die N101 und folgst dieser über die Dörfer Esporões, Morreira, Trandeiras, Balazar, Sande, Caldelas und Ponte bis nach Guimarães. Die Strecke ist kurz, entspannt und dank der Fahrt über die vielen kleinen Dörfer auch sehr facettenreich.

Historische Hauptstadt

Die historische und sehr charmante Stadt ❹ **Guimarães** gehört nicht nur zum UNESCO-Weltkulturerbe, sondern war auch die erste Hauptstadt Portugals und ist daher vollgepackt mit Sehenswürdigkeiten, Denkmälern und historischen Relikten. Den besten Überblick über die Stadt und das Umland hast du vom 600 m hohen Berggipfel Serra da Penha, der nur rund 2 km vom Stadtkern entfernt liegt und als „Hausberg" gilt. Entweder du nimmst die steile und kurvige Straße zum Berg oder du fährst mit der Gondel Teleférico de Penha (turipenha.pt) zum Gipfel. Oben angekommen, erwartet dich ein sensationeller Panoramablick, den du dir leider mit einigen anderen Touristen und Einheimischen teilen musst. Auf dem Rückweg lohnt sich ein Spaziergang durch den dazugehörigen Penha-Park. Vor der Seilbahn gibt es einen kleinen Parkplatz.

❹ Guimarães

75 km

Von Viana do Castelo nach Porto

Weiter geht die Reise nach Vila Real. Die Fahrt startet auf der N101 und führt ins Landesinnere über die Dörfer Infantas, Felgueiras, Caramos und Vila Cova de Lixa. Im Ort Lagateira biegst du direkt an der ersten Kreuzung links auf die Av. do Alto da Lixa ab und gelangst automatisch auf die N15. Der kurvigen Nationalstraße N15 folgt man über zahlreiche kleine Dörfer bis zum Ort Amarante. Dort überquerst du zunächst den Fluss Tâmega und folgst weiterhin dem Straßenverlauf der N15. Hinter Padronelo nimmst du die Auffahrt auf die Autobahn A4 Richtung Vila Real/Bragança und folgst den Schildern bis zur Ausfahrt Vila Real.

Weinberge und Gaumenschmaus

5 Vila Real & das Douro-Tal

39 km

Dolce Vita in Portugal! **5 Vila Real & das Douro-Tal** sind ein Paradies für Weinliebhaber, kleine und große Gourmets und Naturfans. Bei einem Glas Wein mit einer Aussicht über grüne Weinberge und den Douro-Fluss lässt sich das Leben in vollen Zügen genießen! Eine relaxte Atmosphäre ist hier an der Tagesordnung. Leckeres Essen, überragender Wein, gute Stimmung und eine Wahnsinnslandschaft – was will man mehr? Parken in Vila Real: Parque de Merendas *(GPS 41.305203, -7.734866).*

Weiter geht die Fahrt von Vila Real Richtung Amarante. Du fährst zunächst auf die Hauptstraße IP4, die automatisch in die Autobahn A4 übergeht. An der Ausfahrt 22 verlässt du die A4 wieder und wechselst für ca. 20 Minuten auf die N15. Nach ca. 21 km geht es nach links auf eine kurvenreiche und langsam, aber stetig bergan verlaufende Straße. Lass deinen Camper die Straße bis zum Gipfel emporklettern – keine Angst, auch Wohnmobile können hier gut entlangfahren.

Die Weingüter im Douro-Tal keltern hervorragenden Wein

Das hübsche Städtchen Amarante liegt am Rio Tâmega

Berg mit Blick

Der Berg ❻ **Serra do Marão,** immerhin der sechstgrößte Portugals, liegt rund 32 km südwestlich von Vila Real. Vom Aussichtspunkt, dem Observatorium und der kleinen Kapelle Senhora da Serra bietet sich eine fantastische Aussicht über die Berge und Täler der Umgebung. Lass dir das nicht entgehen! Der Weg zum Aussichtspunkt ist zwar etwas kurvig und steil, aber das einmalige Panorama entschädigt für die Mühen der Fahrt.

Das nächste Etappenziel heißt Amarante. Hierfür cruist du auf der kurvigen Bergstraße wieder hinab, biegst dann nach links auf die N15 und nimmst die nächstmögliche Auffahrt auf die A4. Nach 17,5 km geht es an der Ausfahrt 17 runter von der Autobahn und im anschließenden Kreisverkehr an der ersten Ausfahrt auf die M570 Richtung Amarante. Den nächsten Kreisverkehr verlässt du dann an der zweiten Ausfahrt und folgst der N210 auf der R. António Lago Cerqueira Richtung Parque Florestal, wo sich auch der Parkplatz befindet.

Entspannt am Fluss schlendern

In der urtypischen altportugiesischen Bergstadt ❼ **Amarante** ticken die Uhren langsamer und die Atmosphäre ist dementsprechend entspannt. Zahlreiche Sehenswürdigkeiten wie die Kirche Igreja de São Gonçalo und die Brücke Ponte de São Gonçalo, die über den Fluss Tâmega führt, zeugen von kulturellem Reichtum. Ein kleiner Spaziergang entlang des Flusses und durch die Altstadt ist definitiv lohnenswert. Ein kostenloser Parkplatz befindet sich am Parque Ribeirinho, direkt am Parque Florestal de Amarante.

❻ Serra do Marão

42 km

❼ Amarante

74 km

Von Viana do Castelo nach Porto

Vom Parkplatz in Amarante heißt das nächste Ziel Porto. Über die N412 durchquert man die Dörfer São Lázaro, Monco bis man Eira Nova erreicht. Dort biegt man rechts auf die EM567 ab und folgt dem Straßenverlauf für 6,3 km. Dann geht es rechts auf die R. Nossa Sra. de Fátima und gleich wieder links auf die Nationalstraße N211-1 bis zum ersten Kreisverkehr, wo du dann die Ausfahrt auf die Autobahn A4 nimmst. Nach nur 1 km verlässt du die Autobahn bereits wieder links auf die Nationalstraße N15 und jückelst mit dem Camper über die Dörfer Figuras, Paredes, Mouriz und Vandoma bis nach Valongo. In Valongo lenkst du dein Wohnmobil auf die Nationalstraße N209 und fährst am ersten Autobahnkreuz (Auffahrt 6) auf die Autobahn A43 Richtung Porto/Gondomar Centro. Nach 7 km geht es über die N12 und die Auffahrt Richtung A1/Lisboa/Gaia auf die A20. Nur 1 km nach der Überquerung des Douro fährst du rechts (Ausfahrt IC23) weiter auf der A44, die du Richtung Via Eng. Edgar Cardoso verlässt. Du fährst jetzt immer geradeaus Richtung Fluss und nach einer langen Linkskurve gelangst du auf die R. da Praia, wo du an der Doca de Pesca dein Wohnmobil abstellen kannst.

8 Porto

Die Metropole des Nordens

Die Stadt wird oft als die kleine Schwester von Lissabon bezeichnet, dabei hat **8 Porto** seinen ganz eigenen Charme und muss sich nicht in den Schatten der Metropole stellen. Der Douro-Fluss, der sich durch das Herz der Stadt schlängelt, die ikonische Dom-Luís-Brücke, enge Gassen mit verdammt vielen Treppen, Portwein und eine sehr gute Restaurantszene sind exzellente Aushängeschilder. Das traditionelle Ambiente versprüht eine unglaubliche Magie und zieht einen sofort in seinen Bann. Vom Parkplatz Area Sosta Camper Afurada *(Rua Praia 55 | Vila Nova de Gaia | GPS 41.143071, -8.648396)* läuft man eine knappe Stunde entlang des Douro und über die Ponte Dom Luís bis ins Altstadtzentrum.

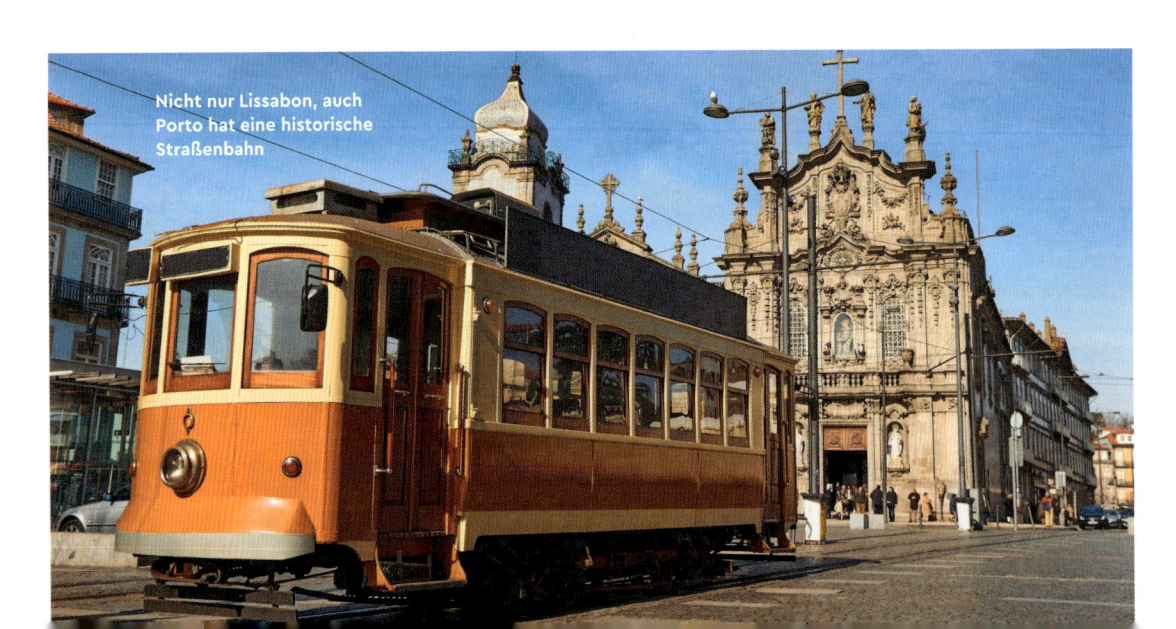

Nicht nur Lissabon, auch Porto hat eine historische Straßenbahn

Manche alten Gassen von Porto strahlen einen maroden Charme aus

CAMPINGPLÄTZE AM WEGESRAND

Von Viana do Castelo nach Porto

Unter Pinien in Stadtnähe

Der Campingplatz in Viana do Castelo liegt nur wenige Meter vom langen Sandstrand Praia do Cabedelo entfernt. Mit einer kleinen Fähre über den Rio Lima oder in wenigen Fahrminuten mit dem Auto bist du schnell in der Stadt. Pinien sorgen für Schatten.

Orbitur Viana do Castelo
€€ | Rua Diogo Álvares 161 | Viana do Castelo
Tel. +351 2 58 32 21 67 | orbitur.pt
GPS: 41.678473248165, -8.826677799224
▶ Größe: 244 Stellplätze, 59 Mietunterkünfte
▶ Ausstattung: Pool, Spielplatz, Restaurant, Minimarkt, Waschsalon, Snacks/Bar

Für Natur- und Bergfreunde

Der von Bäumen umgebene, gepflegte Campingplatz eine Autostunde nordöstlich von Braga liegt mitten im Peneda-Gerês-Nationalpark. Eine Art Basiscamp für Abenteuerlustige. Zwischen rustikalen Holzhütten und feststehenden Holzzelten findest du geräumige Stellplätze für dein Wohnmobil. Das Highlight: Es gibt über 32 BBQ-Grills. Der Betreiber bietet ein vielseitiges Ausflugsprogramm an.

Ermida Gerês Camping
€€ | Rua Rabo de Cabra, 21 | Ermida Gerês
Tel. +351 9 15 96 63 10 | ermidagerescamping.com
GPS: 41.7007042, -8.1282614
▶ Größe: 150 Stellplätze, verschieden Mietunterkünfte
▶ Ausstattung: Grill- und Picknickplatz, Bereich für Wäsche

Ganz nah am Douro-Tal

Der geteerte Boden und die mit Bäumen abgegrenzten Stellplätze erinnern an einen großen Parkplatz, der zu einem Campingplatz umfunktioniert wurde. Hier treffen sich vor allem Naturliebhaber, denn das Douro-Tal ist nur wenige Kilometer entfernt. Das charmante Dorf Mogadouro liegt direkt nebenan.

Am Lima-Fluss kann man auf dem Weg in den Peneda-Gerês-Nationalpark entspannt rasten

Beim Glamping überm Douro-Tal findest du garantiert innere Ruhe

Parque Campismo Quinta da Agueira

€€ | Rua Abade Bacal 39 | Mogadouro
Tel. +351 2 79 34 02 32 | mogaduro.pt
GPS: 41.3358962, -6.71316245

▶ **Größe:** 370 Stellplätze
▶ **Ausstattung:** TV- und Spiele-Raum, Pool, Minimarkt, Spielplatz, Grillplatz

Ideal für einen Citytrip

Von hier aus bist du in nur zehn Fahrminuten im Stadtzentrum von Porto und in wenigen Schritten am Meer. Vom Schwimmbad aus hat man einen fantastischen Blick aufs Meer! Die sanitären Anlagen sind immer sauber und gut gepflegt. Leider reihen sich die Stellplätze dicht an dicht aneinander, doch so lernst du im Handumdrehen deine Nachbarn kennen.

Orbitur Canidelo

€€ | Av. da Beira-Mar 1605 | Vila Nova de Gaia
Tel. +351 2 27 81 47 30 | orbitur.pt
GPS: 41.1239, -8.66634

▶ **Größe:** 50 Stellplätze, verschiedene Mietunterkünfte wie Mobile Homes mit und ohne Bad und Küche
▶ **Ausstattung:** Grillplatz, Camper Station, Spielplatz, Restaurant, TV-Raum, Minimarkt, Waschsalon, Snacks/Bar

Familärer Weintourismus

Ruhig und entspannt geht es zu auf dem kleinen, sauberen und familiären Campingplatz 2 km vom Strand und 8 km von Porto entfernt. Schnell ist man hier für Spaziergänge oder Radtouren mitten in der Natur. Die Besitzter haben sich auch dem Weintourismus verschrieben und veranstalten regelmäßig Weinproben.

Istas' Garden

€€ | R. da Cavada 617 | Vila Nova de Gaia
Tel. +351 9 24 78 86 69 | istasgarden.com
GPS: 41.10873, -8.64652

▶ **Größe:** 61 Stellplätze
▶ **Ausstattung:** Grillplatz, Gemeinschaftsraum mit Küche und Waschmaschine, beheizter, überdachter Pool, Grill- und Picknickplatz

Kulinarisches am Wegesrand

Von Viana do Castelo nach Porto

Darauf einen Toast

Bei **IN Francesinhas** in Viana do Castelo wird French Toast auf Portugiesisch serviert: Man nehme eine Scheibe Toast, belege sie mit der landestypischen Linguiça-Wurst, einem Ei und überbacke alles mit Käse. Zum Schluss kommt noch eine Art Biersauce darüber. Entweder du liebst es abgöttisch oder du wirst es nie wieder essen wollen. Finde heraus, was deine Geschmacksknospen zum traditionellen Toast sagen. *Infos: Tv. Vitória 1 | Viana do Castelo | Tel. +351 9 65 00 06 53 | Facebook: IN france sinhas | €€*

Heute ist Markttag

Der **Mercado Municipal** in Viana do Castelo ist eine große Halle, prall gefüllt mit frischem Gemüse von den Bauern vor Ort, frischem Fisch und duftenden Blumen für wenig Geld. Es gibt nichts Authentischeres als ein Besuch in einer portugiesischen Markthalle. Die leicht säuerlichen Nespera-Früchte sind typisch portugiesisch. Vor allem im Frühjahr bekommst du sie ultrafrisch auf jedem Markt! *Infos: Av. Cap. Gaspar de Castro 119 | Viana do Castelo | Facebook: Mercado Municipal de Viana do Castelo | €*

Lecker Kabeljau

Das **Sra. Peliteiro** in Esposende liegt direkt am Rio Cávado eingebettet in die grüne Umgebung eines Golfplatzes. Hier serviert die sehr freundliche Bedienung moderne mediterrane und portugiesische Küche. Unbedingt den ausgezeichneten Bacalhau probieren! Am Wochenende empfiehlt sich eine Reservierung. *Infos: R. do Barqueiro 4 Quinta da Barca | Esposende | Tel. +351 9 36 43 83 84 | srapeli teiro.com | €€-€€€*

Zitronen und *nêspera* (Mispeln) gibt's auf dem Mercado Municipal garantiert

Der portugiesische eingesalzene Kabeljau heißt *bacalhau* und ist ein Nationalgericht

Gesellige Makrele

Bei **Tábuas, Copos & Outras Cenas** in Braga dreht sich alles um leckere Kleinigkeiten und eine gute Zeit in netter Gesellschaft. An eckigen Holztischen werden tapasähnliche Häppchen serviert. Die Makrele „Montadito" ist ein wahrer Gaumenschmaus. *Infos: Rua Dom Gonçalo Pereira 52 | Braga | Tel. +351 9 36 70 61 08 | tabuas.pt | €€-€€€*

Edle Tropfen

In der großen **Adega Vila Real** inmitten der Weinberge bei Vila Real gibt es nur die feinsten Tropfen, z. B. Grande Reserva, Reserva, Colheita und Port – alles regionale und sehr beliebte Weine. Moderate Preise für hohe Qualität. Danach willst du nie wieder Wein aus dem Supermarkt trinken. *Infos: Rua da Estrada Nacional | Vila Real | Tel. +351 2 59 33 05 00 | adegavilareal.com*

Superknusprig

Pizza, Pasta und Wein kannst du in Porto im **Portarossa** in angenehmer, schicker Atmosphäre bei Kerzenschein und im Sommer gemütlich auf der kleinen Terrasse genießen. Die Pizza überzeugt mit einem superknusprigen Boden und Pizzarand. Reservierung empfohlen. *Infos: Rua Côrte Real 289 | Porto | Tel. +351 2 26 17 52 86 | portarossa.pt | €€*

Häppchenweise

Die charmante **Petisqueira Voltaria** liegt in einer der kleinsten Straßen von Porto. Hier gibt es Portugal in Häppchen: Es kommen kleine und große herzhafte Leckereien auf den Tisch – alles *homemade*. *Infos: Rua Afonso Martins Alho 109 | Porto | Tel. +351 2 23 25 65 93 | Facebook: Petisqueira Voltaria | €€*

ENTLANG DER WILDEN WESTKÜSTE

Von Lissabon nach Sagres

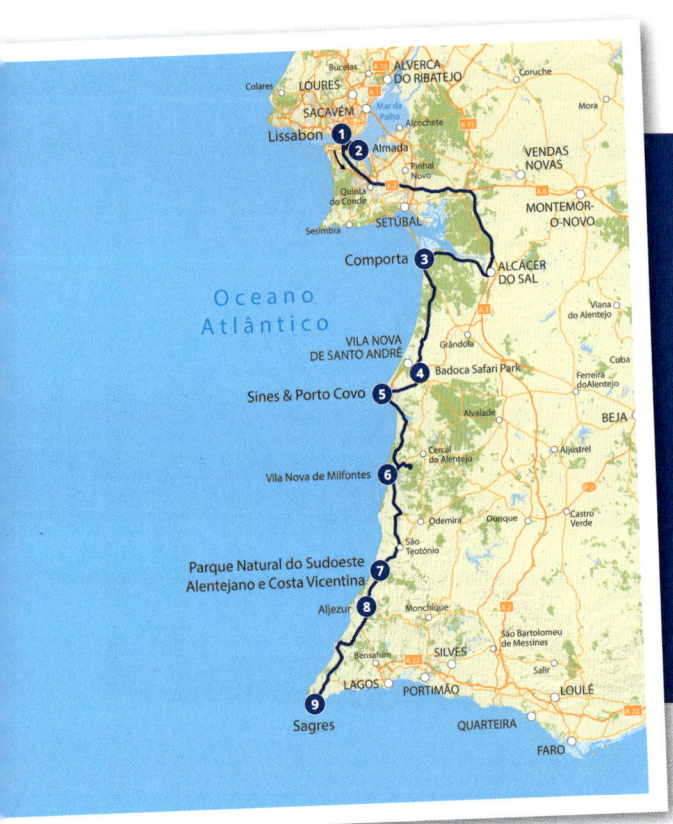

Strecke & Dauer

- Strecke: 310 km
- Reine Fahrzeit: 4 Std.
- Streckenprofil: Sehr gut geteerte Straßen, zu den Stoßzeiten reger Verkehr rund um Lissabon, Schotterwege und kurvige Straßen im Alentejo und an der Algarve
- Empfohlene Dauer: 8 Tage

Was dich erwartet

Von Lissabon geht es in südlicher Richtung einmal die Küste entlang bis zum äußersten Zipfel Portugals nach Sagres. Die Reise führt über kleine, charmante Küstendörfer und durch weite, endlos wirkende Natur. Die Fahrt mit dem Camper zu den einsamsten Klippen und schönsten Stränden ist einmalig schön und eine richtige Traumstrecke für jeden Reisenden. Das Besondere auf dem Weg gen Süden: Der Sternenhimmel leuchtet immer heller, je weiter es Richtung Algarve geht!

Traumstadt am Tejo

1 Lissabon

12 km

Die Tour startet im wunderschönen **1 Lissabon.** Die Metropole am Meer und am Tejo-Fluss ist eine Traumstadt und hat allerhand zu bieten. An jeder Ecke gibt es etwas zu entdecken, zu bestaunen oder einen netten Platz zum Verweilen. Charmante Gassen, lebhaftes Großstadtfeeling und unzählige Cafés, Rooftopbars und Geschäfte mit dem gewissen Etwas. In der Metropole gehen Strandfeeling, portugiesische Lebensart und moderne Trends die perfekte Kombination ein. Parken: Estacionamento Docas de S. Amaro *(GPS 38.69943532, -9.1759101).*

Blick vom Aussichtspunkt Miradouro da Graça auf die Altstadt von Lissabon

Vom Stadtzentrum aus geht es über die rote Hängebrücke auf die andere Seite des Tejo. Kurz hinter der Brücke nimmt man die Ausfahrt Almada und folgt den Schildern Richtung Almada Zentrum. Zwei Kreisverkehre später fährst du auf der N10 den Hafen entlang bis zum Parkplatz Estacionamento Cacilhas, wo du wunderbar deinen Van bewacht stehenlassen kannst.

Frische Fische!

Man könnte fast meinen, ❷ **Almada** sei ein Stadtteil von Lissabon – tatsächlich aber ist es eine kleine, eigenständige Stadt. Hier kannst du bis zur berühmten Jesusstatue Cristo de Rei wandern und den Panoramablick auf die portugiesische Hauptstadt genießen. Mit der Fähre kommst du im Nu auf die andere Flussseite und so lässt sich eine Fährenfahrt wunderbar in dein Tagesprogramm integrieren. Auch ein Besuch auf dem Fischmarkt ist unbedingt zu empfehlen. Am besten pellst du dich schon frühmorgens aus dem Bett, um den besten Thekenfang zu machen. Besonders beliebte Fischsorten sind der Robalo und Sardinen. Typischerweise werden Sardinen gegrillt, mit der Hand filetiert und verspeist.

Der Tourenverlauf führt dich weiter nach Comporta. Dafür nimmst du die Autobahn A2 Richtung Setúbal/Caparica und folgst den Schildern A2/Sul. Nach 50 km hältst du dich links und befährst weiterhin die A2/E1 Richtung Algarve/Alcácer do Sal. 25 km später nimmst du die Ausfahrt 8 und gelangst auf die N5. Nach 600 m geht es auf die IC1/N5. Dann folgst du dem Straßenverlauf 5,5 km und fährst bei der Ausfahrt Comporta ab. Du gelangst auf die N253 und folgst der Straße 26 km bis nach Comporta.

❷ Almada

116 km

Portugal 33

Von Lissabon nach Sagres

③ Comporta

42 km

④ Badoca Safari Park

17 km

Strandstadt mit Karibikflair

Hier kann man wirklich bleiben! ③ **Comporta** ist das Urlaubsparadies schlechthin: weiße lange Sandstrände und kleine Buchten, türkisfarbenes Meer, Palmen und eine unglaublich entspannte und positive Stimmung – Südseefeeling pur. Dazu gibt es noch leckeres Essen und guten Wein. Darf es sonst noch was sein? Parken: RV Park Comporta, Rua da Barca 50 *(GPS 38.377980, -8.785757)*.

Von Comporta geht es Richtung Süden zum Badoca Safari Park bei Santiago do Cacém. Die Reise startet auf der N261, der du 11 km folgst. Halte dich dann rechts, um weiter auf der N261 zu bleiben. Nach 30 km biegst du rechts ab und noch in der Auffahrt zur A26 Richtung Sines führt eine Schotterpiste zum Badoca Safari Park.

Auf Safari

Willkommen in der Wildnis! Im 90 ha großen ④ **Badoca Safari Park** *(Vila Nova de St. André | badoca.com)* kannst du exotische Tiere wie Giraffen, Lemuren, Papageien, Zebras oder Affen in „freier" Wildbahn beobachten. Anders als im Zoo erinnern die sehr großen Gehege an weitläufige Steppengebiete oder an den Regenwald Afrikas. Zweimal täglich gibt es Vogelschauen mit Adlern und Geiern; es können auch Spezialtouren wie Giraffen- oder Lemurenfütterungen gebucht werden. Die Wasserrutschbahn American Rafting, bei der es einen 500 m langen Wasserhang hinuntergeht, garantiert eine Extraportion Spaß

Nach einer Runde Tierbeobachtung und Wasserspaß führt dich der Weg nach Sines und Porto Covo. Die Fahrt beginnt auf der A26 direkt am Safaripark, der du 15 km bis zum ersten Kreisverkehr folgst, wo du die zweite Ausfahrt nimmst. An der zweiten Kreuzung

In Porto Covo kommt so schnell keine Hektik auf

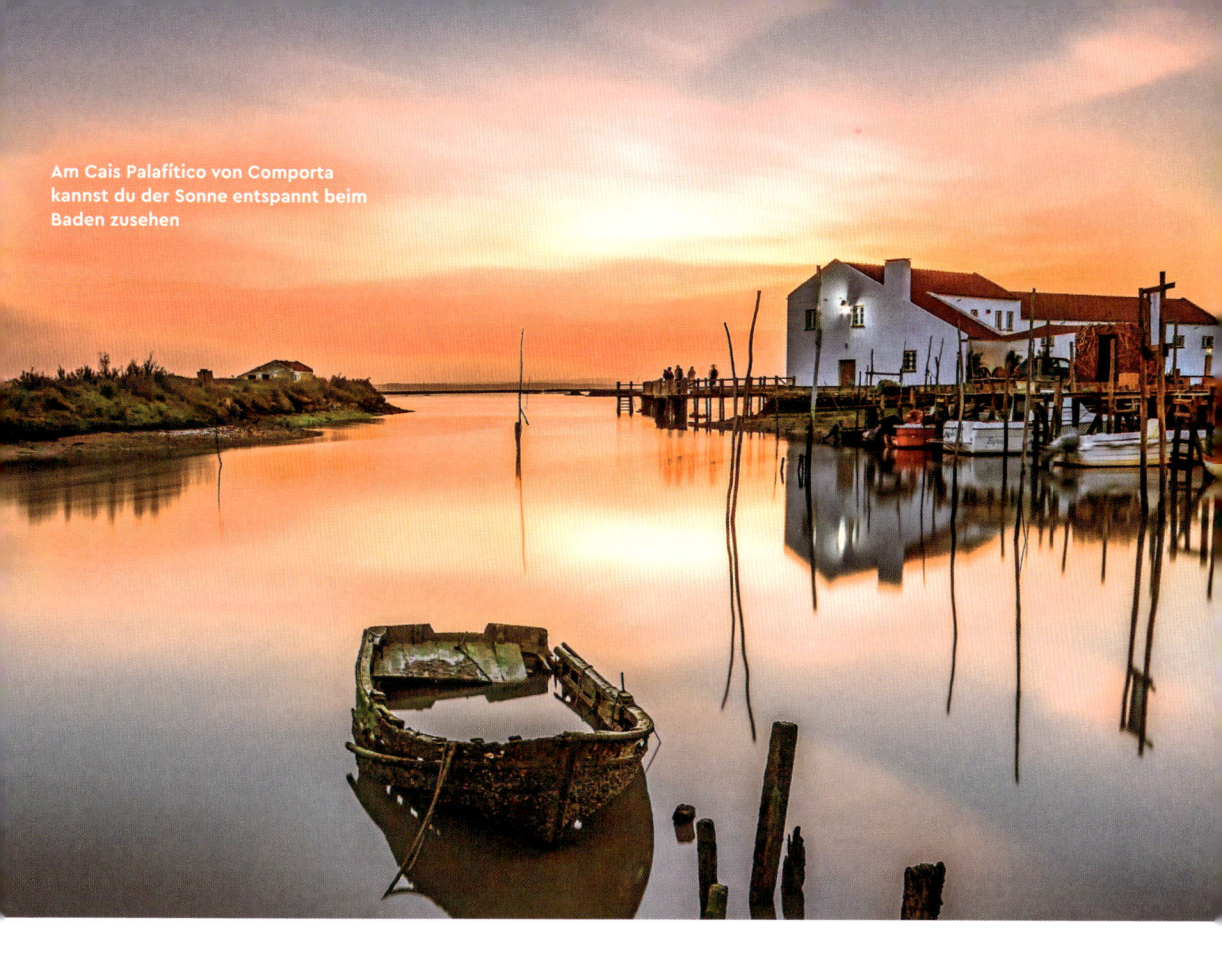

Am Cais Palafítico von Comporta kannst du der Sonne entspannt beim Baden zusehen

biegst du rechts ab und folgst dem Straßenverlauf rund 1 km lang bis ins Stadtzentrum von Sines.

Wichtiger Hafen und Fischerdorf

Das Fleckchen Erde zwischen der Metropole Lissabon und der sonnigen Algarve wird bei vielen Portugalreisen völlig zu Unrecht außer Acht gelassen: ❺ **Sines & Porto Covo** sind zwei gute Gründe, hier zu verweilen. Mal ganz davon abgesehen, dass man in Sines in Badewannenwasser planschen kann, ist der Hafen von Sines der wichtigste der iberisch-atlantischen Küste. Als Tiefwasserhafen kann er von den richtig großen Dampfern angefahren werden. Eine exklusive Führung durch das riesige Areal lohnt sich. Und wenn es noch ein Vorzeigedorf mit dem Attribut „typisch portugiesisch" gibt, dann Porto Covo! Das Fischerdorf punktet mit charmanten Kopfsteinpflastergassen, weißen Hausfassaden mit blauen Verzierungen und roten Türen. Gelassenheit und Ruhe sind die Devise, ohne dabei langweilig zu sein. Parken: Alameda da Paz 57–45, Sines (GPS 37.95872, -8.8670519).

Von Porto Covo reist du weiter nach Vila Nova de Milfontes. Für ein paar Hundert Meter folgst du noch der M1109, bevor du nach

❺ Sines & Porto Covo

22 km

Von Lissabon nach Sagres

rechts auf die M554 abbiegst. Nach 3,5 km kommt ein Kreisverkehr, an dem du die erste Ausfahrt nimmst. Dann fährst du für 14 km auf die CM1072. Danach geht es am Kreisverkehr an der ersten Ausfahrt auf die N390. Der Straße folgst du 1,5 km. Am zweiten Kreisverkehr biegst du an der ersten Ausfahrt rechts ab und schon bist du in Vila Nova de Milfontes.

Charmantes Städtchen mit Stränden

 Vila Nova de Milfontes

42 km

Die kleine Stadt **Vila Nova de Milfontes** liegt im mittleren Bereich der Küstenlinie des Alentejo. Typisch portugiesische weiße Häuser zieren die kleinen Gassen und schaffen ein charmantes Stadtbild. Vila Nova de Milfontes ist vor allem bei Portugiesen im Sommer ein beliebtes Urlaubsziel, denn hier kann man wunderbar am Strand und an der Mündung des Mira-Flusses den Bauch in die Sonne strecken, durch die Gassen flanieren und leckeren Fisch essen. Selbst wenn es im Sommer voll ist, findet man schnell entlegenere Strände wie die Praia do Brejo Largo oder die Praia do Carreiro das Fazendas, an denen man ganz entspannt ohne Trubel vor sich hindösen kann. Parken kannst du an der Rua D. João II 3–1. Am Zipfel von Vila Nova de Milfontes liegt vor dem Leuchtturm der Praia do Farol, ein wunderschöner kleiner Strand, von dem man einen tollen Ausblick auf den Sonnenuntergang und den Fluss hat.

Die Fahrt führt von Vila Nova de Milfontes nach Odeceixe in den Parque Natural do Sudoeste Alentejano e Costa Vicentina. Zunächst geht es via N393 über den Mira-Fluss. Der Straße folgst du

Der Ausblick von den Klippen der Costa Vicentina auf die Praia do Odeceixe ist nicht zu toppen

Die Häuser in Vila Nova de Milfontes strahlen wie frisch geschrubbt

15,8 km, bis du nach rechts auf die M502 abbiegst und nach weiteren 8,3 km links auf die M502-1. Nach 4,2 km verlässt du den ersten Kreisverkehr an der ersten Ausfahrt und gelangst auf die N120. Der Straße folgst du 12 km. Danach geht es rechts auf die Straße Variante 19 de Abril. Nun folgst du der Straße solange, bis du an der Praia de Odeceixe angekommen bist.

Wildromantisches Naturgebiet

Im **❼ Parque Natural do Sudoeste Alentejano e Costa Vicentina** an der Westküste geht es in puncto Natur wild zu: schroffe, steile Felsklippen in rostrot, tosende Wellen, leere Strände, duftende Pinienwälder, endloser Sternenhimmel und weite, einsame Landschaften! Hier riecht und fühlt man die Freiheit besonders stark. Die Westküste ist wie gemacht für eine Reise mit dem Wohnmobil, denn hier findest du an jeder Ecke atemberaubende Ausblicke, fährst Traumstrecken entlang und triffst zahlreiche Gleichgesinnte – große Liebe für die wild-romantische Küste!

Du verlässt Odeceixe im Parque Natural do Sudoeste Alentejano e Costa Vicentina auf der N120 Richtung Aljezur. Die Fahrt über die Nationalstraße durch weite grüne Landschaft und kleine Dörfer ist besonders schön. Dem Straßenverlauf folgst du 15 km und nimmst am Kreisverkehr die erste Ausfahrt.

❼ Parque Natural do Sudoeste Alentejano e Costa Vicentina

16 km

Wenn bei Sagres die rote Sonne im Meer versinkt, so möchte man das bekannte Lied für Cabo de São Vicente umdichten

Wie wär's nach einem Bummel in Aljezur mit einer kleinen Surfrunde am Praia da Arrifana?

Typisch Algarve

Das Dorf ❽ **Aljezur** im Hinterland lohnt einen Stopp. Nette Cafés, ein paar Geschäfte mit allerhand Körben, Taschen und Armbändern, eine Markthalle mit frischem Obst und Gemüse, kleine Gassen und eine noch kleinere Hauptstraße, auf der ganz schön viel los ist. Du parkst am besten an der oder hinter der Markthalle kurz vor der kleinen Brücke. Ein Bummel durch die Gassen des Dorfs bis hoch hinauf zum Castelo de Aljezur ist ein schöner Mini-Ausflug. Zwischen den alten Gemäuern, der letzten islamischen Bastion, die 1249 von den Christen erobert wurde, hast du von der Bergspitze aus einen tollen Blick auf das Umland.

Auf der N120 geht es in Richtung Sagres, dem letzten Etappenziel dieser Tour. Nach 7,2 km kommst du an eine Kreuzung, an der du rechts auf die N268 Richtung Sagres abbiegst. 28 km lang fährst du auf dieser alleeähnlichen Straße durch wunderbar weite Landschaft. Aber Achtung, denn die Straße ist mit Schlaglöchern übersät. In Vila do Bispo macht die N268 eine langezogene Rechtskurve um den Ort. Im Kreisverkehr nimmst du die vierte Ausfahrt, um der Nationalstraße für 8,9 km Richtung Sagres zu folgen. Am ersten Kreisverkehr fährst du geradeaus auf die N268-2, wo du an einem großen Parkplatz den Camper in Meeresnähe abstellen kannst.

❽ Aljezur

43 km

❾ Sagres

An Portugals Zipfel

Selbst wenn der Himmel an der Westküste trüb und grau ist, scheint in ❾ **Sagres** die Sonne. Das schöne Wetter trägt zur guten und fröhlichen Stimmung unter den vielen Vanreisenden bei, die sich aus aller Herren Länder treffen, um eine gute Zeit miteinander zu verbringen und die ein oder andere Welle zu surfen. Den äußersten Südwesten Portugals gestalten steile Klippen sowie kleine, wunderschöne Buchten zum Surfen und Baden. Parken: vor der Landzunge zum Fortaleza de Sagres *(GPS 37.0045691, -8.9452184)*.

CAMPINGPLÄTZE AM WEGESRAND

Von Lissabon nach Sagres

Camping mit Beachfeeling

Nur rund 200 m entfernt von diesem Platz bei Lissabon erstreckt sich der lange Sandstrand von Costa Caparica. Nach einem Tag in der Hauptstadt kannst du dein Handtuch schnappen und bist in wenigen Gehminuten am Meer. Für das schattige Plätzchen in der Hängematte sorgen zahlreiche Pinien.

Parque de Campismo Orbitur Costa Caparica

€€ | Av. Afonso de Albuquerque 450 | Costa da Caparica
Tel. +351 2 12 90 13 66 | orbitur.pt
GPS: 38.653142192283, -9.238643646240

▶ **Größe:** 60 Stellplätze
▶ **Ausstattung:** Minimarkt, Restaurant-Bar, Fitnessraum im Freien, TV-Raum, Spielplatz, Camper Station, Pet Station

Komplettpaket

Zwar sind es rund 34 km nach Comporta, dafür übernachtet man mitten im duftenden Pinienwald und in nur 800 m winkt ein langer Sandstrand. Der Platz ist sehr groß und bietet auch in der Sommersaison ausreichend Platz für Camper. Die Bushaltestelle ist nur 25 m entfernt. Man muss allerdings Mitglied im Clube de Campismo de Lisboa (CCL) sein.

Parque de Campismo de Melides

€€ | Melides
Tel. +351 2 69 90 71 51 | clubecampismolisboa.pt
GPS: 38.130858, -8.781413

▶ **Größe:** 60 Stellplätze
▶ **Ausstattung:** Waschmaschinen, Restaurant, Bar, Supermarkt, Spielplatz, Ballspielfeld, Pool

Moderner Platz in Strandnähe

Optimal: Von dem großen Platz am Stadtrand von Porto Covo gelangst du zu Fuß in Kürze sowohl ins Städtchen als auch ans Meer (500 m). Die sanitären Anlagen sind modern und sauber und das Personal ist ausgesprochen freundlich.

Die grüne Umgebung von Lissabon eignet sich bestens zur Erholung vom Großstadt-Sightseeing

Direkt vom Camper ins Meer hüpfen? Check!

Parque de Campismo Porto Covo

€€ | Estrada Municipal 554 | Porto Covo
Tel. +351 2 69 90 51 36 | campingportocovo.pt
GPS: 37.8527141, -8.7878884

▶ **Größe:** 20 Stellplätze und Mobile Homes
▶ **Ausstattung:** Großer Pool, Bar, Restaurant, Minimarkt, Spielplatz, Fußball- und Tennisplatz

Entspannter Platz unter Eukalyptusbäumen

Inmitten grüner Wiesen und im Schatten großer Eukalyptusbaumhaine erstreckt sich das große Gelände des ruhigen Campingplatzes in der Nähe von Aljezur. Die Waschräume sind zwar nicht supermodern, aber immer sauber und gepflegt.

Camping Serrão

€€ | Herdade do Serrão | Aljezur
Tel. +351 2 82 99 02 20 | campingserrao.com
GPS: 37.3394530, -8.8128054

▶ **Größe:** 60 Stellplätze, Haus/Wohnung, Schlafzimmer mit Etagenbett in der Herberge, Zeltplatz
▶ **Ausstattung:** Wäscherei, Schwimmbad, Tennisplatz, Spielplatz, Kindergarten, Grillplatz, Snackbar/ Restaurant, Minimarkt, Massage

Modern in ruhiger Lage

Der große Platz liegt in ruhiger und grüner Umgebung in Sagres. Unter Pinienbäumen lässt es sich wunderbar entspannen. Die sanitären Anlagen sind modern und sauber – sogar für vierbeinige Freunde gibt es eine Waschstation. Zum nächsten Strand, Praia do Beliche, läuft man rund zehn Minuten.

Parque de Campismo Orbitur Sagres

€€ | Cerro das Moitas | Vila de Sagres
Tel. +351 2 82 62 43 71 | orbitur.pt
GPS: 37.0227199, -8.9455741

▶ **Größe:** 600 Stellplätze
▶ **Ausstattung:** Waschmaschinen, Grillplatz, Restaurant, Minimarkt, TV-Raum, Pet Station, Camper Station

Kulinarisches am Wegesrand

Von Lissabon nach Sagres

Himmlische Pastéis

Portugal ist definitiv das Land der Pastéis de Nata. Eine Pastel de Nata ist eine kleine göttliche Gebäckkreation aus krossem Blätterteig mit einer Sahne-Ei-Füllung, in der man am liebsten baden möchte. Im Café **Pastéis de Belém** in Lissabon wird das traditionelle Gebäck seit 1837 mit einer Geheimrezeptur immer wieder auf das nächste Perfektionslevel gebracht. *Infos: Rua de Belém 84–92 | Lissabon | pasteisdebelem.pt | €*

Hippe Lagerhalle

Lange Tische, große Olivenbäume und bunt zusammengewürfelte Stühle in einer renovierten Lissaboner Lagerhalle – so isst du im stylischen Ambiente der **1300 Taberna** mitten in der LX Factory. Serviert werden moderne mediterrane und portugiesische Gerichte, immer saisonal und bio. *Infos: Rua Rodrigues de Faria 103 | Lissabon | Tel. +351 2 13 64 91 70 | 1300taberna.com | €€€*

Fisch aus Tradition

Das **Restaurante São João** in Comporta ist stadtbekannt, denn in dem Traditionslokal kommt hervorragend zubereiteter fangfrischer Fisch auf den Tisch. Weswegen es abends immer ziemlich voll ist und man einen Tisch reservieren sollte. *Infos: Rua 24 de Junho 2 | Comporta | Tel. +351 9 60 31 41 73 | €€ | Facebook: Restaurante São Joao*

Weinseligkeit

Eine kleine Weinprobe im Weingut Herdade da Comporta gefällig? Zuvor wirst du durch die heiligen Hallen des Weinguts und durch

Ohne pastel de nata mit köstlich cremiger Füllung funktioniert kein Portugalbesuch

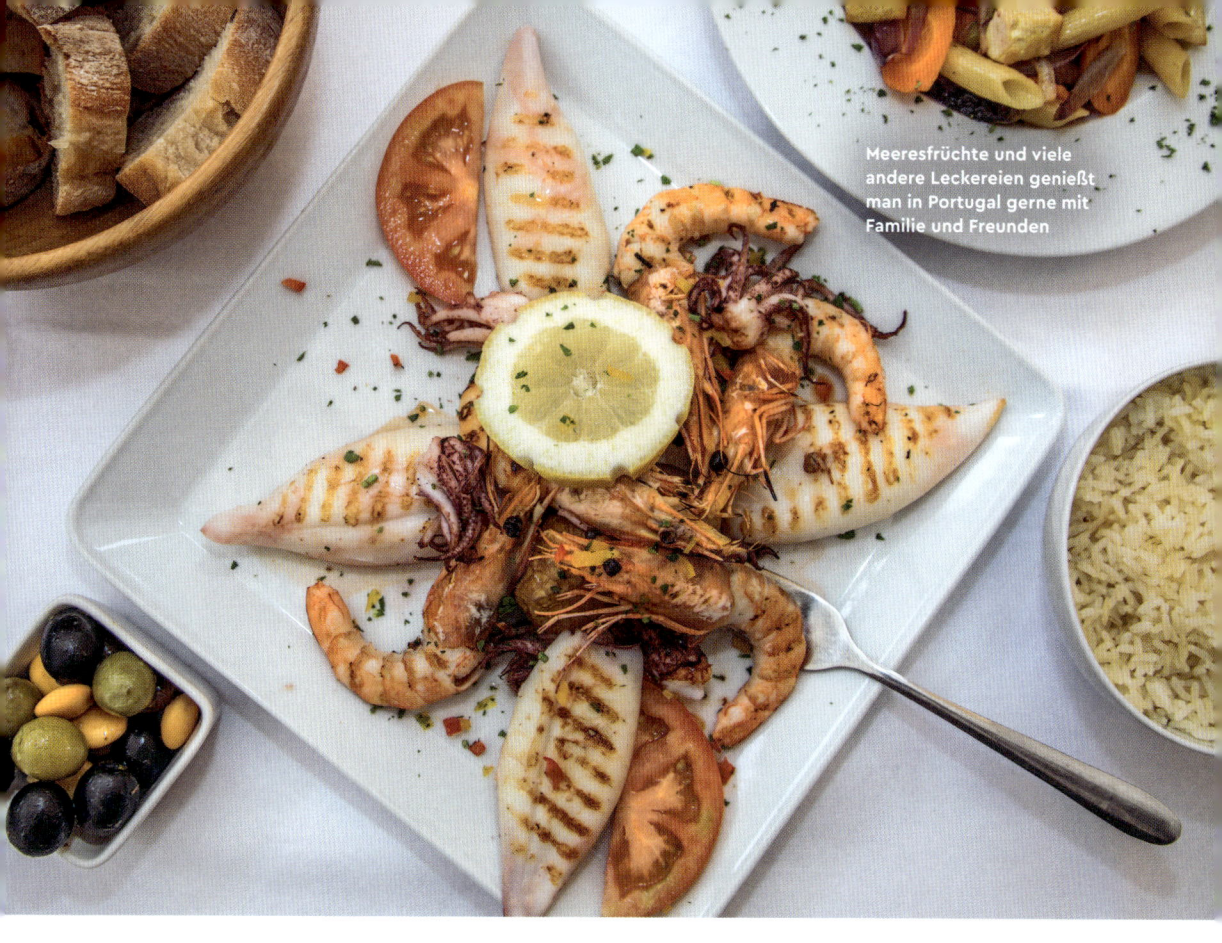

Meeresfrüchte und viele andere Leckereien genießt man in Portugal gerne mit Familie und Freunden

die Weingärten geführt. Dabei erweiterst du nicht nur dein Wissen über Weinherstellung, sondern darfst natürlich auch Rot-, Weiß- und Roséwein verkosten. *Infos: Espaço Comporta, EN 253, Km 1 | Comporta | Tel. +351 2 65 49 99 00 | herdadedacomporta.pt*

Auf der Terrasse

Vom süßen Frühstück bis zum deftigen Abendmahl – im **Bom Remédio Café** in Sines gibt es zu jeder Tageszeit das richtige Essen. Auf der großen Terrasse kannst du mitten in Sines wunderbar entspannen und die Sonne genießen. *Infos: Praça Tomás Ribeiro 3/4 | Sines | Tel. +351 2 69 87 82 52 | bomremedio.pt | €*

Mit Livemusik

Das hippe Restaurant **O Sargo** mit Terrasse liegt direkt am Strand von Aljezur. Die modernen mediterranen Gerichte werden schön angerichtet serviert und schmecken einfach grandios. Im Sommer spielen abends oft Livebands und verwandeln die Terrasse in einen kleinen Konzertsaal. *Infos: Praia de Monte Clérigo | Aljezur | Tel. +351 2 82 09 73 47 | restauranteosargo.pt | €€*

Waschen und speisen

Die **Laundry Lounge Sagres** ist ein sehr beliebter Treffpunkt für Reisende, denn hier gibt es nicht nur gesundes Essen und bunte Smoothies, sondern auch zahlreiche Waschmaschinen und Trockner. Bei einer Açai-Bowl und einem Flat White kannst du deine Wäsche waschen und mit dem Tischnachbarn quatschen. Im Sommer findet täglich Yoga im Garten statt. Außerdem gibt es ab und an Konzerte. *Infos: Rua da Nossa Sra. da Graça | Sagres | Tel. +351 2 82 07 53 92 | laundryloungesagres.com | €€*

Das Dorf Zahara de la Sierra in der Sierra de Grazalema ist ein idealer Ausgangspunkt für Wanderungen

SPANIEN

Bienvenido im Land der Fiestas & Tapas

Was hat dieses Land, in das Österreich sechsmal hineinpassen würde, nicht alles zu bieten: Weltstädte wie Madrid oder Barcelona, Tausende Küstenkilometer mit goldgelben Stränden, hohe, burggekrönte Berge, überschäumende Fiestas, stille Nationalparks, in denen man nur den Wind rauschen und die Vögel zwitschern hört. Was für spannende Kontraste!

Tapas: Jeder liebt sie, nicht nur in Spanien

Nicht immer nur Strand

Hier die mediterrane Milde, dort die wilde Atlantikküste, im Zentrum Kastiliens karge Hochebene, im Nordosten die Gipfel der Pyrenäen. Die Küsten von Valencia sind von Orangenplantagen durchsetzt, im Norden Andalusiens wellen sich Olivenbaumhaine über die Hügel, weiter südlich kratzt die Sierra Nevada mit fast 3500 m an den Wolken. Spanien überrascht in jedem Winkel – sogar die Spanier selbst, die ebenso wie auswärtige Besucher immer öfter vom puren Badeaufenthalt in sattgrüne Täler und Berge abdriften. Statt Kokosöl- und Sangriaschwaden atmen Urlauber den würzigen Duft von Gebirgskräutern ein, durchwandern Kiefern- und Korkeichenwälder oder radeln über umfunktionierte alte Bahntrassen. Ob in Andalusien, Galicien oder Navarra: Der Zurück-zur-Natur-Trend hat Übernachtungsangebote aus dem Boden schießen lassen, die nichts mit manch zubetoniertem Küstenabschnitt gemein haben. Alte Dorfhäuser und Gehöfte wurden zu rustikalen Unterkünften mit Flair umgebaut.

¡Olé!

Lass dich anstecken, von der typisch spanischen Lebensfreude der Fiestas! Allerorten wird ausgelassen gefeiert: bei den Falles in València mit Feuerwerk, bei der Tomatina in Buñol mit Tomatenschlachten, in Katalonien mit Castells, Menschenpyramiden, die in den

Die Wanderroute Caminito del Rey bei Malaga führt durch spektakuläre Landschaft

Himmel ragen, oder mit Geants, Puppenspielen mit riesigen Figuren. Aber auch Wallfahrten wie zur Virgen del Rocío in Andalusien und Prozessionen zur Semana Santa an Ostern garantieren Gänsehautfaktor.

Das dicke Los

Alle Jahre wieder hängt die Nation vereint vor der Glotze: nämlich dann, wenn kurz vor Heiligabend *El Gordo* gezogen wird, „der Dicke" – also der Hauptgewinn der Weihnachtslotterie. Vier von fünf Spaniern kaufen sich jedes Jahr einen *décimo*, ein Zehntellos, meist setzen Freunde und Familie gemeinsam auf eine Nummer. Die Bilder von jubelnden Menschen, die sich in den Armen liegen und mit Cava feiern, gehören zu Weihnachten wie anderswo Vanillekipferl und Glühwein. Die Weihnachtslotterie ist die größte und älteste der Welt, aber längst nicht der einzige Ausdruck der spanischen Leidenschaft für das Glücksspiel. In fast jeder größeren Stadt gehören die winzigen Kioske der Blindenorganisation ONCE (Organización Nacional de Ciegos Españoles) zum Straßenbild. Die gemeinnützige Einrichtung unterhält landesweit Ausbildungszentren, die sie in erster Linie durch den Verkauf von Losen finanziert. Mit einem lautstarken, lang gezogenen *Para hooooyyyy* („Für heute") machen die Straßenverkäufer auf die Ziehung am selben Abend aufmerksam.

Guten „Tappetit!"

Wer an Spanien denkt, hat gleich Tapas vor Augen. Hier trifft man Freunde in der Regel nicht „auf einen Kaffee", sondern „auf eine Tapa". Und meist bleibt es nicht bei einer! Der Ursprung der immer kreativer interpretierten Häppchen liegt in der Reconquista, der christlichen Rückeroberung des maurischen Spaniens im 14. Jh. Die Könige ließen ihren Rittern und Fußsoldaten zum Wein stets einen Snack servieren, um dessen berauschende Wirkung zu mildern. Schließlich sollten sie

AUF EINEN BLICK

August
Wärmster und vollster Monat

48,35 Mio.
Einwohner
[gut das Fünffache Österreichs]

3000
Sonnenstunden im Jahr
[Hamburg: 1850]

> 2050 km
lang ist die spanische Mittelmeerküste
[deutsche Festlandküste: ca. 1580 km]

1570 km
Atlantikküste liegen zwischen Baskenland & der portugiesischen Grenze

Höchste gemessene Temperatur
47,6 °C
La Rambla (Córdoba) am 14. August 2021

Höchster Gipfel
3482 m
Mulhácen

10,3 Liter
OLIVENÖL KONSUMIEREN SPANIER PRO KOPF IM JAHR

505 960 km²
FLÄCHE
[Deutschland: 357 588 km²]

An der Costa de la Luz scheint die Sonne im Durchschnitt 7,5 Stunden pro Tag

auch nach durchzechten Nächten kampfbereit aufwachen. In Cádiz kursiert zudem die Anekdote, dass König Alfons der Weise verärgert über eine Fliege im Wein die Idee hatte, den Kelch mit einer Scheibe Schinken als *tapa* (Deckel) zu schützen. In den andalusischen Provinzen Granada, Jaén und Almería bekommst du deine Tapa übrigens kostenlos zum Getränk.

Namen mit Ahnentafel

Spanier können die Kette ihrer Ahnen mühelos zurückverfolgen, denn in manchen Dokumenten reihen sich die übernommenen Familiennamen *(apellidos)* über Generationen hinweg aneinander. Im Alltag werden jedoch nur die beiden aktuellsten benutzt: der erste Nachname vom Vater, gefolgt vom ersten Nachnamen der Mutter (laut heutigem Namensrecht kann die Reihenfolge auch umgekehrt sein). Dabei bleibt es das ganze Leben. Nehmen wir eine Carolina Pérez López als Beispiel, so hieß Carolinas Vater (oder Mutter) mit erstem Zunamen Pérez und die Mutter (bzw. der Vater) mit erstem Zunamen López.

Kultur- & Sprachvielfalt

Spanien ist nicht überall gleich. Aber gerade die Vielfalt an Sprachen, Bräuchen, Mentalitäten macht den immateriellen Reichtum des Landes aus. An der unterschiedlichen Bezeichnung der Orte, Straßen (Calle/Carrer, Avenida/Avinguda), Strände (Playa/Platja) und Bars wirst du merken, dass in Katalonien und València – ungefähr bis Alacant (Alicante) – oft Katalanisch bzw. die valencianische Variante dieses Idioms gesprochen wird. Baskisch ist eine eigenständige, konsonantenlastige Sprache, die weit älter ist als die romanischen Sprachen. Wie auch das melodische Galizisch sind beide anerkannte, offizielle Sprachen in Spanien. Auch Asturien und Kantabrien haben ihre linguistischen Eigenheiten, die ihre Bewohner stolz bewahren.

Historische Städte & die Pyrenäen

Rundtour ab Pamplona (Iruña)

Strecke & Dauer

- Strecke: 734 km
- Reine Fahrzeit: 12 Std.
- Streckenprofil: Moderne Autobahnen, teils mautpflichtig, Bergstraßen z. T. mit Serpentinen und Haarnadelkurven, starke Steigungen,
- Empfohlene Dauer: 9–11 Tage

Was dich erwartet

Auf dieser Tour erwarten dich große Kontraste: von Pamplona, der bunten Hauptstadt Navarras, über die Wüstenlandschaft der Las Bardenas Reales zur maurischen Pracht des Aljafería-Palastes von Zaragoza. Vorbei an imposanten Burgen wie dem Castillo de Loarre geht es zu den höchsten Gipfeln der Pyrenäen. Hier findest du traumhafte Touren zum Wandern, Klettern, MTB sowie Wildwasser-Kajak und Rafting. Aber auch Ruhe in der Abgeschiedenheit und Ausblicke wie den ins Ordesa-Tal.

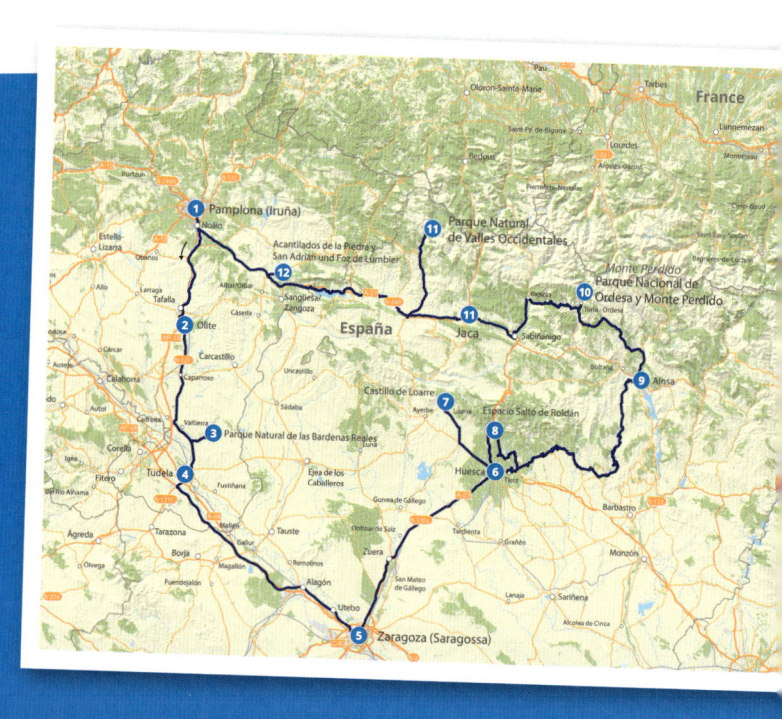

Die bunte Hauptstadt von Navarra

① Pamplona (Iruña)

44 km

Los geht es in ① **Pamplona (Iruña)**. Die lebendige Stadt mit ihren Parks, einer Festung und der farbenfrohen mittelalterlichen Altstadt füllt sich besonders während der berühmtesten Fiesta Spaniens, den Sanfermines, die seit 1591 jährlich begangen wird (6.–14. Juli). Hunderttausende sind es, die wie einst Ernest Hemingway, der die Fiesta literarisch verewigte, geschmückt mit roten Halstüchern den Heiligen feiern, die Stierläufe durch die engen Gassen verfolgen, oder gar als *mozos* mitlaufen. Gratis parken: Área Autocaravanas Trinitario, Avenida de Gipuzkoa Etorbidea, 1-409, 20 Fußminuten zur

Das Leben in Pamplona ist bunt

Altstadt. Im Umland erwarten dich märchenhafte Wälder, türkisblaue Wildbäche, Burgen und prächtige Klöster.

Verlass Pamplona Richtung Süden über die mautpflichtige AP-15 (mautfrei ist die N-121, die quasi parallel verläuft) bis zur Ausfahrt 50 und folge der N-121 und NA-6620 nach Olite.

Alte Hauptstadt mit Märchenschloss

Die heute nur noch knapp 4000 Einwohner zählende Ortschaft ❷ **Olite** war einst die Hauptstadt des Königreichs von Navarra. Der Palacio Real de Olite aus dem 14. Jh. (Plaza Carlos III El Noble) ist eine imposante Festung und gleicht nach der Restaurierung ab 1937 wegen der schweren Beschädigungen in den Napoleonischen Kriegen in Teilen einem Märchenschloss. In den Gärten und Höfen steht eine Fülle von Orangenbäumen, die während der Blüte im Mai ihren Duft im ganzen Ort verströmen! Im verschlafenen Olite findest du aber auch einige sehr gute Bars und Restaurants. Parken: Área Autocaravanas Olite-Erriberri an der NA-5300, 300 m vom Königspalast entfernt *(GPS 42.480203, -1.647207)*.

❷ Olite

51 km

Folge der N-121 Richtung Süden, dann der NA-134 nach Cadreita. Bei Arguedas halte dich an die Hinweisschilder „Las Bardenas Reales" bis zum Besucherzentrum. Die Straße ist bis dahin asphaltiert, weitere Erkundungen führen dich teils über intakte Schotterpisten, die für das Womo aber kein Problem darstellen.

Spanien

Rundtour ab Pamplona (Iruña)

Wüste in sternklarer Nacht

Du bist in einer der eindrucksvollsten Landschaften Spaniens angekommen, dem ❸ **Parque Natural de las Bardenas Reales** *(Besucherzentrum Finca de Aguilares | Carretera del Parque Natural | Km 6, Arguedas | GPS 42.179486, -1.533735 | bardenasreales.es)*. Es handelt sich um eine trockene, fast weiße Halbwüste mit faszinierenden Felsformationen wie dem Monumento al Segador *(GPS 42.209540, -1.513967)* oder der Cabezo de las Cortinillas *(GPS 42.204391, -1.500213)*. Parken ist nirgends ein Problem. Solange du kein ‚Camping-Verhalten' (Campingstühle oder Grill rausstellen) zeigst, ist hier eine Nacht unter Sternen möglich.

Fahr auf demselben Weg zurück bis Arguedas, wo du wieder auf die NA-134 triffst, und folge dieser in südlicher Richtung bis Tudela.

❸ Parque Natural de las Bardenas Reales

25 km

❹ Tudela

86 km

Altes Zentrum der Wissenschaft

Die am Ebro gelegene Kleinstadt ❹ **Tudela** war bis zur Rückeroberung durch die Christen unter Alfons I., dem „Krieger", mit ihren jüdischen und muslimischen Bewohnern eine Wiege der Wissenschaft, der Dichtkunst und Philosophie. Die Altstadt als Ganzes ist quasi ein Museum, mit der spätromanischen Kathedrale *(catedraldetudela.com)*, den mittelalterlichen Kirchen wie der Iglesia de San Jorge el Real und dem einstigen jüdischen Viertel um die Plaza de la Judería. Die Torre Monreal geht ursprünglich auf die arabische Herrschaft zurück, was nach vielen Umbauten kaum noch zu erkennen ist. Gratis Parken: Área AC Tudela *(GPS 42.058530, -1.611935)*.

Ornamentale Kunst aus arabischer Zeit ziert die Mauern der Kathedrale La Seo del Salvador in Zaragoza

Es lohnt sich, bis zum Sonnenunter- oder aufgang in den Bardenas Reales zu bleiben

Auf der AP-68 erreichst du in etwa einer Stunde den nächsten Stopp Zaragoza (Saragossa).

Maurisch-gotische Pracht in der Universitätsstadt am Ebro

Aragóns Hauptstadt ❺ **Zaragoza (Saragossa)** ist ein Spiegelbild ihrer fast 2000-jährigen Geschichte. Dabei reicht das Spektrum vom römischen Amphitheater über die arabische Palastfestung Aljafería bis zur Basilica del Pilar, deren Fresken Francisco de Goya malte. Wenn du dich sattgesehen hast, darfst du dich auch sattessen – mit den Köstlichkeiten der aragonischen Küche. Danach könnte ein Spaziergang an den Ebro führen, wo Stararchitekten wie Zaha Hadid zur Expo 2008 moderne Meisterwerke kreiert haben. Parken: Área Autocaravanas de Zaragoza, Calle de Mariano Esquillor Gómez *(GPS 41.682423, -0.890247)*, Straßenbahnstation gegenüber (Campus Río Ebro), 15 Min. Fahrtzeit ins Zentrum.

Du verlässt Zaragoza über die N-330 und folgst der A-23 (E-7) in nordwestlicher Richtung bis Huesca.

❺ **Zaragoza (Saragossa)**

71 km

Spanien

Rundtour ab Pamplona (Iruña)

6 Huesca

32 km

7 Castillo de Loarre

47 km

Altstadt mit gotischer Kathedrale

Die einstige Hauptstadt Aragóns und heutige Provinzhauptstadt **6 Huesca** hat mit der imposanten gotischen Kathedrale (13. Jh.) und der Pfarrkirche San Pedro el Viejo (12. Jh.) eine sehenswerte Altstadt zu bieten. Außerdem kannst du dich hier noch mit Notwendigem für die Zeit in den Pyrenäen eindecken oder das Womo noch einmal durchchecken. Gratis parken: Área Autocaravanas, bei der Iglesia de San Jorge, Calle San Jorge (GPS 42.135300, -0.420295).

Zeit für einen Abstecher? Nordwestlich von Huesca liegt eine der berühmtesten Burgen Aragóns. Nimm die A-132 bis Esquedas und bieg rechts auf die A-1206 ab. Noch vor Loarre zweigt eine Straße ab, ab hier sind die Burg sowie der schöne Campingplatz Castillo de Loarre (campingloarre.com) ausgeschildert.

Burg als Filmkulisse

Die Höhenburg **7 Castillo de Loarre** wurde von Sancho III. im Zuge der Reconquista erbaut und ist heute vor allem als Drehort von „Königreich der Himmel" (Ridley Scott) bekannt.

Auf demselben Weg geht's zurück nach Huesca, dann über die A-23 bis Nueno und die HU-324 zum nächsten Stopp.

Was für ein Blick! Kein Wunder, dass das Castillo de Loarre als Filmkulisse benutzt wurde

Vom Salto de Roldán blickt man auf die Pyrenäen

Natur meets Architektur

In der Halbwüste unter einer beeindruckenden Felsformation, dem Salto de Roldán, befindet sich ein kleines Juwel moderner Architektur: der ❽ **Espacio Salto de Roldán** *(Carretera Apiés sn | Sabayés | espaciosaltoderoldan.es)*. Er dient als Ausstellungsfläche zur endemischen Botanik und ist von einem Garten umgeben, in dem die Flora der ariden Hochebene gedeiht.

Fahr nun auf der HU-324 bis zum Recyclingunternehmen Gestión de Residuos Huesca SAU, bieg fast 360 Grad auf die HU-V-3242 ab und folge dieser über dem Stausee des Castillo de Montearagón Richtung Loporzano und auf der A-1227 kurvenreich mit Steigungen durch den Naturpark Sierra y Cañones de Guara mit Wanderwegen und Klettersteigen.

Über lokale Anbieter kannst du hier fantastische Canyoning-Abenteuer im Canyon des Flusses Balcés unweit vom Campingplatz El Puente erleben *(u. a. Expediciones | Calle Baja 5 | Las Almunias | Huesca | expediciones-sc.es | Treffpunkt am Mirador de Balcés | GPS 42.239860, -0.063554)*. Wie neugeboren fühlst du dich nach einer Abkühlung am Salto de Bierge, einem türkisblauen Gebirgsfluss mit künstlichem Wasserfall *(saltodebierge.es | über Pasaje Río Alcanadre C, Partida San Julián | GPS 42.173096, -0.090784)*.

Allmählich rücken die Pyrenäen näher. Nimm erst die A-1227 bis Bierge, dann die A-1230 bis Adahuesco. Die A-1233 bringt dich bis zum Camping Río Vero (campingriovero.com), nach einem langen Tourtag gut für eine Pause oder zum Übernachten, bevor es auf der A-2205, eine anspruchsvolle Passstraße, durch atemberaubende Landschaften und an Dörfern und Weilern vorbei nach Aínsa geht.

❽ **Espacio Salto de Roldán**

130 km

Spanien

Rundtour ab Pamplona (Iruña)

Das schönste Dorf Spaniens?

Am Río Cinca vor dem Stausee liegt ❾ **Ainsa.** Mit seiner lokaltypischen Steinarchitektur um die Plaza Mayor gilt es zu Recht als eines der schönsten Dörfer Aragóns (und Spaniens). Flaniere durch die Gassen, während sich vor dir bei freiem Blick die 3000er der Pyrenäen auftürmen. Stärkung gefällig? Die Pyrenäenküche Aragóns ist ziemlich deftig! Parken: Aparcamiento autocaravanas beim öffentlichen PKW-Parkplatz (GPS 42.418473, 0.134764).

Folge von Aínsa der A-138 nach Norden bis Escalona (einer der Top-Rafting-und Wildwasser-Kajak-Spots, u.a. mit raftinghuesca.es) und dort weiter der HU-631.

Nach wenigen Kilometern gibt es ein Flussbad, die Zona de baño del Rio Bellós (GPS 42.508829, 0.126113) und einen Campingplatz (Camping Valle Añisclo, valleanisclo.com). Am Cañón de Añisclo lohnt eine Rast, um die herrliche Flusslandschaft in der Schlucht zu genießen.

Fahr weiter auf der HU-631 Richtung Norden, bei der Einsiedelei Ermita de San Úrbez, die praktisch in die Felsen gehauen wurde (GPS 42.559580, 0.051346), kommen enge Haarnadelkurven. Auf den letzten Kilometern vor Sarvisé querst du einen wunderschönen, dichten Mischwald. Ab dem Ort geht es auf der gut ausgebauten N-260 bis zur Abzweigung Torla-Ordesa und ins Gebirgstal hinein zum Ort Torla, der Pforte zum Parque Nacional de Ordesa y Monte Perdido. Parken: an der Ortseinfahrt von Torla (GPS 42.623842, -0.110889). Shuttlebus stündlich vom Besucherzentrum des Nationalparks zur Hochebene des Tals.

❾ Ainsa

70 km

Eins der schönsten Dörfer in den Pyrenäen Aragóns: Aínsa

Eine Wanderung im Ordesa-Tal ist unvergesslich, trittsicher solltest du bei vielen Touren aber sein

3000er, Wasserfälle & Natur pur

Aufwachen mit Bergpanorama! Die Pyrenäen und der ⑩ **Parque Nacional de Ordesa y Monte Perdido** sind ein einzigartiges Naturparadies. Wanderer finden hier Touren in allen Schwierigkeitsgraden, von gemächlich entlang der Gebirgsbäche, über kraftraubende Gipfeltouren bis hin zu echten Herausforderungen für Kletterer und Hochgebirgsaffine. Beim Rafting oder Canyoning kannst du wahre Adrenalinkicks erleben, das gilt auch für die, die im MTB-Sattel beim Downhill ans Limit gehen. Parken: an der Ortseinfahrt von Torla *(GPS 42.623842, -0.110889)*. Shuttlebus stündlich vom Besucherzentrum des Nationalparks zur Hochebene des Tals.

Von den Höhen der Pyrenäen führt die angenehm zu fahrende N-260 nach Biescas. Folge nun der N-260 nach Sabiñánigo. Von hier führen sowohl die Autobahn A-21 als auch die parallel verlaufende N-240 rasch nach Jaca.

Wälder & romanisches Kulturerbe

Ein ganz besonderes Erlebnis sind ⑪ **Jaca & der Parque Natural de Valles Occidentales.** Der Naturpark der „westlichen Täler" mit dichten Eichen- und Nadelbaumwäldern und Wildbächen und insbesondere die Abgeschiedenheit des Selva de Oza sind ideal für gemächliche Wanderungen oder MTB-Touren. Der Hauptort Jaca hat nicht nur einen mittelalterlichen Altstadtkern und eine imponierende Festung zu bieten, sondern auch Landgaststätten, die *tascas*, wo du dich an lokalen Köstlichkeiten sattessen kannst. Gratis parken in Jaca: Área

⑩ **Parque Nacional de Ordesa y Monte Perdido**

56 km

⑪ **Jaca & der Parque Natural de Valles Occidentales**

82 km

Spanien

Rundtour ab Pamplona (Iruña)

12 Acantilados de la Piedra y San Adrián & Foz de Lumbier

40 km

1 Pamplona (Iruña)

de Autocaravanas de Jaca, Calle San Indalecio 37 *(GPS 42.567887, -0.544559).*

Auf dem Weg über die A-21 (oder N-240) zum Naturpark der Valles Occidentales passierst du den Abzweig zum Kloster San Juan de la Peña. In Puente de la Reina de Jaca führt die A-176 nach Norden durch das schöne Flusstal über Siresa zum Naturpark. Hier findest du einige Campingplätze, z. B. Camping Borda Bisaltico (bordabisaltico.com) und Camping Selva de Oza, die ideale Startpunkte für Wanderungen und Bergtouren im Waldgebiet Selva de Oza und im Valle de Hecho (valledehecho.es) sind.

Halte dich auf der N-240 weiter nach Westen. Eine herrliche Pause bieten die Thermalquellen im Stausee Embalse de Yesa, Termas de Yesa (GPS 42.612580, -1.102783). Dann geht's schon wieder auf die A-21 und zurück in die Region Navarra. Für ein imposantes Naturschauspiel machst du bei Lumbier ein letztes Mal halt.

Schlucht & Steinbögen

In den Naturschutzgebieten **12 Acantilados de la Piedra y San Adrián & Foz de Lumbier** gibt es die Schlucht Foz de Lumbier und die Steinbögen Arcos de Lumbier zu bestaunen. Die Bögen *(GPS 42.637704, -1.306891)* sind atemberaubend, wenn auch nicht so imposant wie im US-amerikanischen Nationalpark Arches. Wenn du gern kletterst, wirst du entzückt sein!

Die A-21 und am Flughafen von Pamplona die Mautautobahn AP-15 bringen dich rasch zum Start und Ziel dieser Tour zurück.

Das Dach haben wir schon, dachten sich wohl die Erbauer von San Juan de la Peña, als sie ihren Kreuzgang in die Felswand hineinbauten

Der schneebedeckte Gipfel des Castillo de Acher im Parque Natural de Valles Occidentales

CAMPINGPLÄTZE AM WEGESRAND

Rundtour ab Pamplona (Iruña)

Gratis-Stellplatz in der Natur

Dieser Gemeinde-Stellplatz in Berriozar am nördlichen Rand von Pamplona ist perfekt geeignet, um das Stadtleben mit der Natur zu verbinden. Ein Picknickplatz liegt vis-à-vis im Naturschutzgebiet Espacio natural-Itxaurdi-Gune Naturala. Mit dem Bus bist du in 15 Minuten in Pamplona, zur Busstation sind es fünf Minuten zu Fuß. Selbst während der trubeligen Sanfermines im Juli hat man hier seine Ruhe!

Área Camper Berriozar
€ | Avenida Berriozar 1 | Berriozar | Anfahrt über die NA-4106 | Tel. +34 948 30 17 19
GPS: 42.840273, -1.665740

▶ **Größe:** Platz für ca. 40 Womos
▶ **Ausstattung:** Grauwasserentsorgung (gratis), Frischwasser, Strom (kostenpflichtig). Wertmünzen beim Polideportivo de Berriozar, dem Sportgelände mit Freibad

Freundlicher Luxusplatz im Grünen

Topmoderner Campingplatz bei Pamplona, freundliche Belegschaft. Wer in einem Holz-„Pod" nächtigen will, wird von der luxuriösen Ausstattung überrascht sein! Für Womos gibt es neben Parzellen auch ein „Sleep-&-Go"-Angebot.

Camping Kanpina IZARPE
€€–€€€ | Aroztegi | ca. 15 km nördlich von Pamplona, NA-4120, bei Km 12,8 | Tel. +34 848 68 14 00
campingizarpe.com
GPS: 42.937122, -1.692389

▶ **Größe:** 98 Parzellen, 12 Bungalows, 6 trendig-luxuriöse „Glamping"-Holz-Pods
▶ **Ausstattung:** großes Freibad, Picknick- und Grillplätze, Spielplatz; in der nahen Umgebung Wandern, Klettern, Reiten möglich

Der Campingplatz Rio Ara bei Torla ist ein idealer Standort für Aktivitäten im Nationalpark

In den Pyrenäen ist der Sternenhimmel wirklich zu sehen – sogar die Milchstraße

Renoviert & stadtnah

Der große, städtische Campingplatz von Zaragoza punktet mit seiner Lage im Grünen am Canal Imperial de Aragón und der Nähe zum Stadtzentrum, das mit Öffi-Bussen oder dem Fahrrad rasch und bequem zu erreichen ist.

Camping Ciudad de Zaragoza

€€ | Calle San Juan Bautista de la Salle s/n | Zaragoza Anfahrt über Z-40 und N-II bei der westlichen Stadteinfahrt | Tel. +34 876 24 14 95 | zaragozacamping.com
GPS: 41.638265, -0.942050

▸ *Größe:* 105 Womo-Parzellen; 70 mobile Bungalows, 52 Schlafplätze in der Herberge
▸ *Ausstattung:* Freibad, Kinderbecken und Spielplatz, Sportplätze (Basket- und Fußball, Tennis), Pelota Vasca (Frontón), Grillplätze

Aufwachen mit Gipfelblick

Traum-Campingplatz im Nationalpark am Río Ara vor dem mächtigen Monte Perdido, zehn Minuten Fußweg nach Torla. Ideales Basislager für Wander- und Bergtouren. Freundliches Team. Im Sommer recht voll, daher besser reservieren! Anfahrt zum Schluss etwas steil, aber auch mit größeren Womos machbar.

Camping Río Ara

€€ | Avenida de Ordesa s/n | Torla-Ordesa (an der nördlichen Ortsausfahrt rechts halten und der Ausschilderung folgen) | Tel. +34 974 48 62 48
campingrioaraordesa.com
GPS: 42.631498, -0.107085

▸ *Größe:* 135 Parzellen, 3 Gästezimmer
▸ *Ausstattung:* Wäscheservice, Supermarkt, Kneipe mit Terrasse

Top ausgestattet

Wer Natur mit Stadtnähe kombinieren will, ist auf diesem Campingplatz 4 km östl. von Jaca richtig. Dank Pool(Bar) und feinem Restaurant hat der Platz gute Chancen, zu einem der besten der Gemeinde gekürt zu werden.

El Arrebol Comfort Camp

€ | N-330, bei km 643 | Tel. +34 974 57 95 57
campingelarrebol.com
GPS: 42.564129, -0.511027

▸ *Größe:* 68 Parzellen, Bungalows und Glamping-Unterkünfte, Zimmer im Hotel
▸ *Ausstattung:* Poolbar, Chill-Out-Terrasse mit Panoramablick, Hundezone, Gourmet-Restaurant, Grillplatz

Spanien

Kulinarisches am Wegesrand

Rundtour ab Pamplona (Iruña)

Fiesta für Fleischfans

Im **Asador Iturrama** in Pamplona wird bestes Fleisch perfekt gegrillt: galizische Rindersteaks, Burger und *txistorra* (Paprikawürste). Zur Saison kommen lokale Pilze auf den Grill! Zum Dessert die *torrija* probieren. Hunde sind auf der Terrasse willkommen. *Infos: Calle Pedro I 9 | Pamplona | Tel. + 34 618 96 94 33 | asadoriturrama.es | €€ | Reservierung empfohlen*

Pintxos in Vintage-Ambiente

In der urigen **Bar Catachu** in Pamplona bekommst du beste *pintxos* und preiswerte Mittagsmenus. Das Interieur ist ein interessanter Stilmix vergangener Dekaden – mach dir am besten selbst ein Bild! *Infos: Calle Lindchiquia 16 | Pamplona | Tel. +34 948 22 60 28 | catachu.com | €–€€*

Typisch-aragonisch

Man darf skeptisch sein, wenn es Speisekarten auf Deutsch gibt, doch im **El Fuelle** in Zaragoza werden lokaltypische Spezialitäten serviert, vom Grill oder Lamm aus dem Ofen. Die lokale Spezialität Ternasco de Aragón stammt von nur mit Muttermilch und Getreide gefütterten, autochthonen Lämmern. Bestellt werden *raciones*, kleine, mittlere oder große. Unweit der Basilika und preiswert. *Infos: Calle Mayor 59 | Zaragoza | Tel. +34 976 39 80 33 | el-fuelle.com | €–€€*

Dinner mit Altstadtblick

Es ist in erster Linie die Location mit der Terrasse direkt am Ebro, die das **Le Pastis** in Zaragoza zu etwas Besonderem macht. Der richtige Ort für den Sundowner, ein Dinner oder nur ein Bierchen zum Sonnenuntergang. *Infos:*

Spanische *albondigas* werden je nach Region in zahlreichen Varianten serviert

Typisch für *pintxos* ist, dass die einzelnen Komponenten mit Spießchen zusammengehalten werden

P.º de la Ribera, s/n | Zaragoza | Tel. +34 976 95 06 94 | Facebook: Le Pastis Zaragoza | €€–€€€ | abends unbedingt reservieren

Üppig mit Traumblick

Das **Restaurante La Cocinilla**, eine der besten Adressen in Torla im Parque Nacional de Ordesa, verbindet höchste Qualität mit liebevoller Präsentation und üppigen Portionen. Probier die Lammschulter aus dem Ofen! *Infos: Calle Fatás, s/n | Torla | restaurantelacocinillatorla.com | Tel. +34 974 48 62 43 | €€*

Schlemmen, Kajakfahren & Paddel-Surf in einem

Im **Embarcadero Suscalar** am Embalse de Lanuza im Parque Nacional de Ordesa kannst du nicht nur beste lokale und spanische Gastronomie genießen, sondern auch Kajaks, Paddel-Surfboards und kleine Segelboote mieten. *Anfahrt: ab Biesca über A-136 bis Sallent de Gállego, dann am östlichen Seeufer bis GPS 42.762689, -0.323806 Infos: Carretera de Lanuza a Sallent | Tel. +34 629 41 01 27 | embarcaderosuscalar.com | €–€€*

Home-Cooking an der einstigen Zollstation

Im Restaurant **Laduanilla** in Canfrancs/Parque Natural de Valles Occidentales gibt es nur Hausgemachtes, die *albondigas* (Fleischklöße) sind exzellent, die Pilzkroketten himmlisch! *Anfahrt: E-7 (N-330) nach Canfranc-Estación | Avenida de los Arañones 6 | Canfranc Infos: Tel. +34 974 37 30 78 | Facebook: LaduanillaCanfranc | €€*

Stadt, Berge & Küste des Lichts

Rundtour ab Málaga

Strecke & Dauer

- Strecke: 633 km
- Reine Fahrzeit: 10 Std.
- Streckenprofil: Überwiegend gut geteerte Landstraße oder Autobahn, im Hinterland teils enge Serpentinen
- Empfohlene Dauer: 9 Tage

Was dich erwartet

Von der pulsierenden Mittelmeermetropole Málaga geht es zum Klettersteig, der bei El Chorro hoch über dem Fluss durch eine enge Schlucht führt. Auch die Dolmen von Antequera und die Karstfelsformationen von El Torcal sind als UNESCO-Welterbe Must-sees. Nach der Fahrt durch die immergrüne Sierra de Grazalema, vorbei an weißen Dörfern, erreichst du mit Cádiz eine der schönsten Städte an der andalusischen Atlantikküste. Endlose, feinsandige Strände erstrecken sich gen Süden bis nach Tarifa an der Straße von Gibraltar.

Mediterrane Spezialitäten, Topmuseen & Traumblicke von arabischen Festungen

① Málaga

76 km

Es geht los in ① **Málaga**, das sich in den letzten 25 Jahren zum Kultur-Hotspot am Mittelmeer gemausert hat und gar Vergleiche mit Barcelona oder València nicht mehr scheut. Am Hafen wurde die Muelle Uno zur stylishen Flaniermeile umgestaltet, die Altstadt brilliert als marmorgefliste Fußgängerzone und lange Stadtstrände laden zum Bad ein. Zu den Highlights gehören das Museo Picasso (*C. San Agustín 8 | museopicassomalaga.org*), die Catedral de la

Achtung, die Brücke am Caminito del Rey schwankt! Deshalb dürfen nicht zu viele Wanderer gleichzeitig drauf

Encarnación *(C. Molina Lario 9 | malagacatedral.com)*, die Alcazaba-Burg und das Centre Pompidou Málaga *(Pasaje Doctor Carrillo Casaux s/n, Muelle Uno | centrepompidou-malaga.eu)*. Am nördlichen Stadtrand liegt der botanische Garten Jardín Botánico-Histórico La Concepción, der einen Besuch definitiv lohnt *(GPS 36.759723, -4.426413 | laconcepcion.malaga.eu)*. Parken: Stellplatz Área Málaga Beach *(GPS 36.713991, -4.317011)*.

Zum nächsten Stopp El Chorro sind es etwa 1 Std. 15 Min. Fahrzeit. Es geht über die A-357 vorbei an Cártama und Carratraca bis Ardales und dort rechts ab auf die MA-5403 Richtung Osten. Zu deiner Linken hast du zunächst den Stausee Embalse del Conde de Guadalhorce im Blick, später den Embalse Tajo de la Encantada.

❷ El Chorro

84 km

Abenteuerspielplatz vor Naturkulisse

Nordwestlich von Málaga, rund um das Dorf ❷ **El Chorro,** erwarten dich spektakuläre Landschaften: smaragdgrüne Stauseen, umgeben von dichten Pinienwäldern und Schluchten wie der Desfiladero de los Gaitanes mit dem berühmten Caminito de Rey in schwindelerregender Höhe. Natürlich findest du hier auch überaus hübsche weiße Dörfer, überragt von Festungen und Ruinen, und jede Menge Möglichkeiten, dich sportlich zu betätigen: Kajakfahren, Canyoning, Mountainbiking oder – besonders beliebt – Klettern. Die Via Ferrata in El Chorro ist z. B. der Hit und dabei technisch nicht besonders

Rundtour ab Málaga

anspruchsvoll *(GPS 36.912767, -4.761678 | Material u. Bergführer über fincalacampana.com, lagarganta.com oder alandalusactiva.com).*

Nimm die MA-5403 zurück nach Ardales und zweige Richtung Nordwesten auf die A-357, dann beim Kreisverkehr dem Weg nach Ronda (A-367) folgen.

Spektakulär mit Brücke und Schlucht

❸ **Ronda**

32 km

Überaus spektakulär auf steilen – von der Tajo-Schlucht getrennten und mit einer Brücke verbundenen – Felsen gelegen, begeisterte die typisch andalusische Kleinstadt ❸ **Ronda** schon Schriftsteller wie Ernest Hemingway und Rainer Maria Rilke, der hier einige der schönsten Wintermonate seines Lebens verbrachte. Auf keinen Fall verpassen solltest du die gut erhaltenen Arabischen Bäder *(C. Molino de Alarcón 11)*, die Casa del Rey Moro *(C. Cuesta de Santo Domingo 9 | casadelreymoro.org)* und das Museum im Palacio de Mondragón *(Pl. Mondragón | museoderonda.es)*. Die Puente Nueva, die sich über die Schlucht mitten in Ronda spannt, ist ein wahrlich imposanter Anblick vor dem blauen Himmel und den weißen Häusern! Aussichtspunkt für ein tolles Panoramafoto hinter der Plaza de María Auxiliadora: GPS 36.739473, -5.167556. Parken: am Bahnhof *(Av. Andalucía | GPS 36.748263, -5.161778)*.

Auf der A-374 nach Westen, hinter La Indiana geht es in den regenreichen Naturpark der Sierra de Grazalema. Die serpentinenreiche A-372 bringt dich ans grüne Ziel.

Der Ort Grazaleme liegt mitten im Naturpark Sierra de Grazalema

Die Puenta Nueva mitten in Ronda überspannt eine Schlucht – einmalig!

Wo Andalusien seine grünste Seite zeigt

Im Naturpark ❹ **Sierra de Grazalema** erwarten dich an der Ruta de los Pueblos Blancos die schönsten weißen Dörfer Andalusiens, eingebettet in die mit Pinien und den spanischen Pinsapo-Tannen dicht bewaldeten Hügel. Das wild-romantische Gebiet ist ideal für Mountainbiking, Klettertouren und ausgedehnte Wanderungen, die oft an Bergbächen entlangführen. Von Grazalema kommend, steuere zunächst Setenil de las Bodegas an: Hier sind die weißen Häuser regelrecht mit dem Fels verwachsen. Auf dem Rückweg mach einen Abstecher nach Zahara de la Sierra am Stausee Embalse de Zahara–El Gastor. Zurück führt über den Puerto de Las Palomas eine spektakuläre Passstraße (CA-9104), von der schöne Wanderrouten abzweigen. Die Route ist ca. 86 km lang, die reine Fahrzeit im Womo beträgt knapp 2,5 Stunden *(cadiz-turismo.com/rutas/rutadelo spueblosblancos.php)*.

Halte dich weiter auf der A-372 Richtung Westen, immerhin ist das Ziel die Atlantikküste bei Cádiz. Bis die Straßenführung wieder geradliniger wird, folgst du den Flussverläufen des Rio Guadalete und der Garganta del Boyar. Zahlreiche Aussichtspunkte, wie der Mirador Puerto del Boyar (GPS 36.755711, -5.395085), laden zu kleinen Pausen mit Panoramaaussicht ein. Vom Picknickareal Los

❹ **Sierra de Grazalema**

50 km

Spanien

Rundtour ab Málaga

Llanos del Campo (GPS 36.755403, -5.454765) starten Wanderrouten wie der Sendero El Torreón oder die Klammwanderung am Arroyo del Descansadero.

Weißes Dorf mit Historie

Die geschichtsträchtige Kleinstadt ❺ **Arcos de la Frontera** mit ihrem Castillo (mit Wahnsinnsaussicht!) liegt für dich ideal auf halber Strecke von Grazalema nach Cádiz und bietet sich für einen Zwischenstopp an. Natürlich samt Stärkung und Bummel durch die gepflegte Altstadt, die von einem Mäander des Rio Guadalete umflossen wird. Gratis parken: Am Gemeindeparkplatz, 10 Min. zu Fuß von der Altstadt entfernt, gibt es hier geräumige Parklücken (Av. Duque de Arcos 12 | GPS 36.750172, -5.815340).

Bei der Abfahrt aus Arcos halte dich Richtung Jerez de la Frontera und Cádiz, um auf die A-382 zu kommen. Ab Jerez de la Frontera ist die mautfreie AP-4 die schnellste Verbindung nach Cádiz.

Eine der schönsten Städte der Welt

Wohl im 8. Jh. v. Chr. wurde ❻ **Cádiz** von den Phöniziern gegründet und gehört somit zu den ältesten Städten Europas. Auf einer von herrlichen Stränden gesäumten, lang gezogenen Halbinsel im Atlantik gelegen, wird sie dich unweigerlich in ihren Bann ziehen – auch der gepflegten Altstadt und des klaren Lichts wegen, das ihr den Spitznamen „Silbertasse" einbrachte. Der von den Küstenfestungen Santa Catalina und San Sebastián geschützte Stadtstrand Playa La Caleta ist das Sahnehäubchen der Hafenstadt, deren Bewohner

❺ Arcos de la Frontera

66 km

❻ Cádiz

58 km

Weiß gekalkt sind viele Häuserfassaden in Vejer de la Frontera

In der Altstadt von Cádiz gibt es viele beschauliche Ecken

spanienweit als die freundlichsten Landsleute gelten. Parken: beim Castillo de Santa Catalina *(C. Campo de las Balas 5 | GPS 36.534452, -6.306754)*.

Nach Verlassen der Stadt über die CA-33 bietet es sich an, hinter San Fernando die Autobahn A-48 zu nehmen, wo du insbesondere zur Hochsaison wesentlich flotter vorankommst als durch Chiclana de la Frontera und die Küste entlang. Die A-48 endet bei Vejer de la Frontera.

Altstadt voller Leben

Schon von Weitem wird dir das Dorf ❼ **Vejer de la Frontera** auf einem Felsen ins Auge springen: Vier Stadttore führen in die gänzlich ummauerte Altstadt mit ihrem typisch arabischen Gassenlabyrinth und den weiß gekalkten Häusern. Verschlafen ist der Ort aber keinesfalls. Hier herrscht das ganze Jahr über lebhaftes Treiben mit zahlreichen Konzerten und Kunsthandwerkermärkten. Einheimische und Zugezogene aus aller Welt betreiben zudem hippe Läden, Cafés und Bars. Parken: In der C. Hijuela de Lucas beim Recinto Ferial findest du meist eine Lücke *(GPS 36.245026, -5.968626)*.

❼ **Vejer de la Frontera**

90 km

Wenn du es eilig hast, halte dich von Vejer de la Frontera auf der N-340 direkt Richtung Tarifa (ca. 45 Min. schneller). Sonst geht es über die A-2230 Richtung Küste, wo du an der Playa de El Palmar einen langen Hunde-Sandstrand findest und einen spartanischen Womo-Stellplatz (GPS 36.235825, -6.068410). Am Kap Trafalgar bietet der Leuchtturm beim Camping Faro Trafalgar ein super Fotomo-

Spanien 69

Rundtour ab Málaga

tiv (GPS 36.182918, -6.035032). Du fährst über Los Caños de Meca und Barbate entlang unberührter Sandstrände weiter gen Süden. Bei Zahara de los Atunes führt die A-2227 auf die N-340, die dich vorbei am Camping Rio Jara nach Tarifa bringt.

Der Südzipfel Europas mit Afrikablick

❽ Tarifa

104 km

Keine Fata Morgana – drüben am Horizont, das ist wirklich Afrika. Nur 12 km trennen hier Marokkos Küste von der Spaniens. Wie wäre es mit einem Tagestrip nach Tanger? Das mittelalterliche Städtchen ❽ **Tarifa** ist längst vom Geheimtipp zum Mekka für Kite- und Windsurfer avanciert. Im Sommer herrscht hier Trubel, Elektrobässe lassen die Clubs bis in den Morgen beben. Dagegen triffst du in der Nebensaison an den kilometerlangen Traumstränden stundenlang kaum eine Menschenseele. Parken: Womo-Stellplatz an der C. del Mar norte (GPS 36.017971, -5.610607).

Fahr auf der N-340 nach Osten in Richtung Algeciras. Nach ca. 10 km erreichst du den ausgeschilderten Mirador del Estrecho. Afrika, zum Greifen nah: Vom kleinen Café-Kiosk El Mirador hast du den wohl besten Blick über die Meerenge von Gibraltar auf das Rif-Gebirge in Marokko (GPS 36.053898, -5.550405). Bei Algeciras beginnt die A-7, von der bei San Roque ein Abzweig nach Gibraltar führt. Wer Zeit und Nerven sparen möchte, wählt ab Torreguadiaro die Mautautobahn AP-7, die nach Marbella führt.

Bilderbuchdorf: Mijas Pueblo

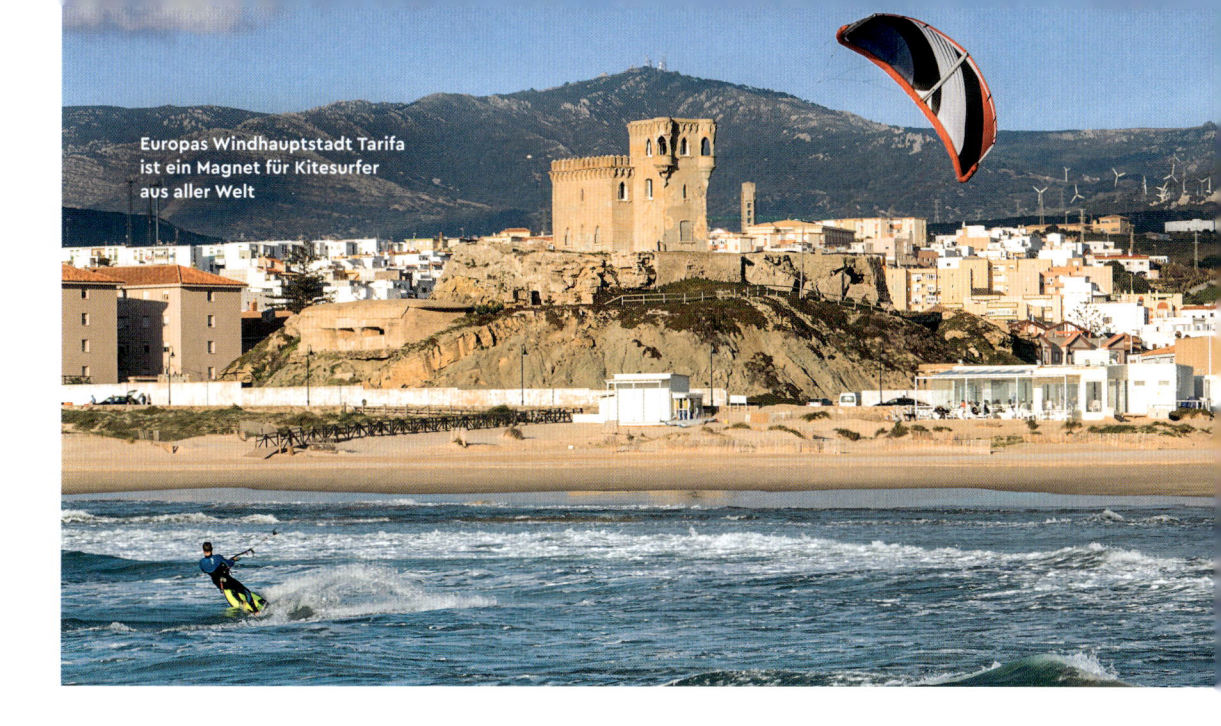

Europas Windhauptstadt Tarifa ist ein Magnet für Kitesurfer aus aller Welt

Nicht nur für den Jetset

Das überaus mondäne Jetset-Pflaster von ❾ **Marbella** lockt die Reichen und Schönen aus aller Welt. Nicht nur den Jachthafen, sondern auch das mittelalterliche Stadtzentrum solltest du dir ansehen. Gratis parken (für Womos bis 6 m): Av. Cánovas del Castillo *(GPS 36.512561, -4.898215)*, ca. 25 Fußminuten von der Altstadt.

Direkt an der Küste führt die kostenlose A-7 durch die touristische Zone der Costa del Sol, wo du aber auch die eine oder andere Gelegenheit hast, ein Bad im Meer an einem unberührten Strand zu nehmen. Einer der schönsten ist der FKK-Strand am Cabopino mit den Dunas de Artola (GPS 36.486972, -4.742766). Vom nahen Cámping Cabopino (GPS 36.488860, -4.742508 | campingcabopino.com) fährt auch ein Bus ins Zentrum von Marbella. Die A-7 führt zum nächsten Stopp: Mijas Pueblo.

Pittoresker geht es nicht

Während die Costa del Sol ziemlich mit Beton verbaut ist, ist das weiße Dörfchen ❿ **Mijas Pueblo** am Hang mit Panoramaaussicht und minikleiner Stierkampfarena *(Paseo de las Murallas)* zwar touristisch, aber immer noch bildschön. Plane einen kurzen Abstecher ein, im Idealfall zum Sonnenuntergang! Parken: Plaza Virgen de la Peña *(GPS 36.595387, -4.636735)* oder C. Camisa *(GPS 36.597381, -4.634491)*.

Das letzte Teilstück der Tour geht noch einmal über die Autobahn A-7 bzw. AP-7, die ab Benalmadena kostenlos ist. Hinter dem Flughafen zweigt die A-357 ins Zentrum ab. Rechne mit etwa einer halben Stunde bis Málaga.

❾ Marbella

39 km

❿ Mijas Pueblo

34 km

❶ Málaga

Spanien

CAMPINGPLÄTZE AM WEGESRAND

Rundtour ab Málaga

Weiße Dörfer ringsum

Das östlich von Málaga gelegene Hügelland der Axarquía lockt mit weißen Dörfern und Steilküsten. Als Ausgangspunkt für Erkundungen bis zu den Sierras de Tejeda, Almijara y Alhama bietet sich dieser kleine, feine Campingplatz an. Der angegliederte Landgasthof ist weit über die Provinz hinaus bekannt.

Camping La Viñuela

€€ | Ctra. A-356 km 30 | Viñuela
Tel. +34 952 55 45 62 | campinglavinuela.es
GPS: 36.873680, -4.185159

▶ **Größe:** 39 Parzellen, 10 Bungalows
▶ **Ausstattung:** Pool, Kinderpool, Restaurant, Cafeteria, Supermarkt, kleiner Fußballplatz, Wäscherei, Kajaktouren, Bogenschießen, Fahrradverleih

Idyllisch im Grünen am See

In El Chorro, direkt am Stausee und nur etwa 20 Minuten Fußweg vom Eingang des Caminito del Rey entfernt, befindet sich dieser Campingplatz inmitten der Natur unter Schatten spendenden Bäumen. Hier kannst du dich nach Wanderungen herrlich im See abkühlen, aber auch Kanus, Kajaks und SUP-Boards mieten.

Parque Ardales Apartamentos y Camping

€€ | Barriada de los Embalses s/n | Ardales
Tel. +34 951 26 49 24 | parqueardales.com
GPS: 36.918962, -4.804101

▶ **Größe:** 250 Stellplätze, 14 Hütten
▶ **Ausstattung:** Warmwasserduschen, Waschmaschine & Trockner, Supermarkt, Restaurant, Gasflaschen, Grillplätze, Bootsanleger

Mitten in der Sierra

An der Quelle des Benamahoma-Flusses, umgeben von dichten Wäldern und mit herrlichem Ausblick inmitten der Sierra de Grazalema kannst du hier die Natur in vollen Zügen genießen. Zum Bad im Fluss hast du es nicht weit und zum Wandern ebensowenig. Definitiv einer der schönsten Plätze Südspaniens!

Ursprünglich und authentisch kann man in der Sierra de Grazalema campen

Und morgens ein Bad im Stausee bei Ardales

Camping Los Linares

€–€€ | C. Nacimiento s/n | Benamahoma
Tel. +34 651 91 09 72 | andalucia.org/de/benamahoma-unterkuenfte-camping-los-linares
GPS: 36.770179, -5.458223

▶ **Größe:** 52 Stellplätze mit Wasser & Strom, 6 Mobile Homes, weitere kostenlose Stellplätze
▶ **Ausstattung:** Pool, Kajak- und Fahrradverleih

Morgens zuerst der Blick aufs Meer

Los Caños de Meca bei Vejer de la Frontera gehört mit seinen Traumstränden voller trendy Bars und Restaurants zu den schönsten Dörfern an der „Küste des Lichts". Dieser von überaus netten Betreibern geführte Platz liegt in unmittelbarer Strandnähe.

Área de Autocaravanas Los Caños de Meca

€ | C. Galeón | Los Caños de Meca
Tel. +34 606 92 82 10 | areacanosdemeca.com
GPS: 36.189351, -6.021249

▶ **Größe:** ca. 70 Stellplätze
▶ **Ausstattung:** Duschen, Waschmaschinen & Trockner, Kiosk-Laden, Chill-out-Zone, Brötchenservice am Morgen, Grillzone

Kiten an Europas südlichstem Campingplatz

Der Platz an der Playa Norte ist eine Institution. Mauern schützen ihn vorm ständigen Wind. Nach Tarifa kannst du bequem am Sandstrand in etwa 40–50 Minuten spazieren. Sollte dein Womo länger als 6 m sein, frag an der Rezeption vorab an.

Camping Río Jara

€€–€€€ | N-340, km 81 | Tarifa
Tel. +34 956 68 05 70 | campingriojara.com
GPS: 36.042581, -5.629751

▶ **Größe:** 265 Parzellen
▶ **Ausstattung:** Supermarkt, Restaurant, Waschmaschine & Trockner, Gemeinschaftsraum, Billardtische, Privatstrand, Kite- und Surfschule

Kulinarisches am Wegesrand

Rundtour ab Málaga

Tapas mit Starfaktor

In Málagas berühmtester Bodega und Tapasbar **El Pimpi** ist Antonio Banderas nicht nur häufig zu Gast, sondern auch Miteigentümer. *Infos: C. Granada 62 | Tel. +34 952 22 54 03 | elpimpi.com | Reservierung empfohlen | €€*

Besonders Eissorten

Das Eiscafé **Casa Mira** in Málaga ist bekannt für sein Eis mit Málagawein-getränkten Rosinen und die Sorte *leche merengada*: Baisermilch mit Zimt und Zitrone. Probier auch die hausgemachte *horchata* (Erdmandelmilch). *Infos: C. Marqués de Larios 5 | fernandomira.es*

Typisch, aber modern

Typische Spezialitäten des ländlichen Andalusiens werden im **Arte de Cozina** („Kunst der Küche") in der Region El Chorro bei Antequera wunderbar modern inszeniert, darunter auch die klassische kalte Tomatensuppe *porra antequerana*. *Infos: C. Calzada 27 | Antequera | Tel. +34 952 84 00 14 | artedecozina.com | Reservierung empfohlen | €€*

Süße Versuchung

In der traditionsreichen Keksbäckerei **La Perla** in Antequera (Region El Chorro) werden *mantecados* gebacken, überaus mürbe Köstlichkeiten. Aber auch *roscos de vino*, die ausgezeichnet zum Rotwein munden. *Infos: C. Mesones 26 | Antequera | mantecadoslaperla.com*

Tapas auf der Terrasse

Die bunte **Casa del Duende** („Haus des Gnoms") in der Sierra de Grazalema ist nicht nur für ihre Tapas bekannt, sondern auch für die schöne Terrasse. Das Gemüse stammt aus dem haus-

Roscos de vino werden mit Wein zubereitet – und zum Wein gegessen

Die Tomatensuppe *porra antequerana* wird kalt serviert

eigenen Ökogarten, die feinen Pizzen gibt's auch zum Mitnehmen. Nachts kommt hier bei Gin Tonic und hausgemachtem Craft-Weizenbier ganz schön Stimmung auf. *Infos: Av. la Vega 17 | El Bosque | Tel. +34 956 71 61 35 | casadelduende.es | €*

Spitzenküche aus dem Meer

Spitzenkoch Ángel León bringt in **La Taberna del Chef del Mar** in El Puerto de Santa María bei Cadiz seine Kreationen aus den Schätzen des Meers erschwinglich auf deine Zunge. Phyto-Plankton ist übrigens vegan! *Infos: C. Puerto Escondido 6 | El Puerto de Santa María (21 km nördl. von Cádiz) | Tel. +34 956 11 20 93 | latabernadelchefdelmar.com | unbedingt online reservieren und Rückruf annehmen! | €€–€€€*

Heute ist Markttag

Tauche ein in die lebendige Markthalle des **Mercado Central de Abastos** im Herzen von Cádiz. Und probier, was dir schmeckt. *Infos: Pl. de la Libertad | mercadocentralcadiz.com*

Vom Meer frisch auf den Teller

Das **Restaurante El Puerto** in Tarifa ist ein typisch andalusisches Restaurant mit Terrasse am Hafenkai, hier kommt der Fisch direkt vom Boot auf den Teller. *Infos: Av. Fuerza Armadas 13 | Tarifa | Tel. +34 956 68 19 14 | Facebook: Restaurante El Puerto | €*

Thunfisch phönizisch

Das **Restaurante El Refugio** mit Meerblick zwischen Vejer de la Frontera und Tarifa ist auf Almadraba-Thunfisch spezialisiert, der noch wie zu Zeiten der Phönizier gefangen wird. *Infos: C. Cerro Currita 10 | Zahara de los Atunes | Tel. +34 601 64 01 85 | casapuertaelrefugio.com | €€*

Ein grandioses Naturspektakel: die Verdonschlucht

FRANKREICH

Bienvenue im Land von Camping & Cuisine

Kaum ein anderes europäisches Land besitzt eine so reiche Natur und Kultur und so viele Ferienangebote wie Frankreich. Freu dich auf Mittelmeerstrände mit mondänen Seebädern, die Atlantikküste mit endlosen Sandstränden, wilden Dünen und weiten Wäldern, auf Gebirge mit Wanderwegen und Skigebieten, auf tiefe Schluchten und liebliche Täler.

Frisch und knusprig: So lieben wir das Baguette!

Camping mon amour

Campen ist in Frankreich eine Art Nationalsport. Direkt hinter Fahrradfahren, Fußball und L'Equipe zujubeln. Allein die Zahl der Campingplätze und die vielen Vans und Wohnmobile auf den Straßen zeigen: Die Nation liebt es, draußen Urlaub zu machen. In vielen größeren Orten gibt es öffentliche Wohnmobilstellplätze. Die Campingplätze sind im Unterschied zu Deutschland mittlerweile oft eher große Clubanlagen mit Pools und viel Komfort. Aber es gibt auch noch die kleinen, familiengeführten *campings* oder die von Gemeinden betriebenen *camping municipals*, die weniger Luxus bieten, aber dafür günstigere Preise haben. Weil sie oft gleich für mehrere Wochen ihr Zelt aufschlagen, gestalten französische Familien ihre *emplacements* auch gerne mal etwas ausschweifender – mit Vorzelt, Grill, Kühlschrank, Kanarienvogel und Vorratstruhen. Was alle Plätze vereint: Morgens gibt es frische Baguettes, Croissants oder auch mal *pains au chocolat*.

Im Land der Haute Couture

Die Mode- und Textilindustrie hat in Frankreich immer eine große Rolle gespielt. Aubusson ist für Teppiche, Alençon für Nadelspitze, Lyon für seine Seide bekannt. Zentrum der Mode ist Paris. Hier erfand der Engländer Charles Frederick Worth 1857 die Haute Couture, aus der in den 1960er-Jahren die Prêt-à-porter-Mode

Die schmalen Straßen in den französischen Canyons sind für Womos eine echte Herausforderung

hervorging. Noch heute geben altehrwürdige Unternehmen wie Chanel, Dior, Yves Saint Laurent oder Givenchy den Ton an. Lanvin, Balenciaga oder Nina Ricci konnten dank junger Designer an alte Erfolge anknüpfen. Und auch in Roubaix, dem Manchester Frankreichs, brummt die Textilwirtschaft wieder. Wer Karriere machen will in der Mode, studiert in Paris an der Elitehochschule Institut Français de la Mode – und wird schon während des Studiums von Hermès, Chanel & Co. gesponsert.

Holprige Angelegenheit

Spätestens an Tag Drei wirst auch du sie „lieben" – die vielen kleinen Bremshubbel in Frankreichs Dörfern. Im Volksmund werden die ralentisseurs auch „liegende Gendarme" genannt. Sie sollen in Tempo-30-Zonen dafür sorgen, dass der Durchgangsverkehr brav abbremst. Solltest du mit deinem Camper auch tun, wenn dir dein Unterboden lieb ist.

'Ne ruhige Kugel schieben

Auf dem Parkplatz, am Strand oder auf dem Campingplatz: Die Boulekugeln fliegen in Frankreich überall durch die Luft. Gerade abends sind die Schotterplätze gut gefüllt, wenn sich bei einem Gläschen Wein bestens über die Flugkurve der nächsten Kugel fachsimpeln lässt. Drumherum wird kommentiert, gelacht und bei gelungenen Würfen anerkennend geraunt.

Vive la baguette!

Goldene Regel: Immer ein frisches Baguette im Camper haben! Das kann Leben retten (wenn der Hunger naht). Frankreich macht es dir leicht. In jedem größeren Ort gibt es mindestens eine Baguette-Schmiede. Gut sind sie alle! Die Boulangerien mit besonderer Backtradition nennen sich *artisan* – also handwerklich. Im Angebot sind oft normale Baguettes, die

Frankreich   79

AUF EINEN BLICK

853 km
Küstenlinie
[etwa so weit wie von Berlin nach Paris]

120 km
Strand am Stück
[hat das Départment Landes zu bieten]

320/Sek. Baguettes werden in Frankreich gebacken

Einwohner*innen
68 Mio.
[Deutschland 84 Mio.]

101
DÉPARTMENTS GEHÖREN ZU FRANKREICH
[96 davon liegen in Europa]

JÄHRLICHER WEINKONSUM
22,5 l/Kopf
[Deutschland: 23,1 l/Kopf, also mehr!]

Autsch, Austern!
2000
FRANZOSEN VERLETZEN SICH IM JAHR BEIM AUSTERNÖFFNEN SO, DASS SIE ZUM ARZT MÜSSEN

40 %
der gespielten Musik im Privatradio muss französisch sein

2780
SONNENSTUNDEN IM JAHR

Surfbretter gehören am Strand von Biscarosse zur Standardausrüstung

feinere Traditionsvariante (ziehen länger durch) oder das *pain* – die breite Ausgabe. Es gibt aber auch immer wieder Spezialvarianten – lass dich überraschen! Baguette-Rush-hour ist morgens vor der Arbeit und abends ab 17 Uhr. In größeren Städten und auf einigen Märkten sieht man auch immer mehr Bio-Boulangerien. Wenn du schon mal in einer Boulangerie bist, nimm doch einfach auch ein süßes Teilchen mit, das du noch nicht kennst. So lernst du die verschiedensten Spezialitäten kennen (und lieben).

Markttage checken!

Check vorher, wann in den verschiedenen Orten Markttage sind und versuch, sie möglichst mitzunehmen. Klappt nicht immer, ist aber gerade für Camper ein Traum. Denn vom Gemüsestand mit frischen Melonen und Tomaten rüber zur Fromagerie zu bummeln, ein paar Baguettes und frisches Brioche in den Korb zu legen und bei den Fischern die Crevettenberge, neue Fischsorten und Austern zu entdecken – das macht einfach Spaß und füllt deinen Kühlschrank. Außerdem bieten die Märkte tolle Fotomotive. In größeren Städten gibt es auch oft eine überdachte Markthalle, die jeden Tag geöffnet ist. In den Sommermonaten gibt es auch oft Nachtmärkte – das atmosphärische i-Tüpfelchen! Tipp: Erst mal eine Orientierungsrunde drehen, dann gezielt zu den Lieblingsständen schlendern.

Auf die Bretter, fertig – los!

Ob auf dem Beifahrersitz der Ente, dem Bullidach oder am Fahrrad: Das Surfbrett ist ab der Médoc-Halbinsel an der Küste omnipräsent. Mit dem Neoprenanzug und fett Sonnencreme im Gesicht geht's an die Strände, um im Tanz mit den Wellen die Grenzen auszuloten. Anschließend wird in den Surfbars gequatscht und vor allem: gefeiert!

IMMER DEN WELLEN NACH

Von Arcachon nach Hossegor

Strecke & Dauer

- Strecke: 183 km
- Reine Fahrzeit: 3 Std.
- Streckenprofil: Teilweise enge Straßen, kurvig, durch den Wald
- Empfohlene Dauer: 8–10 Tage

Was dich erwartet

Es geht posh los: Arcachon wartet auf dich, mit seinem Villenviertel in der Winterstadt und der schicken Strandpromenade. Du kletterst auf die atemberaubende Dune du Pilat und erlebst eines der besten Sonnenuntergang-Settings. In Biscarrosse hast du die Qual der Wahl zwischen 1a-Atlantik-Surfstrand und traumhaftem See. Über Mimizan, den amazonas-ähnlichen Courant d'Huchet und tolle Strände geht's bis nach Hossegor – einen der schönsten Surfspots mit entspannter Stimmung und Weltmeisterwellen.

Baden und Erholen mit Stil

❶ Arcachon

16 km

Eine gewisse Noblesse durchweht die Straßen von ❶ **Arcachon,** dem Startort dieser Tour. Kein Wunder, ist das Seebad doch seit dem 19. Jh. ein beliebter Zufluchtsort der Großstadtprominenz. Der Grund? Die Luft! Sie war und ist hier dank Meer und Kiefern besonders wohltuend. Deshalb entstand damals auch das herrliche Villenviertel Ville d'Hiver („Winterstadt"), das mit bis zu drei Grad milderen Temperaturen auf einer Anhöhe über Arcachon thront. Unten warten herrliche Strände, der zweitgrößte Hafen der Atlantikküste, viele Boutiquen und Bars. Heutzutage sorgen nicht nur die Luft, son-

Die Dune du Pilat ist stolze 110 m hoch

dern vor allem der Hauch von Luxus und das Nachtleben für zahlreiche Wochenendgäste aus Bordeaux. Parken: Boulevard Promenade Marcel Gounouilhou *(GPS 44.66352, -1.17271)*.

Du verlässt Arcachon über die D218, E1/Avenue des Goélands parallel zur Küste, von der du nicht viel siehst, weil die erste Reihe mit Luxusanwesen gespickt ist. Auf Höhe vom Plage des Abatilles blitzt das Wasser durch die Kiefern und man kann gut parken *(GPS 44.65565, -1.19374)*. Das Edelmineralwasser „Les Abatilles" ist omnipräsent in Frankreichs Restaurants – hier kannst du das Werk besichtigen (sourcedesabatilles.com | Führungen: Office de Tourisme).

Du folgst der Avenue des Goélands weiter, biegst hinter Arbousier im Kreisverkehr auf die D218 in Richtung Dune du Pilat ab und erreichst den nächsten Strandspot Moulleau. Hier lohnt sich ein kurzer Stopp, um die schöne Kirche Notre Dame des Passes zu besichtigen *(Parken: GPS 44.64155, -1.20040)*. Anschließend bleibst du gut 5 km auf dem Boulevard d'Océan und fährst dann im Kreisverkehr geradeaus weiter in Richtung Plage de Corniche (Achtung: Das kleine Schild kann man leicht übersehen).

Vom Strand kannst du auch direkt hoch auf die Dune du Pilat laufen – ist allerdings sauanstrengend! Deshalb lieber wieder der D218 folgen und bis zum offiziellen Parkplatz fahren.

Frankreich

Von Arcachon nach Hossegor

Wundersame Wanderdüne

Das Naturwunder ❷ **Dune du Pilat** *(ladunedupilat.com, hier auch Livedaten zur Auslastung der Parkplätze)* gehört zum Pflichtprogramm, denn du kletterst auf die höchste Wanderdüne Europas (110 m). Bei einer Steigung von bis zu 30 Grad gibt es Bauch-Beine-Po-Training gratis dazu! Oben angekommen, bietet sich ein einzigartiges Panorama. Beim Rückweg in großen Schritten „runterfliegen" – macht für wenige Sekunden schwerelos! Plane mindestens anderthalb bis zwei Stunden für den Besuch ein. Wer will, kann bei Sonnenuntergang im Gleitschirm über der Düne schweben *(waggaschool.com)*!

Nimm die D218 in Richtung Biscarrosse. Nach 8 km taucht rechts ein Schild zum Strand La Salie auf. Hier biegst du ab und nimmst gleich die nächste links in Richtung des sehr schönen Restaurants La Salie Sud (Tel. +33 556 22 12 49 | lasalie-restaurants.com). Anschließend fährst du wieder zurück zur D218, biegst rechts ab, überquerst nach ein paar Minuten die Département-Grenze Gironde-Landes und erreichst Biscarrosse.

❷ Dune du Pilat

24 km

❸ Biscarrosse

42 km

Meer und See – was will man mehr?

Ein Dank geht an die Natur! Denn in ❸ **Biscarrosse** hat sie eine Situation geschaffen, von der alle Wasserratten und Sportfans profitieren. An der Atlantikfront, hinter einem hübschen Dünenberg, sausen in Biscarrosse-Plage die Surfbretter über die Wellen. Ein paar Kilometer dahinter liefert der Lac Nord mit seinen feinen Stränden, dem glasklaren Wasser und Kiefernwäldern allerbestes Terrain für Paddeltouren, Fahrradausflüge und entspannte Familienplanscherei. Die Örtchen Sanguinet und Biscarrosse-Bourg sorgen mit ihren kleinen

Ein Gleitflug über der Dune du Pilat zählt sicher zu den Urlaubshighlights

Wie wär's mit einer Bötchentour auf dem Lac de Biscarosse?

Stadtzentren für Abwechslung zum Sportprogramm. Abenteuercharakter hat das Wasserflugzeug-Museum am Lac Sud, von dem die Flieger früher sogar bis nach New York geflogen sind! Parken: Boulevard des Sables (GPS 44.44807, -1.25424).

Von der D146 biegst du in Biscarosse im Kreisverkehr beim E-Leclerc-Laden auf die D652 Richtung Parentis/Mimizan ab. Nach 10 km erreichst du Parentis-en-Born, biegst im Ort rechts ab, Richtung Mimizan und Centre Ville, und bleibst auf der D652. Weiter geht's über die D652, die du kurz hinter Sainte-Eulalie-en-Born verlässt, indem du rechts auf die D87 abbiegst. Nach zehn Minuten erreichst du Mimizan und biegst im Kreisverkehr links ab zur Promenade Fleurie.

Auf dem Blumenpfad

Die ❹ **Promenade Fleurie** ist – das kommt jetzt wenig überraschend – ein von Blumen umrahmter Spazierweg zum Etang d'Aureilhan. Über 300 Pflanzenarten säumen den Pfad, mehrere Holzbrücken führen übers Wasser und zu einem Weg am See entlang. Gleich am Eingang, bei den Parkplätzen, gibt es Picknicktische, aber auch unterwegs findest du jede Menge Gelegenheiten für ein Päuschen. Wer

❹ **Promenade Fleurie**

6 km

Frankreich 85

Von Arcachon nach Hossegor

Lust hat, kann sich auch ein SUP, Tretboot oder Hawaii-Kanu mieten *(SUP- und Kanuverleih AllWater | am Parkplatz | allwater.fr).*

Nach diesem blumigen Päuschen fährst du nach Mimizan und biegst dann rechts auf die D626 nach Mimizan-Plage ab. Eine Papierfabrik sorgt bei ungünstigem Wind dafür, dass man von ihrem Odeur etwas eingenebelt wird. Am Atlantik merkst du davon aber meistens nichts.

Endloser Strand

5 Mimizan-Plage

7 km

In Sachen Strand ist **5 Mimizan-Plage** sehr verwöhnt – kilometerweit zieht sich der feine Sand an der Küste entlang, hört im Grunde kaum auf. Obwohl, doch: Der Courant de Mimizan macht einen kleinen (Wasser-)Strich durch die Rechnung. Der Strom fließt hier ins Meer, was dem Ort ein gewisses Extra verleiht. Dank Lage und Brandung ist Mimizan auch ein sehr beliebter Surfspot. Parken: Av. de l'Océan (GPS 44.20991, -1.29746).

Über die Rue de Pignada immer den Schildern zum Plage de l'Espécier folgend, verlässt du Mimizan. Bei GPS 44.20387, -1.28337 biegst du rechts ab auf die Route de l'Espécier. Die Piste ist etwas abenteuerlich, aber es lohnt sich, denn du kommst an einem wunderbaren Ort für ein Picknick heraus. Dafür fährst du immer geradeaus und biegst nach gut 5 km durch den Wald rechts ab in Richtung Plage de l'Espécier. Dann den Beschilderungen zum Parkplatz für Wohnmobile folgen.

Vom Phare de Contis aus hast du den vollen Überblick

Feinsandig und scheinbar endlos: Voilà Mimizan-Plage!

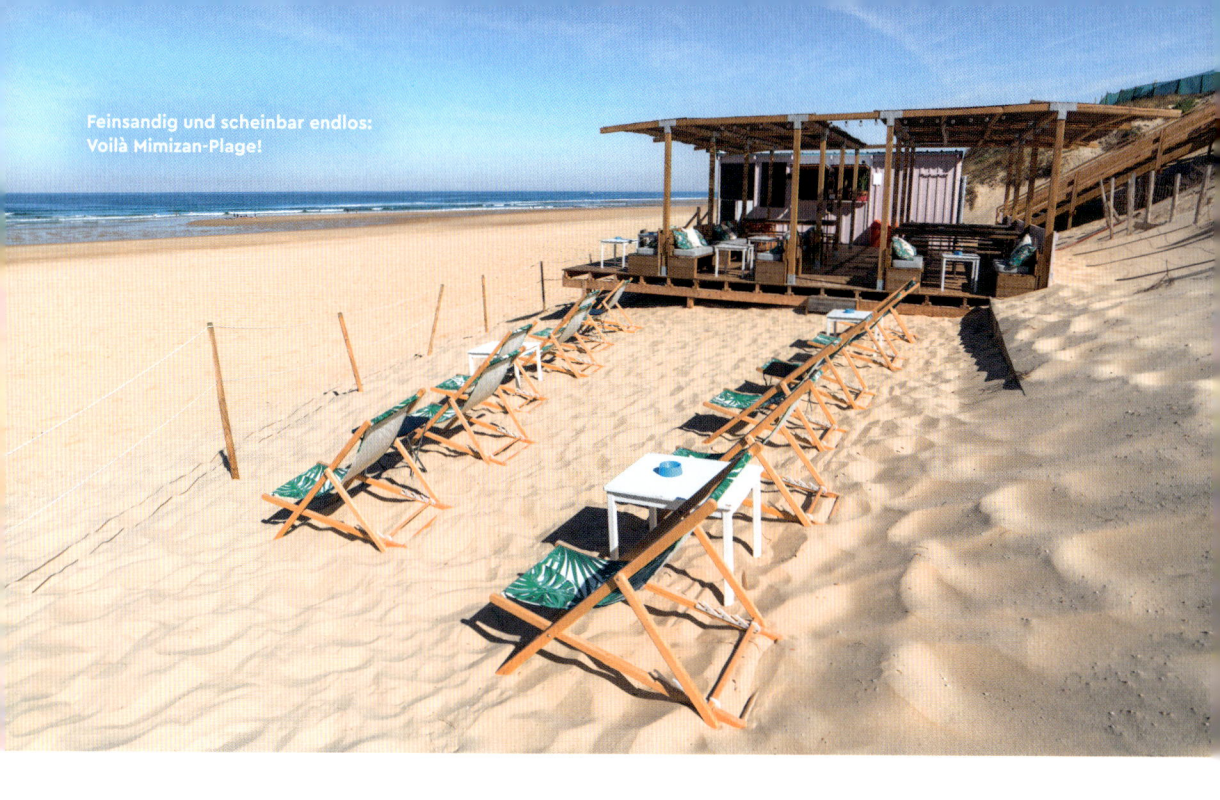

Sonnenbaden wie im Film

Am Parkplatz für den Strand ❻ **Plage de l'Espécier** stehen mitten im Kiefernwald Picknicktische *(GPS 44.16428, -1.29944)*. Ein herrlich schattiger Ort zum Snacken. Der Strand selbst ist spektakulär und gehört zu den schönsten hier an der Küste, weil er so wild und unberührt ist. Deshalb wird die Szenerie gerne als Filmkulisse genutzt.

Es geht atemberaubend weiter. Dafür musst du vom Parkplatz erst mal ein kurzes Stück in die Gegenrichtung fahren, rechts zur Straße und noch mal rechts zur Kreuzung zurück, an der du vorher Richtung Picknick abgebogen bist. Diesmal fährst du nach links. Die Straße führt im Nationalpark-Charakter durch den Wald, an tiefen Senken mit verrückten Sichtachsen vorbei. Am Ende der Route de l'Espécier kommst du im kleinen Örtchen Bias raus – und damit wieder in der Zivilisation an – und biegst rechts auf D652. Nach 8 km am Kreisverkehr beim Restaurant Les Chenes kannst du mit einem Schlenker nach rechts Richtung Contis einen Fotostopp machen.

Der Phare de Contis ist der einzige Leuchtturm an der Küste des Département Landes. Aus 52 m Höhe hast du die Vogelperspektive mit Blick auf den Wald und die Küste. Am Parkplatz *(GPS 44.09398, -1.31953)* ist auch ein guter Wohnmobilstellplatz für eine Zwischenübernachtung, mit WCs.

Wieder zurück auf der D652 fährst du über Saint-Julien-en-Born, Litet-Mixe und Vielle weiter bis nach Léon. Dort nimmst du im großen Kreisverkehr nach dem Carrefour die erste Abfahrt rechts in Richtung Lac de Léon/D142.

❻ **Plage de l'Espécier**

55 km

Frankreich

Von Arcachon nach Hossegor

Auf dem Wasser unterwegs

Hier warten gleich zwei Gewässer auf dich: **7 Lac de Léon & Courant d'Huchet.** Am See Lac de Léon beginnt ein riesiges Naturschutzgebiet, durch das sich der Fluss Courant d'Huchet auf mystisch verzweigten Kanälen seinen Weg bis zum Atlantik bahnt. Auf 600 ha tummeln sich Otter, Eisvögel und sogar Schildkröten in der sumpfigen Landschaft. Hier starten geführte Bootstouren mit *galupes*, die von einem Art Gondeliere fast lautlos durch den Strom gestelzt werden *(Bateliers du Courant d'Huchet | GPS 43.886456, -1.320652 | Tel. +33 558 48 75 39 | bateliers-courant-huchet.fr | ca. zwei Wochen vorher reservieren).* Amazonasfeeling garantiert! Die längste Tour geht sogar bis zur Ozeanmündung.

Über die Rue du Puntaou fährst du zurück zur D652 und kannst dir noch den schönen Ort Léon anschauen. Ansonsten folgst du der D652 bis Moliets-et-Maa. Im Kreisverkehr bei der Bäckerei Le Fournil de l'Olivier (beste Croissants weit und breit, von den Tartelettes ganz zu schweigen!) biegst du rechts ab auf die D117 in Richtung Plage. Nach zwei Minuten weist ein Schild rechts zur Mündung des Courant d'Huchet. Das Naturspektakel am Strand lohnt sich für alle, die nur die kurze Bootstour gemacht haben oder gar nicht an Bord waren (Parken: GPS 43.85564, -1.38222). Die D117 und die D652 bringen dich weiter die Küste runter. Du passierst die beiden Ferienorte Messanges und Vieux-Boucau-les-Bains und biegst nach einer Viertelstunde hinter Jeansous im Kreisverkehr auf die D79 ab Richtung Capbreton/Hossegor/Seignosse.

7 Lac de Léon & Courant d'Huchet

33 km

8 Hossegor

Surfen wie die Weltmeister

Spätestens im Oktober, wenn die Weltmeisterschaften der Frauen und Männer die Massen in den Bann ziehen, wird **8 Hossegor** zum globalen Surfhotspot. Aber auch das ganze Jahr schwappen Surfvibes vom Strand in die Stadt. Also steig aufs Brett, wo sonst die Weltmeister übers Wasser brausen. Das Angebot an Schulen ist groß – viele tummeln sich südlich vom Plage Centrale, die besten Bedingungen gibt es um den Plage Nord und den Plage Graviere, ruhiger geht es weiter nördlich an den Stränden von Seignosse zu. Ein Klassiker ist der Hossegor Surf Club (22, *impasse de la Digue Nord | Hossegor | Tel. +33 558 43 80 52 | hossegor-surfclub.com*). Abgesehen vom Surfern hat Hossegor dank der kleinen Boutiquen, des Sees und der hübschen Häuser eine sehr angenehme Atmosphäre. Nebenan, verbunden durch einen Kanal, lockt die Hafenstadt Capbreton mit lebhafter Promenade und einem kleinen Fischmarkt. Am Lac d'Hossegor, nur 700 m Luftlinie von der Küste entfernt, stehen Villen im baskischen Stil am Ufer, auf dem Wasser stelzen Stand-up-Paddler Richtung Capbreton und am Strand genießt man die Sonne. Parken: Boulevard Notre Dame *(GPS 43.65681, -1.44296)*.

Hossegor steht ganz im Zeichen des Surfsports. Hier gibt es fast immer gute Wellen und Surfspots für Anfänger und Fortgeschrittene

CAMPINGPLÄTZE AM WEGESRAND

Von Arcachon nach Hossegor

Die Aussicht: Wow!

Ganz klar der Platz mit dem besten Ausblick, und zwar direkt auf das südliche Ende der Dune du Pilat und die Bucht. Magisch, wenn abends die Paraglider direkt am Platz abheben. Schöne Stellplätze geschützt unter Kiefern oder mit direktem Panoramablick.

Camping Panorama du Pyla
€€€ | Grande Dune du Pyla, Route de Biscarrosse Pyla sur Mer | Tel. +33 556 22 10 44 | yellohvillage.de
GPS: 44.57258, -1.22032
▶ Größe: 350 Stellplätze, 50 Mietunterkünfte
▶ Ausstattung: Supermarkt, Restaurant, Snackbar, Bar, Crêperie, Bäckerei, Waschsalon, Sportplätze, großer Poolbereich, Sauna, Angebote für Kinder und Teens, zahlreiche Sportangebote

Ruhig & günstig

Arcachon ist ein teures Pflaster – umso besser, dass dieser Platz bei Gujan-Mestras günstige Preise und eine schöne Lage vereint. Die Stellplätze sind durch Hecken getrennt und haben (teilweise) Strandblick. In 20 Minuten ist man in Arcachon.

Camping Municipal de Verdalle
€ | Allée de l'infante, Plage de la Hume Gujan-Mestras | Tel. +33 556 66 12 62
campingdeverdalle.com
GPS: 44.64392, -1.11081
▶ Größe: 108 Stellplätze, 6 Zelte
▶ Ausstattung: Epicerie, Grillplätze, Lebensmittel- und Souvenirladen, Kegelbahn, Tischtennisplatte, Wäscheservice, Bäckerei auf Bestellung, Juli/Aug. tgl. Foodtruck-Karussell

Mit eigenem Hafen

Die schöne Anlage in Biscarrosse verteilt sich auf zwei Ebenen und liegt direkt am Lac Nord mit eigenem Hafen und Badestrand. Manche Camper legen hier mit dem eigenen Boot an, du kannst aber auch mit einem Kajak ablegen und zu Ausflügen starten, um den See zu erkunden. Die Plätze sind begrünt und durch Hecken voneinander getrennt.

Surfen und campen: die perfekte Kombi!

Wen es aufs Meer zieht, der kann vom Campingplatz Maguide in See stechen

Camping Maguide

€€ | 870, chemin de Maguide | Biscarrosse
Tel. +33 558 09 81 90 | camping-maguide.com
GPS: 44.46351, -1.19808

▶ **Größe:** 120 Stellplätze, 112 Mietunterkünfte
▶ **Ausstattung:** Bootsanleger, Supermarkt, Restaurant, Strand, Wellnessbereich mit beheiztem Pool, diverse Sportangebote

Komfort, bitte

Dieser Platz in Seignosse bei Hossegor ist mit sehr viel Komfort ausgestattet. Die Stellplätze liegen in einem großen Kiefernwald. Unterhaltungsprogramm für Kinder, Wellnessoptionen für Erwachsene. Bis zum Atlantik sind es nur 650 m.

Camping Les Oyats

€€ | Route de la plage des Casernes
Seignosse | Tel. +33 558 73 53 96 | campinglesoyats.fr
GPS: 43.72501, -1.42158

▶ **Größe:** 505 Stellplätze und Mietunterkünfte

▶ **Ausstattung:** Große Poolanlage, Supermarkt, Restaurant, Tennisplatz, Fahrradverleih, Minigolf, Animation, Kinderclub, Surfschule, Wellnessbereich, Fitnessstudio, Sprungpark, Wassergymnastikkurse

Basic, aber die Lage macht's

Der Campingplatz befindet sich in Capbreton bei Hossegor, hinter den Dünen, nur wenige Minuten vom Strand entfernt. Die Stellplätze sind auf befestigtem Schotter und einzeln mit Hecken unterteilt. Auf dem Platz gibt es einen großen Pool. Sonst relativ schlicht und einfach – die Lage ist allerdings super.

Camping Domaine de Fierbois

€ | Avenue des Alouettes | Capbreton | Tel. +33 561 69 05 07 | vacances-andretrigano.com/camping/landes/domaine-de-fierbois-capbreton |
GPS 43,63302, -1.44651

▶ **Größe:** 104 Stellplätze, 282 Mietunterkünfte
▶ **Ausstattung:** Poolanlage, Tennisplätze, Animation, Waschmaschine und Trockner, Ponyreiten, Spielplatz, Fahrradverleih, Abenteuerparcours, diverse Sportangebote

Kulinarisches am Wegesrand

Von Arcachon nach Hossegor

Frisch & regional

Vorne an der Promenade von Arcachon gelegen, serviert das **Boulevard 88** klassisch-französische Küche. Hier wird Wert gelegt auf frische Zutaten von regionalen Produzenten. Dank der Menüs vor allem mittags mit fairen Preisen. *Infos: 88, boulevard de la Plage | Arcachon | Tel. +33 556 83 82 41 | bd-88.fr | €€*

Edel in Spitzenlocation

Der **Club Plage Pereire** ist zwar ein bisschen fancy und teurer, liegt aber dafür in Toplage am Strand von Arcachon und bietet eine sehr gute Fischküche. Auch leckere Salate und üppige Meeresfrüchteplatten kannst du hier schlemmen. *Infos: 12, boulevard de la mer | Arcachon | Tel. + 33 557 16 59 13 | hotelvilledhiver.com/club-plage-pereire | €€*

Vanille war gestern

Den Eistempel **Sorbet d'Amour** mit mehreren Filialen in Arcachon gibt es seit 1935. Zu den zahlreichen Sorten gehören zum Beispiel Honig mit Pinienkernen und Schokolade/Karamell/kandierte Mandeln. Muss man mehr sagen? *Infos: U. a. 3, av. Gambetta | Arcachon | sorbetdamour.fr*

Ambiente, Aussicht & asiatische Aromen

Das **Histoires De** am Lac Nord bei Biscarrosse beeindruckt mit schicker Atmosphäre und Wasserblick. Auf der Karte: Tapas, Salate, Fleisch und Fisch mit teils asiatischen Aromen. Faire Preise, Reservieren sinnvoll. *Infos: 18, chemin de Maguide | Maguide | Tel. +33 558 78 57 43 | histoirede.com | €€*

Austern stehen auch im Boulevard 88 auf der Karte

Entenbrust: in Frankreich ein Klassiker

Backe, backe Torten

Michelle & Simon in Biscarrosse ist ein kleiner Bio-Laden mit eigener Pâtisserie und süßen Leckereien wie den mit Äpfeln oder Pflaumen gefüllten und mit Armagnac bestrichenen *tourtieres landaises*. Vormittags kann man beim Backen zuschauen (außer Mo u. Sa). *Infos: 425, av. du Maréchal Lyautey | Biscarosse | Tel. +33 558 08 01 54 | patisserie-bio-landes.fr*

Pizza vom Feinsten

Eine der besten Pizzen in Hossegor mit dünnem, italienischem Knusperteig und leckerem Belag gibt es im **Le Napoli.** Hingucker für deinen Tisch: die Pizza Pescatore mit frischen Muscheln als Belag. Auch zum Mitnehmen. In den Stoßzeiten sehr voll. Nur fünf Minuten vom Hauptstrand auf dem Weg runter zum Ort. *Infos: 755, av. de la Grande Dune | Hossegor | Tel. +33 558 43 77 31 | lenapoli-hossegor.fr | €€*

Man gönnt sich ja sonst nichts

Aus der Kategorie „Heute gönnen wir uns mal was". Das **Les Roseaux** liegt direkt am Etang Blanc bei Seignosse unweit von Hossegor. Serviert wird hervorragende Landküche wie Zander, Entenbrust oder Spanferkel (auf Vorbestellung). Schöne Atmosphäre mit Blick auf den See. Das Restaurant vermietet auch Boote, mit denen man über den Etang Blanc paddeln oder selbst die Angel auszuwerfen kann. *Infos: Route Louis de Bourmont | Seignosse | Tel. +33 558 72 80 30 | restaurant-seignosse.com | €€–€€€*

Ein Canyon & duftende Plateaus

Von Sisteron nach Grasse

Strecke & Dauer

- Strecke: 196 km
- Reine Fahrzeit: 4 1/2 Std.
- Streckenprofil: Recht unterschiedlich mit kurzen Abschnitten auf der Autobahn, größtenteils auf ausgebauten Landstraßen; viele Straßen mit Serpentinen und einige Steigungen an den Gorges du Verdon
- Empfohlene Dauer: 6 Tage

Was dich erwartet

Diese actionreiche Tour ist was für Outdoor-Fans! Hier kann man sich beim Canyoning in die rauschenden Fluten des Verdon stürzen oder über steile Stufen in die Schlucht hinabwandern, mit dem Elektroboot über den Lac de Sainte-Croix schippern und sich in Badegumpen erfrischender Bergflüsse tummeln. Zwischendrin besuchst du niedliche Altstädte, schnupperst die Düfte der Provence in Grasse oder schaukelst entspannt im 2CV durch die duftenden Lavendelfelder von Valensole.

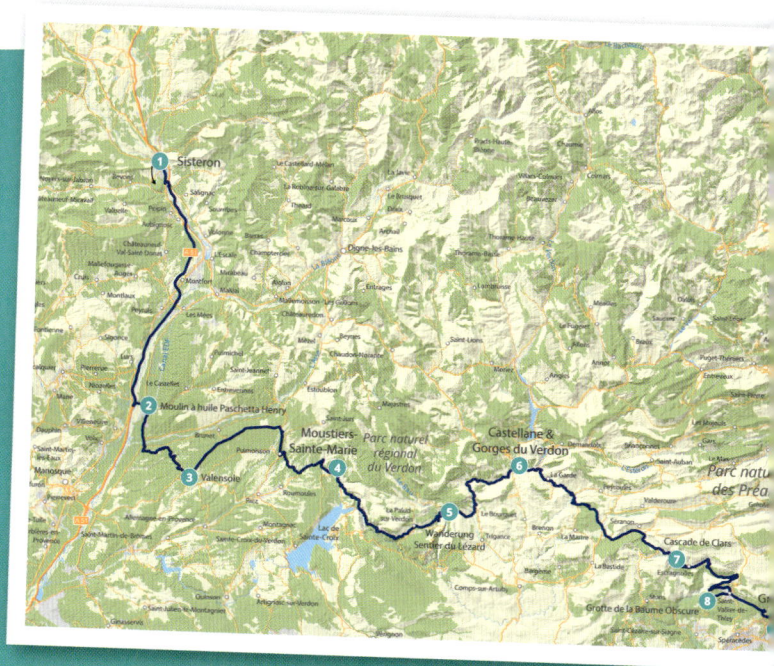

Willkommen in der Haute-Provence!

① Sisteron

38 km

Die Tour startet in **① Sisteron**. Jahrhundertelang kam niemand daran vorbei, der von den Alpen durch das Tal der Durance in den Süden wollte – nicht umsonst wird das beschauliche Städtchen seit eh und je „Pforte zur Provence" genannt. Neben einer kulinarischen Besonderheit (ab hier wird traditionell mit Olivenöl statt mit Butter gekocht) gibt es so einiges zu entdecken. Freu dich z. B. auf eine imposante Zitadelle, Retro-Ausflüge mit der „Ente" (*Oldtimerverleih Les belles lurettes | lesbelleslurettes.fr*) und natürlich das zarte Sis-

Vom Hügel über dem Friedhof hast du die beste Sicht auf die Burg von Sisteron

teron-Lamm. Parken: kostenloser Parkplatz hinter dem Friedhof, der auch für eine Übernachtung geeignet ist *(GPS 44.199119, 5.939668)*.

Folge der D4085 nach Süden und nimm am ersten Kreisverkehr die Straße Richtung Autobahn, woraufhin du die Durance ein erstes Mal überquerst. Den anschließenden Kreisverkehr verlässt du an der ersten Ausfahrt und ziehst ein Ticket für die Autobahn A51, die dich in Richtung Süden nach kurzer Strecke wieder die Durance überqueren lässt. Nach 31 km verlässt du die Autobahn an der Ausfahrt 19 – La Brillanne, hältst dich rechts und überquerst auf der D4B wieder die Durance. Die D4B geht am nächsten Kreisverkehr, den du an der zweiten Ausfahrt verlässt, in die D4 über, wo du nach wenigen Metern rechter Hand eine Ölmühle erreichst.

Öl auf die Mühle

Eine der bekanntesten Ölmühlen, die ❷ **Moulin à huile Paschetta Henry** *(4, avenue Charles Richaud | Oraison | Facebook: Moulin à huile Paschetta Henry)*, befindet sich im Kellergewölbe einer Mühle, die noch heute (allerdings mit neueren Maschinen) in Betrieb ist. Im kleinen Laden stehen um die alten Mahlsteine verteilt Kanister mit frisch gepresstem Öl, Gläser mit eingelegten Oliven und große Blöcke hausgemachter Seife.

Die D4 bringt dich nach Süden raus aus Oraison. Nach knapp 5 km überquerst du die Asse, einen Seitenfluss der Durance, und

❷ Moulin à huile Paschetta Henry

17 km

Frankreich

Von Sisteron nach Grasse

biegst kurz hinter der Brücke rechts ab auf die D15, der du in Richtung Valensole folgst. Die D15 führt dich hinauf an den Rand des Durance-Tals und verwöhnt dich mit schönen Ausblicken. Nach zahlreichen seichten Kurven und den ersten Lavendelfeldern erreichst du schließlich Valensole.

Ein Traum in Lila

❸ Valensole

23 km

Früher rein landwirtschaftliche Fläche, wird das verschlafene Plateau de Valensole heute jedes Jahr zwischen Juli und August zum Hotspot der Schnappschussjäger und Influencer. Dann wogen die blühenden Lavendelfelder wellenförmig bis zum Horizont, alles schimmert in sanftem Lila, und die Region um das verschnörkelte Dorf ❸ **Valensole** wird von Touristen bevölkert. Trotz Instagram-Hype solltest du einen kurzen Zwischenstopp auf dem Plateau einlegen, durch das Dorf spazieren und dann deine Reise über die weiten Lavendelfelder fortsetzen. Kostenlose Parkplätze gibt es in der Avenue Segond *(GPS 43.838516, 5.989008)*, jedoch kann es zu Blühzeiten des Lavendels hier ziemlich voll werden. Sehr große Wohnmobile parken besser bei den Reisebussen *(GPS 43.842257, 5.981566)*.

Valensole kannst du in verschiedene Richtungen verlassen, solltest dies jedoch in Richtung Nordost auf der D8 tun, um einen tollen Fotospot zu erreichen: Route 66 meets Lavendelfelder – auf der schnurgeraden Landstraße D8 reicht die lila Blütenpracht von Ende Juni bis Mitte August so weit das Auge reicht (GPS 43.860181, 6.003682).

Nach den Fotos geht's weiter auf der D8 Richtung Osten, an deren Ende du rechts auf die D953 in Richtung Puimoisson abbiegst. Nach wenigen Kilometern verlässt du die D953 in Puimoisson wieder und folgst nun der D56 in Richtung Moustiers. Die D56 geht nach etwa

Lila Laune macht im Sommer eine Fahrt durch das Lavendel-Plateau von Valensole

Der Lac de Sainte-Croix ist ein Traum für Wassersportler

5 km in Richtung Osten in die D952 über, die dich direkt nach Moustiers führt.

Uriges Dörfchen & imposanter See

Diese attraktive Kombination bieten ❹ **Moustiers-Sainte-Marie & Lac de Sainte-Croix.** Ein leuchtender Stern über der Stadt, ein glitzernder See zu ihren Füßen – Moustiers-Sainte-Marie trägt mit Recht und Stolz den Titel eines der schönsten Dörfer Frankreichs. Lass dich beim Bummel durch den niedlichen Dorfkern vom plätschernden Wildbach verzaubern und erklimme den Aussichtspunkt über den Dächern. Und danach lockt das nächste Highlight: ein Bade- und Bootsausflug zum türkis leuchtenden Lac de Sainte-Croix, einem der größten Stauseen des Landes (campergeeigneter Parkplatz an der Plage du Galetas | GPS 43.796885, 6.242521).

Du verlässt Moustiers auf der D952 in Richtung Süden und erreichst, der Straße und so mancher Kurve folgend, nach etwa 8 km den nächsten Fotospot. Während du dich in sanften Kurven immer höher schraubst, erscheint auf einmal der türkisblaue See zu deiner Rechten, in dem winzige Boote wie kleine Ameisen schippern. Bei einer Haltebucht (Belvédère Lac de Sainte-Croix | GPS 43.803829,

❹ Moustiers-Sainte-Marie & Lac de Sainte-Croix

28 km

Frankreich

Von Sisteron nach Grasse

6.253915) kannst du kurz anhalten und ein unvergessliches Foto des Panoramas machen.

Weiter geht die kurvenreiche Fahrt auf der D952, und hinter mancher Biegung eröffnet sich zumindest auf den ersten 9 km immer wieder ein atemberaubender Blick auf den Verdon bzw. für den Beifahrer auch in den Abgrund. Hinter La Palud sur Verdon kannst du dich für den noch atemberaubenderen Abstecher der als Rundtour verlaufenden Route des Crêtes/D23 entscheiden (Startpunkt in La Palud-sur-Verdon | GPS 43.779726, 6.355947 | die Rundfahrt ist nur im Uhrzeigersinn möglich | maximale Durchfahrtshöhe Tunnel 3,60 m) oder du folgst der D952 bis zum ausgeschilderten Parkplatz an der Straße, den du nach 19 km erreichst.

5 Wanderung Sentier du Lézard

17 km

Schwindelerregender Aussichtspunkt

Alle, die während der Fahrt nicht genug vom spektakulären Canyon bekommen, können auf dem Weg nach Castellane beim Parkplatz am Point Sublime halten und die kurze **5 Wanderung Sentier du Lézard** bis zum Aussichtspunkt machen. Bis zur Plattform sind es etwa 30 Minuten zu Fuß über steiniges Gelände, daher besser festes Schuhwerk anziehen. Sobald man am Rand steht, die Klippen hinabschaut und den schäumenden Fluss sowie die aufgetürmten Felsen sieht, kann man nur noch staunen – bloß schwindelfrei sollte man sein! Der Parkplatz befindet sich direkt an der Route de Moustiers (GPS 43.794109, 6.398459).

Weiter geht die berauschende Fahrt auf der D952, die dich Stück für Stück hinab ins Tal des Verdon führt. Hin und wieder klaffen Felsvorsprünge über die Straße, während rechts von dir der Verdon in

Castellane ist ein guter Ausgangspunkt zum Erkunden der Gorges du Verdon

Von der Route des Crêtes lässt der größte Canyon Europas tief blicken

die entgegengesetzte Richtung fließt. Schließlich weitet sich das Tal und du erreichst Castellane.

Mekka für Outdoor-Fans

Action und Entspannung findest du in ❻ **Castellane & Gorges du Verdon.** Bis zu 700 m tief hat sich der rauschende Verdon in den Fels gegraben und so den spektakulärsten Canyon Europas geschaffen. Fluss, Schlucht und Berge sind ein einmaliges Terrain für Sportskanonen und Outdoor-Fans jeglicher Art, und das nette Städtchen Castellane ein entspanntes Ausgangslager für alle Aktivurlauber. Mach dich bereit für aufregende Trips in den Canyon, spektakuläre Rundfahrten und ein gemütliches Dorf zum Relaxen neben der Outdoor-Action. Für eine Wanderung in die Gorges du Verdon Fahrzeug am Point Sublime parken, mit dem Bus zum Chalet de la Maline fahren und von dort zurückwandern *(navette.parcduverdon.fr | 15 km Länge, ca. 7 Std. | Wandererfahrung notwendig, Wasser, Proviant und Taschenlampe mitnehmen!)*. Wenn du statt Wanderschuhen lieber den Neoprenanzug anziehst, kannst du den Fluss mit dem Anbieter Secret River beim Canyoning entdecken *(Dauer: 3 Std. | secret-river.com | vorher online buchen)*.

Nun heißt es Abschied nehmen vom Verdon, denn die D4085 führt dich Richtung Südosten durch die wunderschöne Berglandschaft der Alpenausläufer an der Grenze zwischen den Departements Alpes-de-Haute-Provence und Var, der bereits Napoleon gen Norden folgte. Die D4085 geht in die D6085 über und nach etwa 32 km

❻ **Castellane & Gorges du Verdon**

35 km

Frankreich

Von Sisteron nach Grasse

biegst du bei Escragnolles rechts ab, um kurz vor der Kirche (Eglise Saint-Pons) wieder rechts abzubiegen und nach weiteren knapp 2 km den Parkplatz Les Galants zu erreichen.

Dusche im Naturparadies

7 Cascade de Clars

22 km

Kurz bevor es von der Haute-Provence hinab zur Côte d'Azur geht, ist neben der Route Napoléon ein verstecktes Naturparadies zu entdecken. Stell deinen Camper am besten auf dem Parkplatz bei Les Galants ab, pack die Badesachen ein und mach dich für etwa 20 Minuten auf den Weg durch ein Wäldchen hinein in die karge Bergwelt. Am Ende warten türkisgrüne Badegumpen und der traumhafte Wasserfall **7 Cascade de Clars** auf dich, der wie durch Zauberwerk aus dem Fels geschossen kommt. Parken: Am Fuße des Wanderweges befindet sich ein kostenloser Parkplatz in Escragnolles (GPS 43.736919, 6.763320).

Zunächst geht's zurück zur D6085, die du nach knapp 16 km im ersten Kreisverkehr in Saint-Vallier-de-Thiey rechts abbiegend auf die D5 verlässt. Der nächste Kreisverkehr folgt nur 300 m weiter. Hier biegst du wieder nach rechts ab und folgst dem Chemin de Sainte-Anne für weitere 3 km, bis du die Grotte de la Baume Obscure erreichst.

Einmal Höhlenforscher sein

Wolltest du schon immer mal wie Indiana Jones durch eine mysteriöse Höhle pirschen und einen geheimen Schatz finden? In der beein-

Berauschend: die Cascade de Clars

Grasse – ein Mekka für feine Näschen

druckenden Tropfsteinhöhle ❽ **Grotte de la Baume Obscure** *(2600, chemin de Sainte-Anne | Saint-Vallier-de-Thiey | GPS 43.693193, 6.8144248 | baumeobscure.com)* können kleine und große Forscher auf Schatzsuche gehen und in den bunt beleuchteten Gängen bei atmosphärischen Sounds nach dem Goldschatz suchen. Nicht nur für Kids ein großer (Abenteuer-)Spaß!

Nach deinem Besuch in der Grotte fährst du auf dem Chemin de Sainte-Anne zurück in den Ort Saint-Vallier-de-Thiey. Den am Ende des Chemin de Sainte-Anne gelegenen Kreisverkehr passierst du Richtung Nordosten auf die D5. Nach 300 m biegst du, die erste Ausfahrt nehmend, rechts auf die D6085 ab. Dieser folgst du für etwa 11 km, bis du, vielleicht schon von Parfümdüften träumend, Grasse erreichst.

Im Reich der Düfte

Seit Jahrhunderten lockt die Stadt ❾ **Grasse** mit betörenden Düften die Welt ins Hinterland der Côte d'Azur – ihr Ruf als Hauptstadt des Parfüms eilte ihr voraus und ließ Adelige aus ganz Europa hier logieren. Heute kannst du dich von ihr in die Welt der Düfte entführen lassen, die engen Gassen wie in Patrick Süskinds Roman entdecken, durch die letzten Blütenmeere des Umlands wandeln, hinter die Kulissen der Parfümherstellung blicken und deinen ganz eigenen Duft komponieren. Kostenlose Parkplätze an der Avenue de Provence, von dort sind es ca. zehn Minuten in die Innenstadt *(GPS 43.656914, 6.927232)*.

❽ **Grotte de la Baume Obscure**

16 km

❾ **Grasse**

Frankreich

CAMPINGPLÄTZE AM WEGESRAND

Von Sisteron nach Grasse

Im Grünen campen

Das Wohnmobil mal auf dem grünen, schattigen Campingplatz stehen lassen und nach Sisteron hineinradeln oder -spazieren? Hier ist es möglich, aber auch der Platz selber – mit Bergpanorama! – und seine freundlichen Betreiber laden zum Verweilen ein.

Camping Les Prés Hauts
€ | 44, chemin des Prés Hauts | Sisteron
Tel. +33 4 92 61 19 69 | camping-sisteron.com
GPS: 44.214799, 5.936505
▶ **Größe:** 135 Stell- und Zeltplätzeplätze, 10 Mobile Homes
▶ **Ausstattung:** Restaurant, Brötchenservice, Pool, Tischtennis, Volleyball, Animation

Lavendelduft in der Nase

Nach der Übernachtung in einer urigen Zelthütte den Blick über weite Lavendelfelder und idyllische Dörfer schweifen lassen oder vor der Bullitür die ersten ruhigen Morgenstunden genießen, bevor Leben einkehrt auf dem Platz bei Sisteron – wenn das keine Traumvorstellung ist! Zusätzlich überzeugen die freundlichen Besitzer, die spannende Poollandschaft und die malerische Umgebung.

Camping Le Jas du Moine
€€ | Jas du Moine | Salignac
Tel. +33 4 92 61 40 43 | camping-jasdumoine.com
GPS: 44.157296, 5.971156
▶ **Größe:** 49 Stellplätze, 29 Mobile Homes u. Glamping-Zelte
▶ **Ausstattung:** Minimarkt, Snackbar, Pool mit Wasserrutschen, Solarium, Kinderclub, Waschmaschine, TV-Raum

Authentisch in Traumlage

Du willst dich sofort zu Hause fühlen? Dann ab zum Camping Manaysse bei Moustiers-Sainte-Marie und Lac de Sainte-Croix. Der hilfsbereite Besitzer begrüßt seine Gäste gerne persönlich

Unter Bäumen stehst du auf dem Camping Les Prés Hauts nahe der Durance

Bei Sisteron wacht man mit Lavendelduft auf

und spricht gut Englisch. Auf den schattigen Stellplätzen ist man bestens aufgehoben. Der traumhafte Blick über Moustiers-Sainte-Marie, die umliegenden Berge und die gute Anbindung machen den Platz zum wahren Campertraum.

Camping Manaysse

€€ | 4, avenue Frédéric Mistral | Moustiers-Sainte-Marie
Tel. +33 4 92 74 66 71 | camping-manaysse.fr
GPS: 43.845083, 6.215055

▶ **Größe:** 97 Stellplätze, Mobile-Homes
▶ **Ausstattung:** Brötchenservice, im Juli/Aug. Livekonzerte, Sternenbeobachtung, holzbefeuerter Pizzawagen

Über der Stadt

Leicht erhöht gelegener Platz im Herzen von Castellane. Von hier kannst du die Gorges du Verdon erkunden und zu den Aktivitäten rundherum aufbrechen. Auf dem naturnahen Campingplatz herrscht eine idyllische Atmosphäre und die gut ausgestatteten Sanitäranlagen runden das Komfortangebot ab.

Camping Frédéric Mistral

€€ | 12, boulevard Frédéric Mistral | Castellane
Tel. +33 4 92 83 62 27 | camping-fredericmistral.fr
GPS: 43.846130, 6.5098875

▶ **Größe:** 66 Stellplätze, Mobile Homes, Chalets, Zelt-Lodges
▶ **Ausstattung:** Minimarkt, Restaurant, Spielplatz, Grillplatz, TV-Raum, Wäscherei, Kinderbetreuung, Boule-Platz

Grandioses Bergpanorama

Wunderbar ruhiger, naturnaher Campingplatz bei Grasse. Herrliche Aussicht auf die Berge, komfortable Stellplätze auf Terrassen zwischen Olivenbäumen. Nach Grasse sind es etwa 20 Minuten.

Camping des Gorges du Lou

€€ | 965, chemin des Vergers | Le Bar-sur-Loup
Tel. +33 4 93 42 45 06 | lesgorgesduloup.com
GPS: 43.701741, 6.995333

▶ **Größe:** 70 Stellplätze sowie weitere Mietunterkünfte
▶ **Ausstattung:** Pool, Snackbar, Minimarkt, Sportkurse und Kreativworkshops, Wellness, Fahrradverleih

Kulinarisches am Wegesrand

Von Sisteron nach Grasse

Es gibt Lamm

Im elegant gestalteten Restaurant **L'Oppidum** in Sisteron kommt typisch provenzalische Küche (Sisteron-Lamm!) auf den Tisch, die modern zubereitet und ansprechend präsentiert wird. Preislich liegen die Gerichte im mittleren Segment, kommen optisch und geschmacklich aber gehobener Cuisine nahe. *Infos: Rue de Provence | Sisteron | Tel. +33 4 92 32 14 41 | loppidum-restaurant-sisteron.com | €€*

Fine Dining mit Finetuning

Es war einmal ... ein lauer Sommerabend, dazu ein kühles Glas Weißwein und ein hervorragend abgestimmtes Drei-Gänge-Menü aus lokalen Zutaten. So sehen märchenhafte Urlaubsabende auf der netten Terrasse des Restaurants **Il était une fois** in der Innenstadt von Sisteron aus, an die man sich gerne erinnert. *Infos: 39, avenue Paul Arène | Sisteron | Tel. +33 9 83 46 60 41 | iletaitunefois-sisteron.fr | Reservierung empfohlen | €€*

Sterneküche

Wer sich ein wirklich außergewöhnliches Menü gönnen möchte, sollte sich (frühzeitig!) einen Tisch in **La Bastide de Moustiers** bei Frankreichs berühmtestem Starkoch Alain Ducasse sichern. Im mit Michelinsternen prämierten Restaurant in Moustiers-Sainte-Marie werden köstlichste Kreationen mit Bio-Zutaten in feinteiligen Arrangements serviert. *Infos: Chemin de Quinson | Moustiers-Sainte-Marie | Tel. +33 4 92 70 47 47 | bastide-moustiers.com | Reservierung obligatorisch | €€€*

Beim Coq au vin bitte nicht am Rotwein sparen!

Auf einem provenzalischen Markt werden alle Sinne angeregt

Jung & gesellig

Bier, Tapas und gute Weine – das junge Moustiers trifft sich im chilligen **Café Marguerite** zum geselligen Apéro. Dann wird auf dem Platz vor dem Café oder im lauschigen Innenhof auf den Feierabend angestoßen und frisches Brot in die Tapenade gestippt. *Infos: Rue de la Bourgade | Moustiers-Sainte-Marie | €*

Mit Raffinesse

Gegenüber vom Marktplatz von Castellane kannst du im **Ripaille et Farigoule** unter Weinranken, hübschen Lichterketten und rustikalen Torbögen speisen. Alles andere als rustikal sind hingegen die Menüs, die raffiniert und mit viel Liebe zum Detail zubereitet werden. Besonders die Desserts sind zum Tellerabschlecken! *Infos: Place Marcel Sauvaire | Castellane | Tel. +33 7 70 29 30 05 | €€*

Kreative Aromen

In Cabris bei Grasse speist du in der **Auberge du Vieux Château** mit malerischem Blick auf die Bucht von Cannes in der Nähe der alten Burgruine. Hier werden mit viel Kreativität die Aromen der Provence zu leckeren Menüs zusammengestellt und originell angerichtet serviert. *Infos: Place Mirabeau | Cabris | Tel. +33 4 93 60 50 12 | aubergeduvieuxchateau.com | Reservierung empfohlen | €€€*

Provence klassisch

Traditionelle Küche gibt's in **La Fleur de Lys** unter den urigen Gewölbebögen einer alten Gerberei am Rande der Altstadt von Grasse. Auf den Tisch kommen provenzalische Klassiker von Lammhaxe bis hin zu Spezialitäten wie Wachtel mit Buchweizengnocchi. *Infos: 2, avenue Chiris | Grasse | Tel. +33 7 68 78 61 00 | €€*

Landschaft bei Siena. Wer denkt bei „Toskana" nicht an Zypressen?

Italien

Benvenuto im Land der schönen Dörfer

Wunderbare Kunststädte, faszinierende Naturkulissen und eine Esskultur vom Feinsten: Das Bel Paese hat einfach alles! Seine Küste lockt mit traumhaften Stränden und im Landesinneren sorgt der Apennin für die passende Bergkulisse. Diese landschaftliche Vielfalt und sein großer kultureller Reichtum machen Italien schon seit Jahrhunderten zum Sehnsuchtsziel.

Spätestens beim „Spritz" am frühen Abend auf der Piazza stellt sich Urlaubsfeeling ein

Welches Dorf ist am schönsten?

Eins schöner als das andere, diese Dörfer mit besonders malerischer An- und Aussicht, extra romantischer Lage auf dem Berg oder am See oder unglaublich stimmungsvoller Altstadt. Die Vereinigung der *borgi più belli d'Italia*, der schönsten Orte oder Dörfer Italiens, lenkt die Aufmerksamkeit auf solche meist etwas abgelegenen Flair-Juwelen, die du sonst oft nur durch Zufall entdeckst.

Kaffeekultur

Häufiges Missverständnis: „Kaffee" bestellt, *caffè* erhalten, also einen Espresso. Gemeint war ein *caffè americano*, mit Milch *con latte*, mit Zucker *con zucchero*. Kräftiger schmeckt oft ein *caffè lungo*, also ein mit heißem Wasser aufgegossener, „verlängerter" Espresso. Mit der halben Menge Wasser ist es ein *ristretto*, ein doppelter Espresso heißt *doppio*. Dazu kommen *cappuccino*, *caffè latte* und *latte macchiato*. Ein *caffè macciato* ist ein Espresso mit Milchschaum, *caffè coretto* ein Espresso mit einem Schuss Grappa oder Amaretto. Kaffee ist in Italien überall absolut erschwinglich, solange er am Tresen getrunken wird, denn dafür legt jede Kommune einen Höchstpreis fest: Der liegt bei etwa 1 € für das Tässchen Espresso und 1,40 € für einen Cappuccino. An den Tischen sind die Preise nicht reglementiert.

Ein Dorf ist schöner als das andere. Hier präsentiert sich Castelnuovo di Val di Cecina

Giro d'Italia für dich & für mich

Du schaltest runter, damit du im Camper die Passstraße hochkommst, aber die Rennradler vor dir bleiben im Takt. Unglaublich, was diese Sportfans leisten. Auf den schnurgeraden Landstraßen der Po-Ebene entpuppen sie sich als Kilometerfresser, in den Bergen macht die Technik den Sieger. Und ganz sicher lassen sie sich nicht von Autos und Vans bedrängen. Merke: Der *Ciclista* teilt die Straße mit dir, nicht umgekehrt.

Dolcefarniente

In Italien sind die Menschen geübt im Dolcefarniente, dem süßen Nichtstun. Das mag ziemlich gemein klingen, soll es aber gar nicht. Denn hinter der Lebensphilosophie versteckt sich eine kluge Herangehensweise an unsere schnelllebige Zeit, die Hektik und die ständige Erreichbarkeit. Während das Nichtstun bei uns oft einfach als faul sein abgestempelt wird, gehört es in weiten Teilen des Landes zum Lebensmotto dazu. Bleibt die Frage, woran man das Dolcefarniente eigentlich erkennt? Zum Beispiel daran, dass die Bordsteine in der lodernden Mittagshitze einfach hochgeklappt werden. Oder an den vollen Tischen der Straßencafés, an denen sich alle Welt zum *aperitivo* trifft. Unser Tipp: Einfach dazusetzen und erspüren, wie das Leben im Hier und Jetzt funktioniert.

Bella figura im Bel Paese

Armani, D&G, Gucci, Moschino, Prada oder Versace – italienische Mode ist weltweit ein Begriff. Das Stilempfinden italienischer Frauen und Männer ist legendär, gepflegtes Äußeres gehört auch im Alltag zum guten Ton. Aber keine Bange, du musst dich im Urlaub nicht aufbrezeln, um mitzuhalten. Die Frotteesocken solltest du allerdings vielleicht besser zu Hause lassen.

AUF EINEN BLICK

59 Mio.
Einwohner*innen in Italien
[Deutschland 84,6 Mio.]

302 073 km²
Fläche Italiens
mit Sizilien und Sardinien
[Deutschland 357 588 km²]

59
UNESCO-Welterbestätten – mehr als jedes andere Land!

Wärmster Monat
August
durchschnittliche Höchsttemperatur 25 °C

318
GESCHÜTZTE SPEZIALITÄTEN MIT EU-EINTRAG

HÄUFIGSTER NACHNAME
Rossi
Plätze 2–5:
Ferrari, Russo, Bianchi, Romano

Pastaverbrauch
23,5 kg
PRO PERSON UND JAHR

68
Regierungen seit Ende des Zweiten Weltkriegs
[Deutschland: 24]

höchster Gipfel Südtirols
der **Ortler**
mit 3905 m

In einer Trattoria gibt es Spezialitäten aus der Region

Alltägliche Kunst-Rallye

Meisterwerke heimischer Künstler verstecken sich hier nicht in den Museen, wie nebenher entdeckst du sie in den Kirchen, Burgen, Palästen oder buchstäblich am Wegesrand. Gotische Schnitzaltäre und Fresken von Pacher, Renaissance-Gemälde von Tizian, Bauwerke seines Zeitgenossen Palladio, Barock- und Rokokobilder von Tiepolo (Vater und Sohn) und und und …

Restaurantsuche für Pfadfinder

Eine Pizza bekommst du in der *Pizzeria* oder auch (zum Bier) in einer *Birreria*. Anders in einer *Spaghetteria*, wo eben Spaghetti- und weitere Nudelgerichte (*Pasta*) auf den Tisch kommen, oder in einer auf Reisgerichte spezialisierten *Risotteria*. Einfache Kost gibt es in jeder *Osteria*, mehr Aufwand betreibt die oft lokal ausgerichtete Küche einer *Trattoria* und für das volle Programm wählst du ein *Ristorante*. Zumindest Kleinigkeiten zum Essen und Knabbern gibt es in der *Enoteca* oder *Vinceria*, beides klassische Weinlokale. Schnelle Hunger-Lösungen bieten Imbisse wie *Paninoteca* (warme belegte Panini-Brötchen), *Piadineria* (kalte belegte Fladenbrote), *Rosticceria* (Frittiertes und Gegrilltes) oder eine *Pizza al taglio* (Pizzastück auf die Hand). Den Appetit auf Süßes stillst du in einer *Pasticceria*, jede mit ihrer tollen Auswahl eine Klasse für sich.

Coperto oder Trinkgeld?

Trinkgeld ist in den italienischen Restaurants eher unüblich. Dafür findet sich auf fast jeder Rechnung der Begriff *coperto*, was so viel wie Gedeck bedeutet und meist mit ein bis zwei Euro pro Gast berechnet wird. Es beinhaltet den eingedeckten Tisch sowie meist einen Brotkorb, der zu Beginn gereicht wird. Achtung: Je touristischer das Restaurant, desto höher das *coperto*.

DOMHERREN & DOLOMITEN

Von Bozen ins Fischleintal

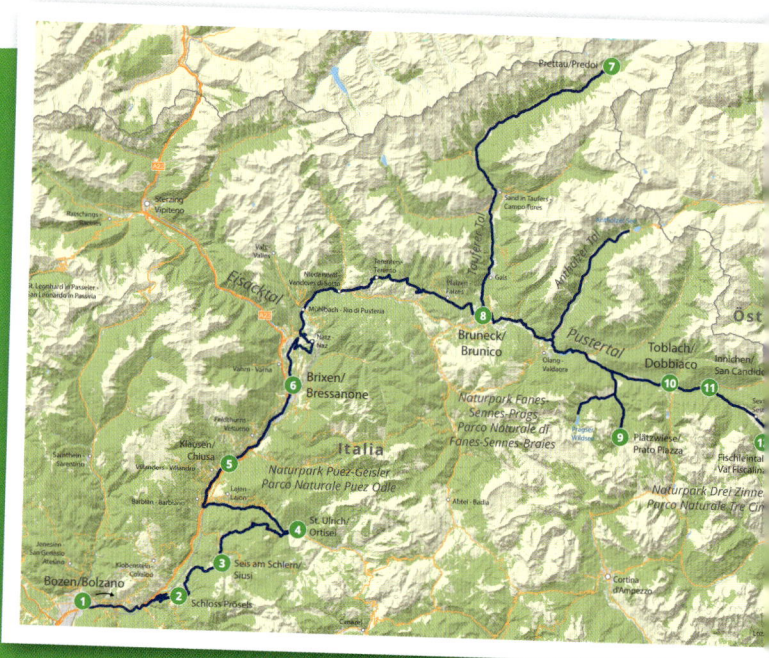

Strecke & Dauer

- Strecke: 326 km
- Reine Fahrzeit: 7 Std.
- Streckenprofil: Haupt- und Seitentäler gut erschlossen, meist mit stark frequentierten, zweispurigen Staatsstraßen (SS), mitunter schmäleren Provinzstraßen (SP)
- Empfohlene Dauer: 6 Tage

Was dich erwartet

Im Eisack- und Pustertal wandelst du auf alten Pfaden, jede Altstadt, Burg und Kirche erzählt davon. Völlig unberührt vom menschlichen Treiben stehen hier seit Urzeiten die Berge Spalier, wanderbar und sonnenverwöhnt von den Sarntaler Alpen bis zu den Dolomiten. Mit dem Camper kannst du dir die schönsten Flecken aussuchen: im weingrünen Talkessel Bozens, unter funkelndem Sternenhimmel auf der Seiser Alm oder am Kronplatz, am Ufer blau-frischer Bergseen wie im Tauferer Tal oder bei Toblach.

Lebendige Hauptstadt Südtirols

1 Bozen/Bolzano

27 km

Deine Tour startet in **1 Bozen/Bolzano,** der Hauptstadt Südtirols mit ihrer hübschen Altstadt. Schau dir den Dom an, trink am Waltherplatz einen Cappuccino und geh in der Laubengasse auf Shoppingtour. Ötzi-Fans können ihren Liebling im Südtiroler Archäologiemuseum besuchen (*Museumstr. 43 | Bozen | iceman.it*). Parken: Parkhaus Bozen Mitte (*Mayr-Nusser-Str. 24 | seab.bz.it | GPS 46.49356, 11.35875*). Bei der Parkplatzsuche hilft die App der Gemeinde Bozen: parking.bz.it.

Bozen liegt im Etschtal malerisch in einem Talkessel

Aus dem Gewirr der Bundesstraßen und Autobahnen um Bozen führt dich die SP22 ostwärts heraus, die ab der Überquerung der A22 zum Brenner SS12 heißt. Verkehrsmäßig aufatmen kannst du aber erst, wenn du in Blumau rechts auf die LS24 abgebogen bist. Erst noch ziemlich gerade, steigt die Landstraße an der östlichen Seite des Eisacktals empor. Das verlässt du aber gleich an der ersten Gabelung rechts, dem Schild „Prösels" nach. Beide Wege treffen sich später wieder. Deine Strecke führt dich auf der SP Tiers in weiten Kehren in die Berge, bis vor dir erst das schneebehaubte Schlernmassiv in den Blick rückt, bald darauf links im weiten Tal die Häuser von Prösels, einem Ortsteil von Völs am Schlern, samt Renaissance-Burg Schloss Prösels. Links abbiegen, das einspurige Sträßlein ist leicht zu übersehen.

❷ Schloss Prösels

10 km

Märchenschloss mit Waffen

Mit seinen weißen Mauern und Rundtürmen auf einer niedrigen Felskuppe ist ❷ **Schloss Prösels** (Prösler Str. 2 | Völs am Schlern | schloss-proesels.seiseralm.it) unübersehbar. St. Anna-Kapelle, Rittersaal und Kaminzimmer sind noch so, wie sie Leonhard von Völs vor rund 500 Jahren ausbauen ließ, die Waffensammlung im Pfeilersaal kam aber erst später hinzu, das zeigt schon die Samurai-Rüstung inmitten all der Turnierhelme, Hellebarden, Äxte und Degen. Parken: Parcheggio Castello di Presule (Prösels 22 | GPS 46.50368, 11.49663).

Von Bozen ins Fischleintal

Du bist schon richtig, auch wenn sich die Dorfstraße nach dem Schloss zu einem besseren asphaltierten Wirtschaftsweg verengt. Er führt durch Bergwald und Felder erst zurück auf die LS24 und dann nach Völs am Schlern, versprochen. Zuerst aber begeistert vor dir die grandiose Aussicht auf Wald, Wiesen und die zackige Gipfellandschaft, die schon zum Naturpark Schlern-Rosengarten (naturparks.provinz.bz.it) gehören. Spätestens in Seis am Fuß der Seiser Alm solltest du dafür einen Stopp einlegen.

3 Seis am Schlern/Siusi

15 km

4 St. Ulrich/Ortisei

23 km

Mit der Seilbahn zur Aussicht

Auch Völs, Kastelruth und Compatsch nennen sich „Tor zur Seiser Alm". Aber nur in **3** **Seis am Schlern/Siusi** startet die Seilbahn auf die Hochebene des Schlern, in der Saison untertags der einzige Zugang für Tagesgäste *(seiseralm.it)*. Wer Blumen liebt, muss unbedingt hinauf, Wanderer, Biker und Langläufer sowieso. Das Sahnehäubchen oben ist die Wahnsinns-Aussicht auf das Dolomiten-Bergmassiv Rosengarten. Parken: Parkplatz Seiser Alm Bahn *(Schlernstr. 39 | GPS 46.54075, 11.56510)*.

Über Kastelruth, Heimat der gleichnamigen „Spatzen", bringen dich nun LS24 und SP64 vom Fuß des Schlern aus kurvenreich und in weitem Bogen über die Berge ins nördlich benachbarte Grödnertal. Hier fährst du den Hauptort St. Ulrich an.

Man spricht Ladinisch

Das Städtchen **4** **St. Ulrich/Ortisei** ist der Geburtsort von Louis Trenker und bekannt für seine Schnitzereien. Freundlicherweise sprechen die Grödner mit ihren Gästen Deutsch oder Italienisch, unter sich aber nach wie vor Ladinisch. Mehr dazu und über das ganze Tal

Seis am Schlern ist das Tor zu den Dolomiten

Eine typische Gasse in der hübschen Altstadt von Klausen

(valgardena.it) erfährst du im Museum Gherdëina im Kulturzentrum Cësa di Ladins (museumgherdeina.it). Oder du machst deine eigenen Erfahrungen mit Land und Leuten, etwa bei einer Wanderung zur Burgruine Wolkenstein (Wanderparkplatz Langental-Wolkenstein | ca. 10 km östl. v. St. Ulrich | GPS 46.56400, 11.77319) oder der Fahrt mit einer der vielen Seilbahnen auf die herrlichen Berge ringsum. Parken: Parkgarage Central (Bahnhofsstr. 1 | GPS 46.57558, 11.66937).

Nun heißt es wieder „Go West", auf der SS242 raus aus dem Grödnertal. Kurz vor dem Tunnel am Talausgang blitzen oben noch kurz die weißen Mauern der Trostburg auf, gleich nach dem Tunnel hat dich am Kreisverkehr der lebhafte Verkehr des Eisacktals wieder. Hier fließt du mit dem Strom rechts in die SS12, der schnellste Weg ins nahe Klausen.

Mittelalter-Flair

Schon vor Hunderten von Jahren hat sich das Städtchen ❺ **Klausen/Chiusa** einen Namen als Künstlerort gemacht. Eng und malerisch drängen sich Kirche, Häuser und Läden auf dem schmalen Streifen zwischen Talwand und Eisack – Mittelalter-Flair pur! Wenn du es luftiger willst, musst du höher hinauf. Zum Beispiel zu Fuß zur „Akropolis Südtirols", dem Wallfahrtskloster Säben auf einem Felsen über Klausen (klausen.it). Parken: P2 Schindergries (GPS 46.63895, 11.56463).

❺ Klausen/ Chiusa

13 km

Italien

Von Bozen ins Fischleintal

Manchmal drei- und vierspurig ausgebaut, verleitet die SS12 zum Gasgeben. Jedenfalls bringt sie dich schnell nach Brixen, Südtirols erstem Bischofssitz.

Geschichte(n) & Geschäfte

Freundlich ist ❻ **Brixen/Bressanone** und mit 21 000 Einwohnern nicht allzu groß. Das gilt auch für die Altstadt, die Hauptsehenswürdigkeit der kleinen Universitätsstadt. Hier findest du beim Bummeln die Prachtbauten der früheren Fürstbischöfe, kannst in netten besitzergeführten Läden nach dem idealen Mitbringsel suchen und in einem Café am Domplatz dem wuseligen Treiben oder in einer der lässigen Kneipen dem studentischen Leben außerhalb des Campus zuschauen. Parken: Parkplatz aquarena (*Altenmarktgasse 28/B | GPS 46.72051, 11.65700*).

An der Bebauung merkst du nicht, wann Brixen aufhört und Neustift anfängt. Neben gutem Wein hat die Region hervorragenden Apfelsaft zu bieten. Den besten bekommst du in Natz (Parken: Parkplatz Raas | Kirchweg 16 | GPS 46.74894, 11.66069).

Kaum hast du von Schabs aus auf der SS49 nordwärts Mühlbach passiert, bist du auch schon im Pustertal. Die Pustertaler Staatsstraße ist die zentrale Verkehrsader des Tals und für Staus und Unfälle berühmt-berüchtigt. Wechsele deshalb etwa 5 km öst-

❻ **Brixen/ Bressanone**

86 km

Der Brixner Dom ist das Wahrzeichen der Stadt

Die Heilig-Geist-Kirche im Ahrntal ist ein beliebter Wallfahrtsort – und ein malerisches Fotomotiv

lich von Mühlbach auf Höhe Niedervintl auf die schmale, parallel zur Staatsstraße verlaufende SP40. Auf ihr bist du zwangsläufig beschaulich unterwegs, außerdem bieten sich Stopps an, z. B. in Terenten zu den ausgeschilderten Erdpyramiden (GPS 46.83763, 11.77605) oder am grünen Naturbadesee Issinger Weiher (GPS 46.81258, 11.85126).

Des Weiteren kannst du auf dieser Alternativstrecke Bruneck nördlich umfahren, wenn du über die SP97 die SS621 ansteuerst. Sie bringt dich ins Tauferer Tal und ins anschließende Ahrntal. Wald und Berge säumen die einspurige, trotzdem viel befahrene Straße. Schnuppere unterwegs in Sand in Taufers „Ritterluft" in der mittelalterlichen Bilderbuch-Burg Taufers (sand-in-taufers.org/burg-taufers/). Weiter geht es Richtung Talschluss bis Prettau, wo nach 500 m die Fahrstraße endet.

Atmen unter Tage

Bei **7 Prettau/Predoi** handelt es sich um die nördlichste Gemeinde Italiens. Die ungewöhnliche Allianz von Montanwesen und Wellness zeigt sich hier im kombinierten Bergbaumuseum mit St.-Ignaz-Schaustollen *(bergbaumuseum.it)* und 1100 m tief im Berg gelegenen Klimastollen *(ich-atme.com)*. Letzterer zeichnet sich durch besonders reine Atemluft aus, falls du unter Atemwegsbeschwerden leidest, solltest du dir einen Besuch also unbedingt gönnen. Wenn du die Berge lieber von außen siehst, hast du dazu reichlich Gelegenheit im angrenzenden Naturpark Rieserferner-Ahrn.

In Prettigau-Kasern, kurz vor der Grenze zu Österreich, machst du kehrt und fährst auf demselben Weg zurück nach Bruneck.

7 Prettau/Predoi

40 km

Von Bozen ins Fischleintal

Romantische Altstadt & gleich zwei Bergmuseen

Die hübsche, überschaubare Altstadt von ❽ **Bruneck/Brunico** wirst du samt doppeltürmiger Pfarrkirche schnell besichtigt haben. Mehr Zeit brauchen da schon die beiden MMMs, die Messner Mountain Museen vor Ort *(messner-mountain-museum.it)*. Zu Ripa auf Burg Bruneck musst du am Stadtrand nur ein wenig hinaufsteigen, Corones aber liegt auf dem 2275 m hohen Kronplatz-Plateau. Du kommst zu Fuß herauf oder, schneller und gemeinsam mit vielen anderen Museumsbesuchen, Wanderern und Skifahrern, mit der Seilbahn. Gratis parken: Bahnhofsparkplatz *(Europastr. 1 | Bruneck | GPS 46.79302, 11.92803)*; Parkplatz Talstation Seilbahn Kronplatz *(Reiperting 23/Seilbahnstr. 10 | Bruneck-Reischach | GPS 46.77321, 11.94068)*.

Das Pustertal ist ein Durchgangstal, darum wird der Verkehr nach Osten hin auch nicht weniger. 10 km hinter Bruneck biegst du links auf die SP44 ins Antholzer Tal ab, dessen Hauptsensation, der Antholzer See auf 1642 m Höhe, ebenfalls viel besucht ist. Er ist aber auch zu schön mit den dunklen Nadelwäldern und Rieserferner-Gipfeln, die sich wie gemalt im grün-blauen Wasser des 44 ha großen Bergsees spiegeln (Parken: Parkplatz Seerestaurant Platzl am See | Obertaler Straße, 250 m nördl. des Sees | GPS 46.88708, 12.17444).

Ein ähnlich schönes Bergwasser ist der Pragser Wildsee, vom Antholzer See aus auf der jenseitigen, südlichen Seite der Pustertaler Staatsstraße im Pragser Tal (prags.bz) gelegen (Parken: Parcheggio Lago di Braies – P3 | St. Veit 27 | pragsparking.com | GPS 46.70052, 12.08493). An der Gabelung der Pragser-Tal-Straße (Mitte

❽ Bruneck/Brunico

75 km

Stararchitektin Zaha Hadid baute das MMM Corones spektakulär in den Berggipfel hinein

Mächtig und massiv überragt der Seekofel den Pragser Wildsee

Juli–Anf. Sept. 9.30–16 Uhr für Tagesbesucher gesperrt, Durchfahrt mit reserviertem Parkplatz) kommst du rechts zum See (Innerprags), links (Außerprags) endet die Straße nach weiteren knapp 6 km am Brückele vor der Schranke zum Hochplateau Plätzwiese.

Aufstieg für Konditionsstarke

Auf das naturschöne Hochplateau **❾ Plätzwiese/Prato Piazza** mit Lärchenwäldern, Matten und einem herrlichen Bergpanorama kommst du als Tagesgast im Sommer nur zu Fuß, mit dem Rad oder dem Shuttlebus. Wenn du Zeit und Kondition hast, kannst du das Bergpanorama von der UNESCO-Welterbeterrasse Strudelkopf (unterhalb des 2307 m hohen Gipfels) aus bewundern, ein prächtiges Aushängeschild für den Naturpark Fanes-Sennes-Prags *(natur parks.provinz.bz.it)*, zu dem die Plätzwiese gehört. Nur hin musst du für die 10 km und 300 Höhenmeter allerdings an die drei Stunden rechnen. Parken: Brückele *(GPS 46.67751, 12.14886)*.

Vom Brückele aus fährst du zurück ins Pustertal und steuerst, wieder auf der SS49, zunächst ostwärts Toblach an.

Sport-Hotspot

Wandern, Klettern, Biken, das sind die sportlichen Sommer-Highlights um **❿ Toblach/Dobbiaco** im sonnenverwöhnten Hochpustertal; der Winter ist deine Zeit, wenn du Touren gehst, Langlauf- oder Abfahrtsski fährst. Auch beim „Wo?" hast du die freie Auswahl: im

❾ Plätzwiese/
Prato Piazza

20 km

❿ Toblach/
Dobbiaco

6 km

Italien 119

Von Toblach aus erreicht man etliche Mountainbike-Trails – manche (wie hier) mit Blick auf die Drei Zinnen

Die Drei Zinnen, das sind: Große Zinne (2999 m), Westliche Zinne (2973 m) und Kleine Zinne (2857 m)

eher flachen Toblacher Feld am Talgrund, in den Villgratner Bergen nördlich davon oder in den grandios-schroffen Sextner Dolomiten im Naturpark Drei Zinnen im Süden. Parken: Parkplatz bei der Mittelschule (Mittelweg | GPS 46.73340, 12.22094).

Wieder ist es die SS49, die dich zum nächsten Ziel bringt, ins nahe Innichen, den letzten bzw. ersten Ort auf der Südtiroler Seite der Grenze zu Österreich.

Im Zeichen der Drei Zinnen

Im Süden des rührigen Urlaubsorts ⑪ **Innichen/San Candido** lockt der Naturpark Drei Zinnen *(naturparks.provinz.bz.it)*, dessen Markenzeichen, eben die drei besonders markanten Dolomiten-Zinnen, du in Innichen auf Schritt und Tritt begegnest. Bergsport jeder Art ist hier angesagt und im Alpin-Erlebnisbad Acquafun *(acquafun.com)* gibt's jede Menge Wasserspaß. Freunde schlichter Architektur geraten angesichts der romanischen Stiftskirche St. Candidus und St. Korbinian ins Schwärmen. Parken: Parkplatz Außerkirchl *(Färbergasse 1 | GPS 46.73462, 12.27879)*.

Ein besonderes Natur-Schmankerl ist das Fischleintal südöstlich von Innichen. Die Anfahrt führt über die SS52 durch das landschaftlich ebenfalls sehr schöne Sextental.

Gipfelzeit

Den Eingang zum nur 4,5 km langen ⑫ **Fischleintal/Val Fiscalina** findest du in Bad Moos, einem Ortsteil von Sexten. Mit dem Wagen ist etwa in der Mitte des Tals bei der Fischleinbodenhütte Schluss, die Talschlusshütte erreichst du nur zu Fuß. Auf die Uhr musst du dabei nicht schauen, die Zeit verraten dir ziemlich genau die fünf Dolomitengipfel der Sextner Sonnenuhr, je nachdem, ob die Sonne gerade hinter dem Neuner, Zehner, Elfer, Zwölfer oder Einser steht. Parken: Fischleinboden *(GPS 46.66683, 12.35359)*.

⑪ Innichen/San Candido

11 km

⑫ Fischleintal/Val Fiscalina

CAMPINGPLÄTZE AM WEGESRAND

Von Bozen ins Fischleintal

Grüner Platz vor der Stadt

Der Platz bei Bozen liegt inmitten von Obst- und Weinplantagen. Von der nahen Autobahn hörst du nichts, das kleine, feine Restaurant zieht auch Nicht-Camper an, Rad- und Wanderwege beginnen vor der Haustür. Keine Reservierungen.

Camping Moosbauer

€€–€€€ | *Meraner Str. 101 (ganz durchfahren, bis kurz vor Moritzinger Weg) | Bozen-Gries (ca. 4 km nordwestl. v. Bozen) | Tel. +39 471 91 84 92 | moosbauer.com GPS: 46.50320, 11.29956*

▶ **Größe:** *80 Stellplätze*
▶ **Ausstattung:** *Restaurant, Brötchenservice, Shop, Hundebad, Salzwasserpool*

Übernachten auf der Alm

Die Lage 950 m üNN ist schon mal Spitze, du kannst sie sommers wie winters, mit Womo, im Zelt, in den Dolomiten Lodges oder einem der Holz-Chalets genießen. Bozen ist 20 km entfernt. Keine halbe Stunde dauert es zu Fuß zum Völser Weiher, langlaufen kannst du quasi gleich vom Eingangstor aus und der nächste Skilift ist nur rund 2 km entfernt.

Camping Seiser Alm

€€€ | *Dolomitenweg 10 | Seiser Alm (20 km nordöstl. v. Bozen) | Tel. +39 471 70 64 59 | camping-seiseralm.com GPS: 46.53267, 11.53284*

▶ **Größe:** *180 Stellplätze, 11 Mobile Homes und Luxushütten*
▶ **Ausstattung:** *Brötchenservice, Shop, Restaurant, Pool-Animation, Streichelzoo*

Praktisch & bequem

Kombi-Vorzüge von Camping und Hotel, denn der kleine, in Reihen gut genutzte Platz bei Brixen liegt verkehrsgünstig an der SS12, unmittelbar hinter dem gleichnamigen Hotel Löwenhof. Dessen Angebote kannst du als Camper gegen Gebühr mitnutzen, also Frühstück, schickes Restaurant, Pizzeria, Sonnenterrasse,

Camping Löwenhof mit Blick auf die Lüsner Berge, die teils schon zum Naturpark Puez-Geisler gehören

Camping Toblacher See. Um den See führt ein Naturerlebnisweg mit elf Stationen zu Flora, Fauna und Geomorphologie der Gegend

Spa und Wellness mit Whirlpool. Das Bergpanorama gibt es für alle kostenlos dazu.

Camping Löwenhof

€–€€ | Brennerstr. 60| Vahrn (2 km nördl. v. Brixen) | Tel. +39 472 83 62 16 | loewenhof.it
GPS: 46.73479, 11.64768
▸ **Größe:** 53 Stellplätze, 5 Mobile Homes
▸ **Ausstattung:** Brötchenservice, Kiosk, Spielzimmer, Freizeitraum, Fahrradverleih

Auf dem Bauernhof

Der lang gestreckte moderne Sanitärbau teilt den 4 ha großen Platz bei Bruneck in obere und untere Hälfte, die Bäumchen müssen hier wie dort noch wachsen. Rezeption und Treffpunkt im alten Hof von Betreiberfamilie Steinkasserer, nebenan schön eingewachsener Teich.

Camping Ansitz Wildberg

€€–€€€ | St. Martin 16a | St. Lorenzen (4 km südwestl. v. Bruneck) | Tel. +39 474 47 40 80 | campingwildberg.com | GPS: 46.78120, 11.89866

▸ **Größe:** 154 Stellplätze
▸ **Ausstattung:** Shop, Waschmaschinen, Hundebad, Skitrockenraum, Pool, Streichelzoo, gratis Mobilcard für öffentliche Verkehrsmittel, Fahrradverleih, Sauna, Dampfbad

Logenplatz am Bergsee

Ein Bad im See im Morgengrauen zählt zu den Vorteilen, die du als Camper am Toblacher See genießt. Dazu kommt die unübertreffliche Lage der leicht terrassierten Platzreihen am baumbestandenen Nordwestufer mit spektakulären Dolomitengipfeln als Kulisse. Bei der Rückkehr von Wanderungen, Skiausflügen, Bike- oder Klettertouren ist ein Platz im Saunafass sehr begehrt. Wahlweise im Restaurant mit gut bestücktem Weinkeller.

Camping Toblacher See

€€–€€€ | Toblacher See 3 (Anfahrt für Camper über den Uferweg) | Toblach | Tel. +39 474 97 31 38
toblachersee.com | GPS: 46.70640, 12.21824

▸ **Größe:** 125 Stellplätze, 12 Mobile Homes
▸ **Ausstattung:** Brötchenservice, Shop, Restaurant, Saunafass, Waschmaschinen & Trockner

Kulinarisches am Wegesrand

Von Bozen ins Fischleintal

Beste Bruschette

Eigentlich ist die **Osteria Dai Carrettai** („Zum Kärrner") in Bozen ja eine Weinstube. Aber erzähl das mal den Gästen, die für die üppig belegten Bruschette Schlange stehen. *Infos: Dr. Joseph Streiter-Str. 20b | Bozen | Tel. +39 471 97 05 58 | €*

Feine Traditionskost

Im heimeligen **Wirtshaus Vögele** in Bozen wird feine Südtiroler Kost aufgetischt, also etwa geschmorte Kalbswangelen, Schüttelbrot-Eierteignudeln oder Kastanien-Apfel-Flan. *Infos: Goethestr. 3 | Bozen | Tel. +39 471 97 39 38 | vogele.it | €€–€€€*

Weinprobe

Bevor du Sauvignon, Chardonnay, Magdalener und die anderen Bio-Weine kistenweise einpackst, mach ruhig die Probe aufs Exempel im romantischen Skywine Pavillon des modernen **Weinguts Loacker** in Bozen. *Infos: Weinverkostungen ohne, Führungen mit Anmeldung | St. Justina-Str. 3 | Bozen-St. Justina | Tel. +39 471 36 51 25 | loacker.bio*

Alles regional

Das Restaurant **Finsterwirt** in Brixen bietet feine Lokalküche, etwa Weißwein-Süppchen oder Carpaccio vom Villnösser Brillenschaf. *Infos: Domgasse 3 | Brixen | Tel. +39 472 83 53 43 | adlerbrixen.com/restaurant-finsterwirt | €€€*

Darfs ein Knödel mehr sein?

Erst an der Bar einen Bier-Aperitif oder Bier-Cocktail nehmen, dann im Innenhof des **Decantei** in Brixen gepflegt Hirschrücken mit Schüttelbrotkruste oder Knödelquartett speisen. *Infos: Hartwiggasse 5 | Brixen | Tel. +39 472 67 42 70 | decantei.it | €€–€€€*

Schüttelbrot: Die steinhart getrockneten Hefe-Roggen-Teigfladen halten lang, was früher im kargen Südtirol ein Vorteil war

Spinatknödel gehören zum regionaltypischen Knödel-Tris

Klostershop

Im Laden von **Kloster Neustift** bei Brixen gibt es Weine, Klosterbitter und Brände. Außerdem kannst du Schüttelbrot, Speck, Käse und Kaminwurzen für die nächste Marende kaufen, die zünftige Südtiroler Brotzeit, sowie Honig, Marmeladen und andere Produkte befreundeter Klöster. *Infos: Stiftstr. 1 (in der ehem. Mühle, noch vor dem Eingang zum Augustiner Chorherrenstift) | Vahrn (4 km nördl. v. Brixen) | kloster-neustift.it*

Historisches Ambiente, aber moderne Küche

Zur historischen Gaststube **Weisses Lamm** in Bruneck musst du zwei, drei Stufen hinabsteigen, das Essen aber ist ganz auf der Höhe der Zeit: saisonal, regional, zeitgemäß, doch nicht zu fancy. *Infos: Stuckstr. 5 | Bruneck | Tel. +39 474 41 13 50 | €€*

Öfter mal Pizza

Auf die Pizza ist Verlass bei Familie Niederkofler in der Pizzeria **Hans** in Toblach. Von Marinara bis Bufalina alles knusprig, frisch und lecker. Und auch wenn Nutella Tiramisù nicht allen schmeckt, im Grunde ist „der Hans" immer eine gute Wahl. *Infos: Pustertaler Str. 9 | Toblach-Dorf | Tel. +39 474 97 21 87 | pizzeria-hans.com | €–€€€*

Klassiker aus der Küche Südtirols

Spinatspatzen, Pressknödel, Hirschgulasch ... Wirtin Manuela bringt im **Restaurant Nordic Arena Toblach** im Sportzentrum solide Hausmannskost auf den Tisch. Mit den italienisch-südtiroler Küchenklassikern füllen nicht nur Sportler ihre Energiereserven gerne auf. *Infos: Seeweg 16 | Toblach | Tel. +39 328 887 88 92 | nordicarena-toblach.it | €€*

UNTERWEGS VON SEE ZU SEE

Vom Lago Maggiore nach Varese

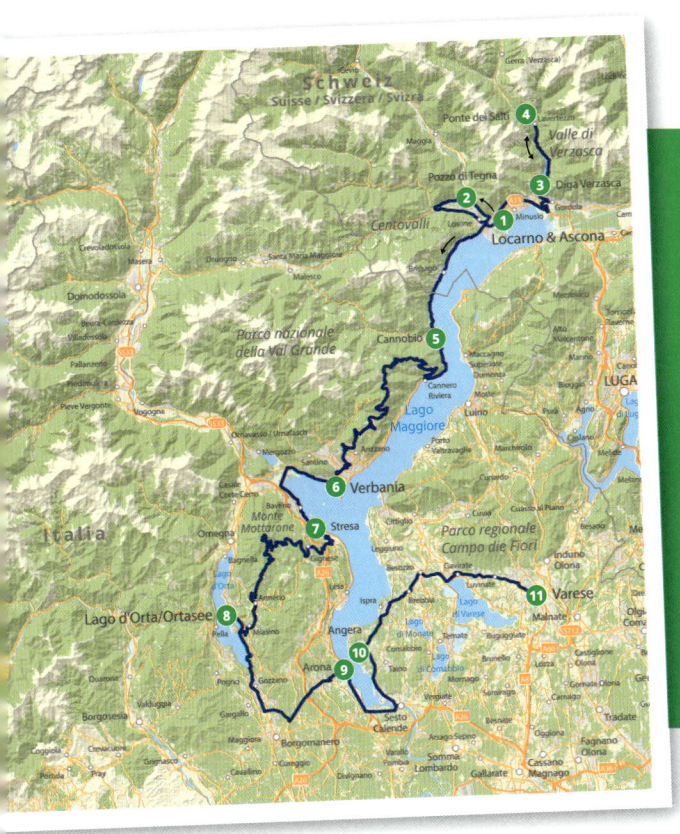

Strecke & Dauer

- Strecke: 198 km
- Reine Fahrzeit: 8 Std.
- Streckenprofil: Größtenteils gut geteerte Straßen, in den Bergen mit teils sehr kurvigen Serpentinen
- Empfohlene Dauer: 10 Tage

Was dich erwartet

Inselhopping? Kann doch jeder. Kenner Italiens verbinden lieber die Prachtseen Oberitaliens miteinander – schließlich ist der rote Teppich für Camper dort längst ausgerollt. Ob an den sattgrünen Hängen des Lago Maggiore, an den kurvigen Panoramastraßen des Ortasees oder aber im quirligen Treiben auf dem Kopfsteinpflaster von Locarno bis Angera: Es erwarten dich romantische Aperitifspots vor der Alpenkulisse der Viertausendergipfel, imposante Flaniergärten mit prächtigen Villen, natürliche Flussbadeplätze und ein Staudamm, an dem sich schon James Bond wagemutig herabstürzte.

Mediterranes Flair in der Schweiz

1 Locarno & Ascona

5 km

Die Tour startet in der Schweiz, in **1 Locarno & Ascona.** 2300 Sonnenstunden im Jahr machen die beiden Nachbarstädte am Nordzipfel des Lago Maggiore zur wärmsten Region der Schweiz. Wo Palmen und Zitronenbäume gedeihen, versammelt sich jährlich die Crème de la Crème des Showgeschäfts zum Locarno Film Festival auf der Piazza Grande. Doch nicht nur die Filmkunst weiß zu verzaubern, sondern auch die engen Altstadtgassen, die prunkvollen Palazzi und die Wallfahrtskirche Madonna del Sasso, die hoch über Locarno thront und einen Blick bis nach Italien verspricht. Und über

Die Geschichte des Santuario Madonna del Sasso oberhalb von Locarno ist geheimnisvoll

die herrliche Umgebung der beiden Städte müssen wir ja wohl nicht sprechen, oder? Parken: In der Via della Pace, 20 *(GPS 46.1639, 8.7986)*.

Lust auf einen tollen Badespot? Dann verlass Locarno und die Nachbargemeide Ascona über die Via Arbigo und fahr am Campingplatz Melezza vorbei weiter in Richtung Maggiatal. Kurz hinter Intragna biegst du scharf rechts auf die Via Cantonale ab. Durchfährst du die beiden Gemeinden Terre di Pedemonte und Cavigliano, erreichst du schon nach gut 12 km den Strand von Tegna.

Baden im Fluss

Der Sandstrand ❷ **Pozzo di Tegna** ist vor allem für eines beliebt: Flussbaden. Besucher erwartet ein großer Badeplatz mit kristallklarem Wasser, der von prächtigen Felsen umringt ist. Hier ist viel Platz zum Toben und Spielen und ein Wasserfall plätschert idyllisch vor sich hin. Der perfekte Badespaß für Groß und Klein! Parken: Reichlich Platz gibt's am Posteggio Pozzo di Tegna *(GPS 46.1837066, 8.7457272)*, von dort sind es nur zwei Minuten zu Fuß zum Strand. Abenteuerlustige können vom Nachbarort Ponte Brolla zu den Felsen hinunterklettern: Dafür parkt man am kleinen Parkplatz an der Straße gegenüber dem Ristorante della Stazione Ponte Brolla *(GPS 46.1854951, 8.7524048)*.

❷ Pozzo di Tegna

19 km

Italien 127

Vom Lago Maggiore nach Varese

Vom Strand in Tegna kommend, fährst du über die Campi Grandi di Sotto und biegst schon nach wenigen Metern in die Via Campagna ab, die bald in die Via Cantonale und anschließend in die Via Valle Maggia übergeht. Folge ihr am Ostufer des Flusses Maggia entlang und fahr in Ascona auf die A13 bis Via Valle Verzasca in Gordola und weiter auf dieser Bergstraße bis zum Verzasca-Staudamm.

Von der Bogenstaumauer springen?

❸ Diga Verzasca

6 km

❹ Ponti dei Salti

35 km

Das Verzascatal ❸ **Diga Verzasca** ist durch seine am Taleingang befindliche Bogenstaumauer bekannt, die 220 m hohe Contra-Talsperre. Ihr Ruhm geht auf Pierce Brosnan zurück, der als James Bond 007 in der Anfangsszene des Films „Golden Eye" (1995) an einem Bungeeseil befestigt heruntersprang. Wer es ihm gleichtun will, kann das noch immer *(Buchung: trekking.ch/bungy)*. Und für alle, die lieber dabei zuschauen, gibt es erfrischendes Eis im Souvenirshop. Parken: direkt beim Staudamm links von der Fahrbahn *(GPS 46.1965448, 8.8493133)*.

Du lässt den Verzasca-Staudamm hinter dir und folgst der Via Valle Verzasca nach Norden Richtung Costa Berzona. Dabei durchfährst du einige Tunnel. Nach 5 km erreichst du das Dorf San Bartolomeo mit seinem markanten Uhrturm, fährst aber rund 4 km bis zur Ponte dei Salti weiter.

Am Fluss wandern

Die eigentliche Schönheit des Valle Verzasca liegt weiter talaufwärts, etwa 4 km vom Dorf San Bartolomeo entfernt. Vor allem bei Einheimischen beliebt ist die Badestelle an der Römerbrücke ❹ **Ponti dei Salti**. Die überaus hübsche Steinbrücke in Wellenform führt Bade-

Die Verzasca-Staumauer lädt geradezu zum Bungeesprung ein

Die Fußgängerbrücke Ponte dei Salti über die Verzasca wurde von den Römern erbaut

gäste über den Fluss und dort entweder auf tolle Wanderwege an den Hängen entlang des Vogorno-Stausees oder direkt hinunter ins smaragdgrüne, kühle Nass. Wenn du dich traust, kannst du es der einheimischen Jugend gleichtun und dich im Turmspringen vom Brückengeländer ausprobieren. Ansonsten lohnen sich die Felsen auch zum Sonnenbaden. Überquerst du die Römerbrücke, kannst du auf der anderen Seite dem Wanderweg nach rechts folgen. Dieser führt dich am Flussufer entlang und hinauf zu wunderbaren Ausblickspunkten. Parken direkt am Seitenstreifen des Dorfs, auch für Womos mit über 6 m Länge (GPS 46.2604671, 8.834832).

Verlass das Verzascatal wieder in Richtung Locarno und folge der Via Valle Verzasca und später der Via San Gottardo nach links. Kurz hinter Gordola fährst du nach 9,4 km auf die A13 in Richtung Locarno und Ascona, auf der man den städtischen Bereich durch den Stadttunnel über die Schnellstraße 13 in Richtung Südwest hinter sich lässt. Entlang der Westküste des Lago Maggiore geht es über die italienische Grenze bis Cannobio. Die Straße führt etwa 100 m über dem Wasser entlang und offenbart fantastische Ausblicke auf die Schweizer Seite des Langensees.

Auf dem Weg nach Cannobio durchquerst du den schönen Ort Brissago. Am Lido Beach Brissago (lidobrissago.ch) ist Entspannung angesagt. Die 75 m lange Kamikazerutsche bietet Groß und Klein

Italien 129

Vom Lago Maggiore nach Varese

lang andauernden Spaß und den Pool will wegen des unglaublichen Seeblicks keiner so schnell verlassen.

Der erste Aperitif in Italien

Bella Italia! Schon kurz hinter der Grenze wird man vom adretten Ort ❺ **Cannobio** begrüßt. Und zwar mit südlichem Flair und hübschen Flaniergassen, wo man sich auf den Terrassen der Restaurants zum Aperitif trifft. Gratis parken kannst du in der Via Darbedo 19 *(GPS 46.0689, 8.6925)*.

❺ Cannobio

26 km

Statt die ganze Zeit am See entlangzufahren, geht es in die Berge über dem Lago Maggiore. Dafür folgst du der SS34 del Lago Maggiore 6,6 km bis Cannero Riviera und biegst dort nach rechts auf die Serpentinenstraße ins Gebirge ab. Nach etwa 9 km passierst du den Wonderwood Park, in dem kleine Abenteuer für die ganze Familie warten. Hier findest du einen Spielplatz, Abenteuerpfade für jedes Alter und den WonderFly für ganz Mutige (wonderwood.it/de). Von hier aus sind es noch 11 km bis zur Terrazza Belvedere. Der Aussichtspunkt öffnet den Blick auf den Lago Maggiore für Besucher wie eine Fototapete. Es gibt zwei Sitzbänke für ein kleines Vesper mit Ausblick.

Vom Aussichtspunkt geht es über die Str. L. Cadorna und die Via Pian di Sole und die Via Vittorio Veneto bis Premeno, das du nach knapp 10 km erreichst. Von dort fährst du auf der Via Alfredo Pariani, der Via Bee Pian Nava und der Via Farinet bis Vignone, von wo aus du auf der SP55 in Serpentinen bis zum Corso Italia in Pal-

Im Botanischen Garten der Villa Taranto in Verbania

Im hübschen Cannobio kannst du deine erste italienische Mahlzeit einnehmen

lanza und weiter ins Stadtzentrum von Intra (heute ein Stadtteil von Verbania) gondelst. Keine Sorge, es handelt sich bei dieser Bergroute zwar um kurvige Straßen, die aber gut zu fahren sind und tolle Ausblicke auf schneebedeckte Gipfel bieten.

Malerische Szenen am Lago Maggiore

„Garten am See" – so wird ❻ **Verbania** gerne genannt. Die heute größte Stadt am Lago Maggiore entstand im Jahr 1939 durch die Zusammenführung der ehemals eigenständigen Orte Intra, Pallanza, Suna und Fondotoce. Heute überrascht sie ihre Gäste mit zahlreichen Grünflächen, einem lebendigen Markt (Mercato di Intra | mercatointra.it), der wohl schönsten Parkanlage der Region (Giardini Botanici di Villa Taranto | villataranto.it) und mit dem verträumten Val Grande, in das du herrliche Ausflüge unternehmen kannst. Gratis parken: In der Via Volturno direkt am Flussufer des San Bernardino und damit in Fußweite vom Wochenmarkt (GPS 45.9354893, 8.5656198).

❻ **Verbania**

14 km

Fahr knapp 6 km auf der SS34 del Lago Maggiore nach Westen in Richtung Via Rhodiatoce, bis du kurz nach Fondotoce einen Kreisverkehr erreichst. Dort nimmst du die zweite Ausfahrt in die Via per Feriolo/SS33racc und überquerst den knallgrünen Fluss Toce, der in den Lago Maggiore mündet. Du folgst der Straße 2 km bis Feriolo/Baveno. Hier fährst du im Kreisverkehr geradeaus und weiter an der malerischen Westseite des Lago entlang, die von herrschaftlichen Villen geprägt wird. Nach gut 6 km erreichst du Stresa.

Italien

Vom Lago Maggiore nach Varese

Bootsausflug zu den Inseln

Früher Treffpunkt der Dichter, Denker und Künstler, heute Ausgangspunkt für Bootsausflüge: ❼ **Stresa** mit Lage am Südufer des Borromäischen Golfs und mit einem traumhaften Blick zu den vorgelagerten Inseln, zum gegenüberliegenden Ufer und zum Monte Tamaro im Norden weiß bis heute Besucher zu entzücken. Neben der gepflegten Uferpromenade lohnt sich der Anblick der Villa Pallavicino, deren riesiger Park in englischem Stil angelegt ist *(isoleborromee.it/parco-pallavicino)*. Besonders schön ist ein Bootsausflug zu den Borromäischen Inseln *(navigazionelaghi.it, isoleborromee.it)*. Während die größte Insel, Isola Madre, mit floralem Reichtum sowie frei umherlaufenden Pfauen verzaubert, lockt die Isola Bella mit malerischen Gärten und historischen Schlössern. Aber auch die Isola dei Pescatori versprüht nicht zuletzt ihren ganz eigenen Charme, da die Insel bis heute unbewohnt ist. Parken in Stresa: Parcheggio Baia *(Viale Lido 1, unterhalb der Tankstelle Eni | GPS 45.8900198, 8.5207454)*.

❼ **Stresa**

27 km

Der schönste Weg von Stresa am Lago Maggiore nach Orta San Giulio am Ortasee führt über einen herrlichen Bergpass und den Gipfel des 1491 m hohen Monte Mottarone. Dafür verlässt du Stresa auf der Serpentinenstraße in die Berge und fährst über die Via per Binda, die Via per Vedasco und die Via per Gignese weiter auf die Via Stresa. Nach 9,7 km erreichst du mit dem Bergdorf Gignese den ersten sehenswerten Stopp. Hier empfiehlt sich ein kurzer Besuch im Regen- und Sonnenschirmmuseum (museodellombrello.org). Weiter geht es 11,7 km über die Str. privata Borromea weiter bis zum Rifugio Genziana auf dem Monte Mottarone. Die Anfahrt ist auch für große Wohnmobile gut machbar, jedoch sehr serpentinenreich.

Die Isola Bella: Ja, sie ist schön – benannt ist sie aber nach Isabella, der Frau von Carlo III. Borromeo

Einen Bootsausflug zur Isola San Giulio kann man von Orta San Giulio aus unternehmen

Wenn du Bergpässe lieber meidest, dann nimm ab Stresa die SS33 über Feriolo und folge der Galleria del Bocciol über die SP229 bis zum Ortasee (24 km).

Mit dem Ortasee vor Augen fährst du von den Alpe San Guida auf der Via Mottarone 12 km bis Armeno, wo du unbedingt einen kleinen Spaziergang vom Hauptplatz (GPS 45.8223878, 8.4384011) über die idyllische Fußgängerallee zur Pfarrkirche Maria machen solltest (kostenloser Parkplatz: GPS 45.8229278, 8.4389843). Nach weiteren 2,5 km über die Via II Riviere und die Via Circonvallazione gelangst du ins ebenfalls sehenswerte Bergdorf Miasino. Ein herrlicher Spaziergang führt dich am Ufer des Agognaflusses entlang oder du startest von hier zu einer der zahlreichen Wanderungen zwischen Ortasee und Lago Maggiore. Von Miasino sind es nur noch 2 km bis Orta San Giulio am Ortasee.

Der kleine Bruder des Lago Maggiore

Eingebettet in die grünen Hügel des Piemont, ist der nur 18,2 km² große **Lago d'Orta/Ortasee** nicht nur der kleine Bruder, sondern mit den Worten des Schriftstellers Balzac auch der „stille Nachbar des Lago Maggiore". Diese Bezeichnung trifft es ganz gut. Denn im Vergleich zum großen Nachbarsee lässt sich der verträumt wirkende Ortasee noch als eine Art Geheimtipp bezeichnen. Vor allem ist er einer der saubersten aller oberitalienischen Seen. Bei günstiger Sonneneinstrahlung schimmert sein Wasser wie azurblau. Parken: Parkplatz Area Sosta Camper *(GPS 45.7967395, 8.4099524)*. Von hier aus sind es über den Rundweg nur 15 Min. bis zur Hauptpiazza von Orta San Giulio.

Lago d'Orta/Ortasee

22 km

Italien

Vom Lago Maggiore nach Varese

Am Ostufer des Ortasees entlang geht es auf der Via Panoramica nach Südosten. Der Lido di Gozzano liegt am südlichen Ende des Sees und ist mit kleiner Liegewiese, Kinderbereich und Sprungturm bestens ausgestattet für einen Tag am See. Einfach einen Liegestuhl und Schirm für einen halben oder ganzen Tag mieten und entspannen (lidodigozzano.it/). Zum Lago Maggiore folgst du der SP229 und SP229/II auf die SP142 bis Borgomanero und weitere 8,5 km nach Arona.

Bummeln am Hafen

Das am Südwestufer des Lago Maggiore gelegene ❾ **Arona** ist ein beliebter Kurzurlaubsort – vor allem für gestresste Großstädter aus Mailand. Die Stadt mit 16 000 Einwohnern lädt zu einem Bummel entlang der Hafenpromenade ein, die von zahlreichen Bars und Restaurants gesäumt wird. Perfekt für eine kurze Einkehr, da der Ausblick aufs Wasser und die gegenüberliegende Stadt Angera von hier besonders schön ist. Parken: Großer Parkplatz direkt am Hafen *(Parcheggio Aldo Moro | GPS 41.2550187, 13.6050034)*.

Ab geht es nun auf die andere Seite der Südspitze des Lago Maggiore: nach Angera. Dafür verlässt du Arona auf der Via Francesco Baracca in südwestliche Richtung und fährst 1,5 km bis zur SS33 del Sempione/SP142. Mit dem Lago Maggiore zu deiner Linken umfährst du den südlichsten Zipfel, kreuzt den Fluss Ticino und biegst am anderen Ufer auf die Via Angera, die in die Via Milano übergeht. Nach 14,6 km erreichst du schließlich die Via Caduti Angeresi in Angera.

Mächtige Burg

Von Arona kommend, wird dir die größte Sehenswürdigkeit von ❿ **Angera** ohnehin schon bekannt vorkommen: Die mächtige Rocca di Angera, deren Geschichte bis ins Jahr 1066 zurückgeht, thront über dem Lago Maggiore und dominiert das Stadtbild *(isoleborromee.it/rocca-di-angera/ im Sommer für Besucher geöffnet)*. Nicht weniger sehenswert ist die Kirche Santa Maria Assunta im Zentrum. Sie stammt aus dem 15. Jh. und überrascht mit spektakulären Fresken aus dem 18. Jh. Und wie wäre es mit einem Spaziergang an der Uferpromenade des Lago zum Sightseeing-Ausklang? Gratis Parken auf der Via Soldani, direkt am See und unter großen Bäumen *(GPS 45.7719, 8.5810)*.

Weiter geht's in Richtung Lago di Varese. Du verlässt dafür Angera auf der Via Varesina in Richtung Nordosten. Schon nach wenigen Metern geht sie in die SP69 über, die wiederum – nicht wundern – bald in die SP50, und schon in Bardello nach links in die SS394 übergeht. Nach 25,4 km kommst du in Varese an.

---

❾ Arona

17 km

❿ Angera

27 km

Auf dem Sacro Monte di Varese verbinden sich Religion, Kultur und Landschaft

Die Stadt der Seen und Gärten

Schon wieder eine Stadt, die sich selbst als Gartenstadt bezeichnet? **Varese** kann sich mit Fug und Recht so nennen. Tatsächlich ist die Hauptstadt der Provinz Varese im Nordwesten der Lombardei nicht nur seit 1998 eine angesehene Universitätsstadt, sondern vor allem bekannt für ihren Reichtum an grünen Gärten und weitläufigen Parkanlagen. Neben einer schnuckeligen Altstadt mit traumhaften Arkaden, bestens erhaltenen Palazzi und der Haupteinkaufsstraße Corso Matteotti lockt vor allem der Lago di Varese als Camping-Place-to-Be. Parken: Parcheggio ACI oder Parcheggio Luini (GPS 45.8200162, 8.828448). Von hier aus vier Minuten bis zur Innenstadt.

Wer einen ganz besonderen Ausflug machen will, muss hoch hinaus. Genau gesagt auf den Sacro Monte di Varese inmitten der bewaldeten Hänge des Campo dei Fiori, einer der größten und bedeutendsten Kreuzwege Italiens und selbstredend Teil des UNESCO-Weltkulturerbes. Von Varese führt der Weg über die Via Sacra mit 14 Devotionskapellen bis zum Heiligtum Santa Maria del Monte (sacri monti.org/de/sacro-monte-di-varese).

Varese

CAMPINGPLÄTZE AM WEGESRAND

Vom Lago Maggiore nach Varese

Der Schöne am Fluss

Der Campingplatz liegt inmitten grüner Natur am Fluss Melezza, etwa 5 km von Locarno und Ascona entfernt. Der Bus nach Locarno fährt direkt vor der Tür ab, macht in umgekehrter Richtung aber leider ab 20 Uhr eine Station vorher Stopp, was 25 Minuten Fußmarsch bedeutet. Das Ticino-Ticket für den Nahverkehr gibt es kostenlos zum Aufenthalt dazu.

Camping Melezza Losone

€€€ | Via Arbigo 88 | Losone/CH
Tel. +41 91 791 65 63 | camping-melezza.com
GPS: 46.1771414, 8.729454

▶ **Größe:** 146 Stellplätze; Mietunterkünfte: Pod-Houses und Mely-Houses
▶ **Ausstattung:** Restaurant/Pizzeria, Lebensmittelladen, Brötchenservice, Spielplatz

Der Große

Auf diesem Platz bei Locarno und Ascona findest du alles, was das Camperherz begehrt, und genießt den herrlichem Seeblick an der Einmündung des Maggia-Flusses.

Camping Delta

€€€ | Via Gioacchino Respini 27 | Locarno/CH
Tel. +41 91 751 60 81 | campingdelta.com
GPS: 46.1555832, 8.801109

▶ **Größe:** 250 Stellplätze, 15 Luxus-Wohnwagen
▶ **Ausstattung:** Restaurant, Supermarkt, Pizzeria, Spielplätze, Animation, große Sportbereiche, Fahrradverleih

Stellplatz in der Stadt

Womoplatz direkt in Verbania im Stadtteil Pallanza. Hier bist du in der Nähe von Supermärkten und nur circa 1 km vom See entfernt. Auch der Bus nach Intra und Co. hält in der Nähe. Maximale Übernachtungsdauer zwei Tage.

Area Sosta Camper Verbania

€ | Viale Giuseppe Azari 97 | Pallanza | Tel. +39 34 66 97 82 54 | GPS: 45.9309964, 8.5505487

▶ **Größe:** 38 Stellplätze
▶ **Ausstattung:** Außendusche, Strom, WC, Entsorgung

Unterwegs vom Lago Maggiore ins Verzascatal

Vom Monte Mottarone aus hat man Ausblick auf den Ortasee

Direkt am Lago Maggiore

Auf diesem riesigen Zeltplatz für Campervans bei Verbania kannst du direkt am Lago Maggiore übernachten. Die Stellplätze liegen alle mehr oder weniger schattig.

Camping Village Isolino

€€€ | Via per Feriolo 25 | Fondotoce
Tel. +39 03 23 49 60 80 | isolino.it
GPS: 45.9390738, 8.4981169

▶ **Größe:** 450 Stellplätze; Mietunterkünfte: Mobilheime, Bungalows und Ferienwohnungen
▶ **Ausstattung:** gigantisches Erlebnisbad, direkter Strandzugang, Animation, Ausflüge direkt vom Bootssteg, Verleih von Fahrrädern, Kanus, Tretbooten, SUP

Direkt am Lago d'Orta

Ein von der Uferstraße zweigeteilter und sehr gut gepflegter Campingplatz. Während der untere Teil einige Stellplätze direkt am Ortasee bietet, zieht der Platz sich abseits der Straße terrassenartig den Berg hinauf.

Campeggio Orta

€€ | Via Domodossola 28 | Loc. Bagnera, Orta San Giulio
Tel. +39 032 29 02 67 | campinglagomaggiore.com
GPS: 45.8018058, 8.4186018

▶ **Größe:** 104 Stellplätze; Mietunterkünfte: Maxi-Wohnwagen und Bungalows
▶ **Ausstattung:** Bar, Restaurant, Shop, Gemeinschaftsraum, Spielplatz; Fahrrad-, Kanu-, Tretboot-, SUP-Verleih nur wenige Meter entfernt

Idylle am Ortsrand

Großer, von Klosterschwestern geführter Campingplatz bei Varese, der eine tolle Auswahl an größtenteils schattigen Stellplätzen in einem hübschen privaten Park bietet.

Camping La Famiglia

€ | Via Nizza 2 | Malnate VA | Tel. +39 03 32 42 76 96
ffcim.org/it/dove-siamo/malnate-va-italia
GPS: 45.7949138, 8.8736005

▶ **Größe:** 100 Stellplätze
▶ **Ausstattung:** Café, Restaurant, Bar, Waschmaschinen, Spielplatz, Fußballplatz

Kulinarisches am Wegesrand

Vom Lago Maggiore nach Varese

Romantisch unter Weinreben

Wie wäre es mit einem Dinner in historischem Ambiente unter Weinreben? Wer in Locarno stilecht und romantisch essen gehen will, kommt an der **Casa del Negromante** nicht vorbei. Das Restaurant befindet sich im Innenhof des ältesten Gebäudes der Stadt. *Infos: Via Borghese 14 | Locarno | Tel. +41 91 751 75 75 | negromante.ch | €€*

Nenn es nicht Pizza

Schon mal von *pinsa* gehört? Der pizzaähnliche, ovale Fladen kommt mit einem dicken, luftigen Teig und ohne Käse daher. Gut und günstig gibt's sie in Locarno im **L'Archetto** zum Mitnehmen oder für den Verzehr auf der kleinen Bank im Innenhof. *Infos: Via Marcacci, 11 | Locarno | Tel. +41 765 34 04 82 | Facebook: L'Archetto Locarno | €*

Frisch aus der Theke

Das etwas versteckt liegende Restaurant **La Casera** in Verbania ist auch ein toller Lebensmittelladen. Aus den an einer langen Theke feilgebotenen regionalen Lebensmitteln werden leckere Gerichte gezaubert, die man direkt vor Ort im gemütlichen Speiseraum oder aber auf der Terrasse verzehren kann. *Infos: Piazza Daniele Ranzoni 19 | Verbania | Tel. +39 03 23 58 11 23 | formaggidieros.it | €€*

Eis zum Dahinschmelzen

Gelato d'altri tempi ist eine italienische Eisdiele, wie sie im Buche steht. Hier, versteckt in einer kleinen Seitenstraße von Intra (Verbania), gibt es das beste Eis der Stadt. Nach dem ersten Probieren wird klar, warum auch die Einheimischen mit ihren Kindern Schlange stehen. *Infos: Via San Fabiano 38 | Intra | Facebook: Gelato d'altri tempi | €*

Bei einer *pinsa* werden verschiedene Mehlsorten miteinander kombiniert

Ein Klassiker der italienischen Küche: Pilzrisotto

Auf der Piazza mit See- & Inselblick

Das Lokal **Ai Due Santi** in einem historischen Gebäude zählt zu den besten der Altstadt von Orta San Giulio. In gepflegter Atmosphäre lässt es sich hier hervorragend speisen – vor allem auf der tollen Terrasse auf der Piazza mit Blick auf den Ortasee und die Isola San Giulio. *Infos: Piazza Motta 18 | Orta San Giulio | Tel. +39 032 29 01 92 | aiduesanti.com | €€*

Risotto in ruhigem Ambiente

Das **Idea Dolce** in Orta San Giulio ist ein hübsches Restaurant und Café im Innenhof, fernab von allem Trubel und schön schattig. Unter den hausgemachten Gerichten ist das *risotto al funghi* unschlagbar. *Infos: Via Olina 7 | Orta San Giulio | €*

Zum Mitnehmen

Lokale Delikatessen zum Mitnehmen gibt es in der **Gastronomia del Corso** in Varese bis zum Abwinken. Dazu zählen beispielsweise *insalata di riso*, perfekt zubereitete Muscheln, eingelegte Knoblauchzehen und Tomaten in Aspik (*pomodori ripieni*). Die Gerichte aus dem Laden kann man zum Mittagessen in den Gärten der Villa Mirabello unter schattigen Bäumen verzehren. *Infos: Corso Giacomo Matteotti 68 | Varese | gastronomiadelcorso.it*

Süßes aus der Region

Die kulinarische Besonderheit aus Varese nennt sich *Castiglione Olona's dolce del cardinale*. Den Kuchen bekommt man z. B. in der fabelhaften **Pasticceria Maculan.** *Infos: Via Cimone 4 | Varese | pasticceriavarese.com*

Italien

Zwischen Weltkultur & Weinbergen

Von Siena nach Pitigliano

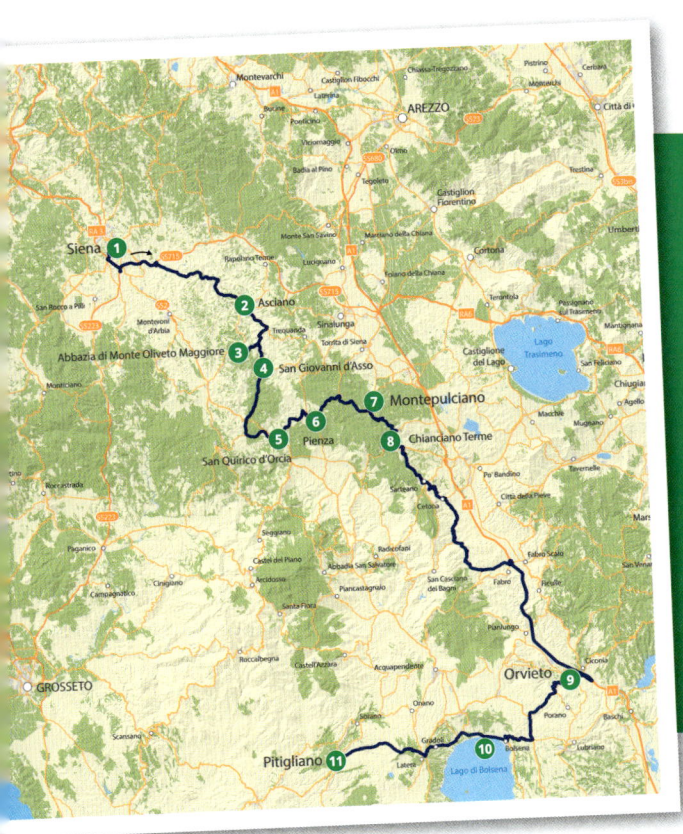

Strecke & Dauer

- Strecke: 222 km
- Reine Fahrzeit: 4 Std. 30 Min.
- Streckenprofil: Um Siena gute Schnellstraßen, aber je ländlicher und südlicher, desto schlechter werden die Straßen, d. h. eng, kurvig, Schlaglöcher, Spurrillen, aufgeplatzter Asphalt. Langsamfahren ist angesagt.
- Empfohlene Dauer: 6 Tage

Was dich erwartet

Diese traumhaft schöne Tour führt durch das toskanische Kernland in den Süden an die Grenze zur Maremma. Von Siena fährst du durch pittoreske Täler wie Val d'Orcia oder Valdichiana, durchquerst die Zypressen- und Hügellandschaft der westlichen Apenninausläufer und staunst über Tuffsteinstädte auf Felsenhöhen. Nimm dir reichlich Zeit dafür, zum einen wegen der teils abenteuerlichen Straßen, vor allem aber, um bei all den romantischen Orten, heißen Thermalquellen und berühmten Weinbaugebieten Stopps einzulegen.

Toskana-Highlight mit Weltkultur-Dom

❶ Siena

30 km

Du startest die Tour in ❶ **Siena.** Kunst und Geld waren die Mittel, mit denen der Stadtstaat Siena das ganze Mittelalter hindurch gegen das nahe Florenz um Macht und Einfluss rang. 1559 gewannen die papstgestützten Medici, aus dem kaisertreuen Siena wurde die deutlich kleinere „zweite Hauptstadt" der Toskana. Nach Größe musst du trotzdem nicht lange suchen: Sienas gesamte mittelalterliche Altstadt ist Weltkulturerbe. Die zweifarbige gotische Cattedrale di Santa Maria Assunta ist einfach überwältigend. Die Piazza del Campo liegt im Zentrum der Altstadt, hier treffen sich Sieneser

Das zentrale Giebelmosaik des Doms von Siena zeigt vor goldenem Hintergrund die Krönung Marias

und Touristen. Deinen persönlichen Logenplatz findest du in den Cafés und Restaurants ringsum. Jedes Mal der Wow-Effekt, wenn du durch einen der schmalen Durchgänge auf die fächerförmige, leicht abschüssige Piazza trittst. Parken: Area Sosta Camper Fagiolone *(Strada di Pescaia 53 | GPS 43.31414, 11.31715)*. Von hier ist es nicht weit zur kostenlosen Fontebranda-Rolltreppe, die dich bequem bergauf in die Via di Valle Piatta bringt, mitten hinein in die Altstadt *(Via Esterna di Fontebranda)*.

Zunächst verlässt du Siena über die Strada di Pescaia nach Süden und folgst wenige Kilometer den grünen Autobahnschildern Richtung Roma, später ergänzt durch Arezzo und Perugia. Über die gut ausgebaute Tangenziale Ovest di Siena kommst du so direkt zur einspurigen SS73 – und schon bist du am Stadtrand. Wenn du dann die Ausfahrt „Taverna d'Arbia" nimmst, hast du die Ausläufer von Siena endgültig hinter dir gelassen, grasgrüne Hügel, Getreidefelder und Zypressenreihen sind unverkennbare Anzeichen der beginnenden Crete Senesi. Auf der ruhigen Landstraße SP438 zuckelst du durch die hübsche, unaufgeregte Landschaft. Kurz hinter dem Flüsschen Ombrone erreichst du das historische Landstädtchen Asciano.

② Asciano

13 km

Palazzi & Prinzengräber

Im Gassen- und Platzgewirr der Altstadt von ② **Asciano** ist der Palazzo del Podestà ebenso sehenswert wie die gut 1100 Jahre alte Basilika Santa Agatha. Wirklich einzigartige Stücke findest du im

Italien

Von Siena nach Pitigliano

Museo Civico Archelogico e d'Arte Sacra Palazzo Corboli (*Corso Matteotti 122 | museisenesi.it*), z. B. einen Wagen aus dem Grab eines etruskischen Prinzen. Parken: Area Sosta Camper/Parcheggio le Fonti (*Strada di Castellare | GPS 43.23587, 11.55626*).

Vollends spannend wird es bei deiner Weiterfahrt auf der SP60 südwärts, die dich durch eine geologische Besonderheit Ascianos und der Crete Senesi führt: die Accona-Wüste (Deserto di Accona), eine besonders trockene Gegend, in der Wind und Wetter den vorherrschenden Tonboden abtragen. Das Ergebnis sind calanchi *bzw. weiße* biancane, *kahle, längsgerillte Südhänge. Aus der Nähe ansehen kannst du sie dir bei zweierlei Abstechern.*

Für den ersten Abstecher biegst du etwa 1 km nach einem Aussichtspunkt (GPS 43.19922, 11.58921) an einer einsamen, etwas gedrungenen Zypresse von der SP60 rechts auf den Feldweg ab. Der bringt dich einen weiteren Kilometer westwärts zu einigen der kargen Kegel. Sie sind nicht ausgeschildert und nicht touristisch erschlossen. Zurückhaltung ist also angesagt, du solltest auf oder am Weg parken und selbstverständlich nichts mitnehmen, nicht mal ein kleines Steinchen (Parken: GPS 43.19321, 11.5718).

Der zweite Abstecher führt zur Abtei Monte Oliveto Maggiore. Dazu folgst du, wieder rechts ab von der SP60, dem Hinweis zum Dorf Chiusure, das du dann aber links liegen lässt. Sobald du scharf links auf die wieder gut ausgebaute SP451 von Siena her abbiegst, ist das Benediktinerkloster ausgeschildert.

- ③ Abbazia di Monte Oliveto Maggiore

9 km

Abtei mit schönen Fresken

Schau dir in dem beachtlich großen Backsteinbau der ③ **Abbazia di Monte Oliveto Maggiore** vor allem die starkfarbigen und sehr realistischen Fresken im Kreuzgang an. Für dein leibliches Wohl kannst

Die Abbazia di Monte Oliveto Maggiore wurde im 14. Jh. gegründet

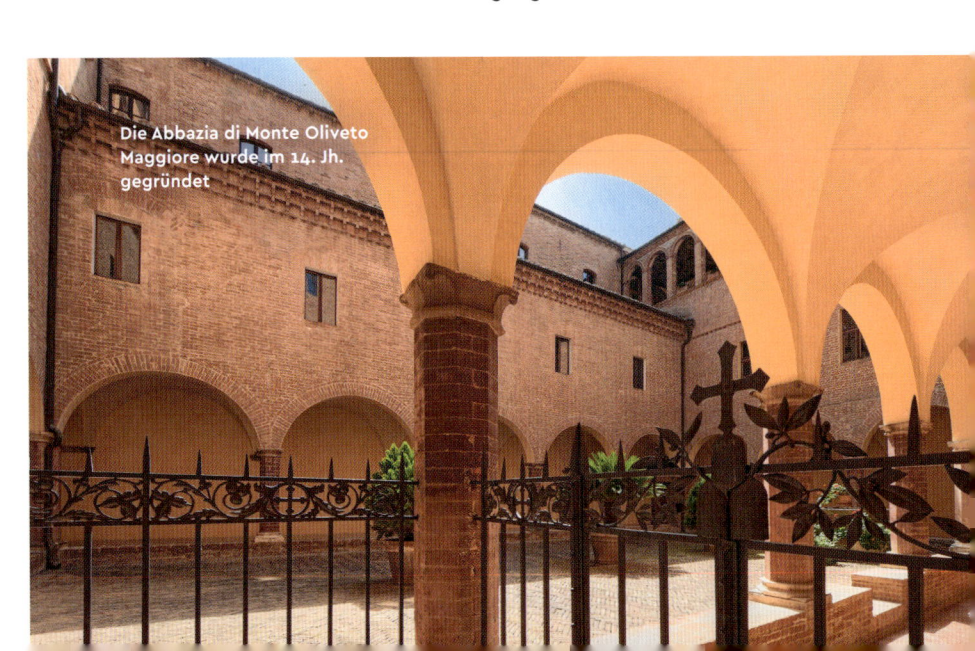

Typische toskanische Landschaft im Val d'Orcia

du im Hofladen der Mönche sorgen *(monteolivetomaggiore.it, agri colamonteoliveto.com)*. Parken: Kleinere Vans sind auf dem Parcheggio d'Abbazia zugelassen, größere nutzen besser die Parkbucht an der SP451 gegenüber der Zufahrt *(GPS 43.17897, 11.54733)*.

Kulinarische Freuden warten auf dich, wenn du, zurück auf der SP60, weiter nach Süden fährst und San Giovanni d'Asso ansteuerst.

Trüffelhauptstadt

Das Städtchen ❹ **San Giovanni d'Asso** sieht sich als die Trüffelmetropole der Toskana. Um das zu glauben, musst du schon im November kommen, wenn am zweiten und dritten Wochenende des Monats der alljährliche Trüffelmarkt, der Mostra Mercato del Tartufo Bianco delle Crete Senesi, den Ort fast zum Überlaufen bringt. Das restliche Jahr über kann es hingegen schon sein, dass du das kleine Museo del Tartuffo im Keller des Castello di San Giovanni *(Piazza Antonio Gramsci 1)* ganz für dich hast. Für die Probe aufs Exempel bietet sich das ganze Jahr über die Osteria delle Crete an *(osteriadellecrete.it)*. Im Sommer ist Trüffelpause, aber im Frühjahr und Herbst bestellst du hier von der saisonalen Speisekarte Trüffel, was sonst? Parken: Piazza

❹ San Giovanni d'Asso

16 km

Von Siena nach Pitigliano

Antonio Gramsci *(rückwärtig unterhalb des Castello | GPS 43.15354, 11.59011)*.

Auf die nächste Etappe kannst du dich besonders freuen, denn südlich von San Giovanni fährst du in aller Ruhe auf der zweispurigen SP14 durch das bezaubernde Val d'Orcia, das bereits seit 2004 UNESCO-Welterbe ist. In Torrenieri solltest du bei der Kirche links abbiegen, um auf der schmalen, später auch kurvig ausgreifenden SP137 weiter durch das überaus reizvolle Tal zu cruisen. Vorbei an Hügeln, Feldern, Hainen, Weingütern und Zypressen steuerst du San Quirico d'Orcia an.

⑤ San Quirico d'Orcia

10 km

Portale überall

Die alte Pilgerstation ⑤ **San Quirico d'Orcia** an der Via Francigena ist bekannt für ihre vielfältigen Tor-, Haus- und Kirchenportale. Besonders schön: die Fabelwesen, die sich dekorativ um den Eingang der Collegiata-Kirche winden. Parken: Area Sosta Camper/Parcheggio Libero *(Via delle Scuole, am Ende der Sackgasse | GPS 43.055969, 11.60679)*.

Weiter geht es auf der SP146, die sprunghaft mal nord-, mal ostwärts durch das Val d'Orcia bis nach Pienza mäandert. Fototipp: Eine typisch toskanische Zypressenallee ist die Zufahrt zum Agriturismo Poderine (GPS 43.07326, 11.62462).

Die Kleinstadt Pienza hat viele beschauliche kleine Plätze

Montepulciano liegt äußerst pittoresk auf einem ca. 600 m hohen Hügel

Die ideale Renaissance-Stadt

Die Geburtsstadt des späteren Papstes Pius II., ❻ **Pienza,** unterscheidet sich von anderen toskanischen Ortschaften, weil besagter Papst sie nach Amtsantritt zu einer idealen Renaissance-Stadt um- und ausbauen ließ. Er starb, bevor das Projekt vollständig umgesetzt war, aber das Erreichte mit Dom, Piazza Pio II. und Piazza Communale war beeindruckend genug, um ins UNESCO-Weltkulturerbe aufgenommen zu werden. Parken: Parcheggio Camper (*Via della Madonne 28 | GPS 43.07995, 11.67309*).

Nach wie vor fährst du auf der SP146 ostwärts. Die 12,5 km zum nächsten Stopp Montepulciano sind ein Klacks. Es sei denn, du kannst unterwegs nicht widerstehen und hältst alle paar hundert Meter für Superfotos, z. B. am Weingut Palazzo Massaini (palazzo massaini.com | GPS 43.10419, 11.70220).

Mittelalterliches Weinstädtchen über dem Valdichiana

Es ist nicht viel Platz auf der steilen Hügelkuppe, so blieb das befestigte Gassenlabyrinth von ❼ **Montepulciano** seit dem Mittelalter quasi unverändert. Höchstens die Gänge und Keller im weichen Tuffstein-Untergrund sind mehr geworden. Kein Wunder, denn in den begehrten unterirdischen „Kathedralen des Weins" reift unter optimalen Bedingungen in wohlgehüteten Holzfässern der größte Schatz der Gegend, der berühmte Vino Nobile. Trink unbedingt ein Gläschen des edlen rubinroten DOCG-Tropfens beim Stadtbummel

❻ **Pienza**

14 km

❼ **Montepulciano**

11 km

Von Siena nach Pitigliano

oder Besuch eines der vielen Weingüter ringsum, im fruchtbaren Chiana-Tal. Parken: Area Sosta Camper – Comunale P5 *(Piazza Pietro Nenni, hinter dem Busbahnhof | GPS 43.09614, 11.78722)*.

Am Steuer geht das mit dem Entspannen ja immer schlecht. Besser, du legst dafür einen Stopp in Chianciano Terme ein, dem Thermalbad, an dem du auf deiner Weiterfahrt in den Süden auf der SP146 vorbeikommst.

Entspannen in der Therme

In den schicken Terme di Chianciano *(Via delle Rose 12 | termechianciano.it)* in ❽ **Chianciano Terme** kannst du dich im warmen Thermalwasser treiben lassen und aus einem ganzen Strauß von Wellnessangeboten wählen. Mit deinem Day-Spa-Tagesticket darfst du auch die Piscine Termali Terme *(piscinetermalitheia.it)* an der nahen Piazza Guglielmo Marconi mit Thermalschwimmbecken nutzen.

Kurz nach dem Ortsausgang von Chianciano biegst du, den Schildern nach Sarteano und Cetona folgend, rechts ab und fährst nun auf der SP19, später auf der SP21, durch das beginnende Valdichiana. Der Übergang vom Val d'Orcia ist fließend, die Gegend bleibt also noch eine ganze Weile hügelig und lieblich. Es geht vorbei am burgenbeschützten Sarteano und dem hübschen Dorf Cetona auf einer Hügelkuppe mit Burg, mehreren Kirchen und teils weiten Ausblicken von den Plätzen der Altstadt ins Umland. Zeit für ein Päuschen? Oder du verbindest die Rast 9 km südlich in Piazze mit dem Besuch einer der hier zahlreichen Weinkellereien, z. B. Barbanera (barbaneravini.it | GPS 42.90267, 11.930681).

Es ist eine richtiggehende Weinstraße, die sich hier bis etwa Palazzone entlang der SP82 durch die südöstliche Toskana zieht. Dann

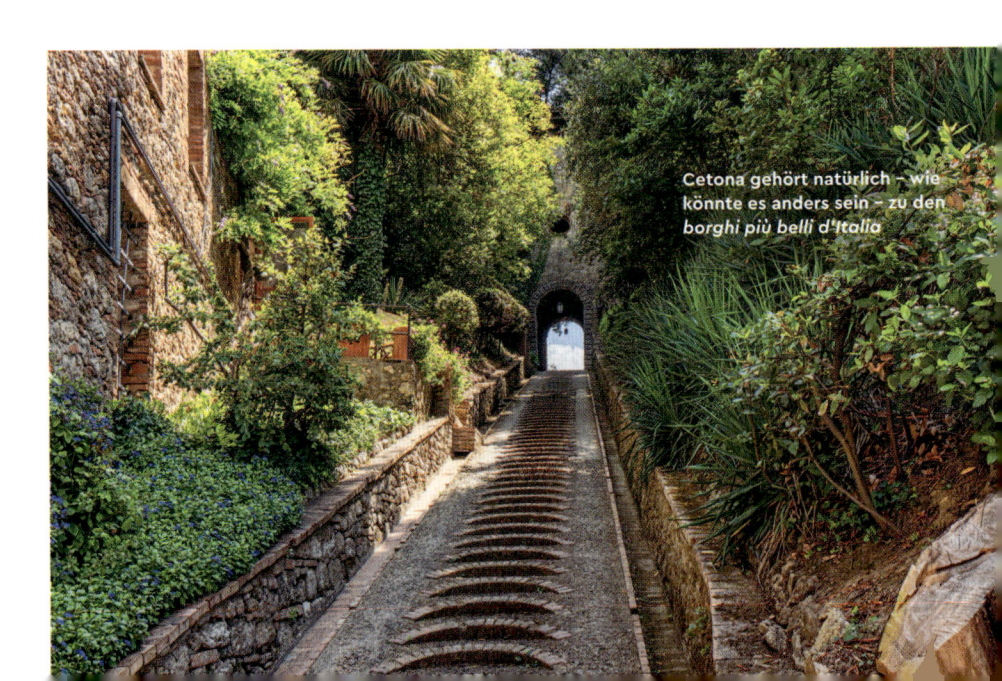

❽ Chianciano Terme

67 km

Cetona gehört natürlich – wie könnte es anders sein – zu den *borghi più belli d'Italia*

Freie Sicht auf die Felsenstadt Orvieto hat man von der westlichen Vorortstraße Via Arno aus *(Parkbucht GPS 42.72114, 12.09624)*

dominieren zwar stellenweise Getreidefelder und Wald die höher werdenden Hügel, aber Weingärten und Weinberge verschwinden nie ganz, auch nicht, nachdem du die Grenze zur Nachbarprovinz Umbrien überquert hast. Das siehst du auch beiderseits der A1, auf die du nun über die Anschlussstelle Fabro fahren solltest. Die alternativen Überlandrouten sind teils unbefestigt und mindestens für größere Womos oder Gespanne nicht geeignet. Mach es dir also leicht und fahr die letzten Kilometer bequem auf der Autobahn nach Orvieto, dem Zentrum der gleichnamigen Weinregion.

Etrusker-Papst-Exil & exquisite Weine

Landschaftlich merkst du nicht, dass du in ❾ **Orvieto** bereits in der Region Umbrien bist. Die dicht gedrängte malerische Altstadt auf steilem Felsplateau passt bestens in die Reihe der südtoskanischen Tuffsteinstädte mit Ursprüngen in der Etruskerzeit und großer Weintradition. Orvieto bot dem Medici-Papst Clemens VII. einige Jahre Exil. Auf seinen Spuren kannst du Festung, Stadtbefestigungen und gotischen Dom erkunden, dazu noch reichlich Weinschänken und Restaurants, eines besser als das andere. Parken: Area Sosta Camper Renzo Battistelli *(Strada della Direttissima 63 | GPS 42.72574, 12.12681)*.

In weitem Bogen bringt dich die SP56 aus Orvieto heraus und südwärts. Den markanten Tuffsteinsockel samt Stadt hast du dabei immer zur Linken. Am Kreisverkehr im Ortsteil Gabelletta schließlich nimmst du gleich die erste Ausfahrt und hältst dich bei der unmittelbar darauffolgenden Gabelung rechts, Richtung Bolsena. Nun befindest du dich auf der SR71, die sich, gut ausgebaut, schnell in

❾ Orvieto

22 km

Von Siena nach Pitigliano

mehreren Kehren den Hang hinaufwindet. Zwischendurch lädt dich links die Terrazza Farnese Belvedere di Orvieto ein, einen letzten Blick zurück auf Orvieto zu werfen. Vom Aussichtsrund am großen Parkplatz ist das wundervolle Panorama kostenlos, unten auf der Terrasse kannst du es bei einem Eis, einer Pizza oder einem Cocktail genießen (SR71, km 24 | terrazza-farnese-belvedere-di-orvieto.business.site). Das war's dann aber auch erst mal mit der Aussicht, denn bis du von der SP71 nach rechts auf die SP54 abbiegst, tut sich fast 12 km lang in lichtem Wald so gut wie nichts. Das macht dann aber die Fahrt hinunter nach Bolsena am gleichnamige Lago wieder wett.

10 Lago di Bolsena

30 km

Klarer See mit schwarzem Sand

Der fast kreisrunde Vulkansee **10 Lago di Bolsena** lockt mit klarem, weichem Wasser (stellenweise bis zu 81 m tief) und schwarzsandigen Stränden, die größtenteils frei zugänglich sind. Um hier deine Zehen in den groben Sand zu graben, im See zu schwimmen, Kanu oder SUP zu fahren, kannst du auf deiner Fahrt entlang des Nordufers im Hauptort Bolsena, in Val di Lago oder in Borghetto einen Stopp einlegen – oder gleich einen der zahlreichen Campingplätze am See anfahren. Parken: Viale Luigi Cadorna/Viale Santa Maria (GPS 42.63872, 11.98471).

Über Gradoli verlässt du auf der SS489 gen Westen die Seegegend, nicht jedoch den Wald. Der lockert erst um Cantoniera auf, wo du rechts Richtung Sorano auf die SR74 abbiegst und bald darauf über die Provinzgrenze wieder in der Toskana bist. Von hier aus bringt dich die ordentliche Landstraße nach weiteren 12 km quasi von hin-

Der kreisrunde Bolsenasee entstand vor etwa 300 000 Jahren durch vulkanische Aktivitäten

Etrusker, Römer und im Mittelalter die Orsini schätzten Pitigliano als natürliche Festung auf steil abfallendem Tuffsteinplateau

ten, also von der unspektakulären Seite aus und zunächst durch die Neustadt, nach Pitigliano.

Größte der drei Tuffsteinstädte im Süden der Toskana

Ob du in ⑪ **Pitigliano** nun ein Adlernest siehst, eine Himmelsstadt oder ein Geisterschiff auf Tuffsteinsockel: Die Anfahrt von Südwesten her wird dich auf keinen Fall kalt lassen. Die uralte Siedlung liegt im etruskischen Kernland und gehört zu den *borghi più belli d'Italia*, den schönsten Orten Italiens. Die braun-grauen Häuser, Paläste und Kirchen der Altstadt scheinen förmlich aus einem schroffen, 300 m hohen Tuffsteinblock herauszuwachsen, das dichte Waldgrün der Hügel ringsum verstärkt diesen Eindruck noch. Das *centro storico* ist ein Fotoparadies. Fast neben der Porta di Via del Bastione wartet schon der erste Fotostopp an der Piazza Francesco Petruccioli – die Reihe der Aquäduktbögen am Felsabbruch vor der Altstadtkulisse ist einfach grandios. Immer wieder tun sich auf dem Weg zur Cattedrale SS. Pietro e Paolo weitere Panoramablicke auf, wie am Ende der Piazza della Repubblica beim kleinen Bronzedenkmal Al Villano. Kleinere, ebenfalls etruskische Tuffsteinstädte in der Nähe sind Sovana und Sorana. Parken: Piazza Pietro Nenni *(GPS 42.63741, 11.67915)*.

⑪ **Pitigliano**

Italien 149

CAMPINGPLÄTZE AM WEGESRAND

Von Siena nach Pitigliano

Terrassenplatz mit City-Blick

Günstiger und näher am Zentrum von Siena kannst du nicht campen. Das unterstreicht auch die schöne Aussicht auf die Altstadt und Torre del Mangia, der sich von den höher gelegenen Terrassen aus immer wieder bietet. Zur Bushaltestelle läufst du keine 100 m. Keine Barzahlung.

Camping Siena Colleverde
€€ | Strada di Scacciapensieri 47 | Siena
Tel. +39 577 33 25 45 | sienacamping.com
GPS: 43.33707, 11.33144
▶ *Größe:* 220 Stellplätze, 60 Bungalows und Zelte
▶ *Ausstattung:* Restaurant, Shop, Spielplatz, Pool

Einfacher Platz auf dem Land

Auf dem waldreichen Anwesen der Familie Croisini parkst du auch größere Gefährte ohne Probleme und unter schattenspendenden Bäumen. Dazwischen öffnen sich immer wieder

Traumausblicke auf Zypressen und ins grüne Tal. Der Bus nach Siena (Busbahnhof, morgens hin, nachmittags zurück) hält praktischerweise am Tor direkt auf dem Campinggelände.

Camping La Montagnola
€€ | SP della Montagnola Senese 12 | Sovicille (14 km südwestl. v. Siena) | Tel. +39 577 31 44 73
campinglamontagnola.it | GPS: 43.28065, 11.21873
▶ *Größe:* ca. 50 Stellplätze (Schotter), reichlich Zeltplätze (ohne Strom) auf Wiesen
▶ *Ausstattung:* Minimarkt, Bar, Spielplatz

Freibad inklusive

Meist trennen halbhohe Hecken die großzügigen Stellplätze dieses 22 km von Montepulciano entfernten Platzes. Hübscher Blick vom flachen Platz am Fuß des Stadthügels auf die lokale Burg und die bewaldeten Hänge des Valdichiana. Freier Zugang zum Freibad nebenan mit Whirlpool und warmem Thermalwasser. Bus u. a. nach Montepulciano. Keine Hunde.

In Poggio del Castagno gibt es Olivenöl und Nusslikör aus eigener Produktion

Im Lido Camping Village hat man direkten Zugang zum Bolsenasee. Die erste Reihe ist aber meist schon besetzt

Parco delle Piscine

€€€ | Via del Santo Bagno 29 | Sarteano (21 km südl. v. Montepulciano) | Tel. +39 57 82 69 71
parcodellepiscine.it | GPS: 42.98773, 11.86483

▶ **Größe:** 399 Stellplätze, 103 Bungalows, 21 Zelte
▶ **Ausstattung:** Imbiss, Restaurant, Tennisplatz, Pool, diverse Sportangebote

Direkt am See

10 ha großer Platz, z. T. direkt am Ufer des Lago di Bolsena mit 350 m langem und bis zu 20 m breitem Sand-Kies-Strand. Die Parzellen sind nicht allzu groß, aber alle im Baumschatten und mit Hecken unterteilt. Der Pool kostet leider extra.

Lido Camping Village

€€ | SS Cassia, km 111 (Stichstraße Via la Pila) | Bolsena | Tel. +39 761 79 92 58 | lidocampingvillage.it
GPS: 42.62731, 11.99485

▶ **Größe:** 550 Stellplätze, 67 Mietunterkünfte
▶ **Ausstattung:** Restaurant, Shop, Pool, Spielplatz, Animation, Kinderdisko, Tennis, Beach-Volleyball, Fußball, Windsurfing

Charmante Zeitreise

In diesem Platz bei Pitigliano ist alles recht einfach, ein bisschen wie aus der Zeit gefallen, aber wunderbar ruhig, mit viel Platz zum Nachbarn und einem entspannten Oliven- und Haselnussbauern als Gastgeber. Die Stell- und Zeltplätze (alle mit Strom) verteilen sich locker im lichten Wald. Leider keine Busverbindung nach Pitigliano.

Agricampeggio Poggio del Castagno

€ | Poggio del Castagno (10 km südöstl. v. Pitigliano) Pitigliano | Tel. +39 33 93 67 43 41 | poggiodelcastagno.net
GPS: 42.61990, 11.71145

▶ **Größe:** ca. 12 Stellplätze, Zimmer
▶ **Ausstattung:** Kleiner Hofverkauf (Olivenöl, Haselnüsse, Nusslikör), Frühstück oder Halbpension, Kurse zum Sammeln und Kochen von Wildkräutern, traditionelle Kochkurse, Ayurveda- und Töpferkurse

Kulinarisches am Wegesrand

Von Siena nach Pitigliano

Die ganze Palette der toskanischen Küche

Das **Il Ghibellino** in Siena serviert toskanische Küche, von Hühnerleber-Appetizern bis zu Spinat-Malfatti und on top Sieneser Mandelbiskuit mit süßem Wein. Viele Speisen sind glutenfrei. Infos: Via dei Pelegrini 26 | Siena | Tel. +39 577 28 80 79 | osteriailghibellino.it | €€

Wie bei Mamma

Weil im Familienbetrieb **Fischi per Fiaschi** in Siena „Mamma" kocht, steht neben Ossobuco und hausgemachten pici al buristo (mit Blutwurst) auch mal besonders Bodenständiges wie trippi (Innereien) auf der Schiefertafel. Infos: Via San Marco 41 | Siena | Tel. +39 577 28 09 71 | Facebook: Fischi per Fiaschi | €

Wein zum Mitnehmen

Wenn dir der Wein zu den pici oder zum Wildschwein gut geschmeckt hat, kannst du bei **La Vineria di Montepulciano** in Montepulciano gleich eine Flasche – oder einen Karton – davon mitnehmen. Infos: Via di Gracciano nel Corso 101 | Montepulciano | Tel. +39 578 85 01 53 | lavineriadimontepulciano.it | €

Alles selbst angebaut

Die **Osteria delle Erbe** bei Montepulciano ist das Restaurant der Öko-Farm La Buca Vecchia. Die Küchen- und Wildkräuter für die nicht immer traditionellen Gerichte kommen vom eigenen Hof, Olivenöl, Käse, Schaf- und Ziegenfleisch ebenso und einige Weine auch. Infos: Strada per Pienza 38 | Montepulciano | Tel. +39 328 186 17 80 | labucavecchia.it | €€

Bei einem gelungenen Ossobuco zergeht das Kalbfleisch auf der Zunge

Trüffel sind in der Toskana der kulinarische Renner

In vino sanitas

Gepflegt-leger geht es in **La Loggia** in Orvieto zu. Zu den leckeren Speisen werden 1a-Weine gereicht, abends gibt es manchmal Livemusik. Auf der Wandtafel kannst du lesen, welcher Wein bei welchen Malaisen hilft. Beispiel: Ein Glas Médoc und deine Allergien sind angeblich wie weggeblasen. *Infos: Corso Cavour 129 | Orvieto | Tel. +39 763 34 16 57 | enotecalaloggia. it | €€–€€€*

Die Qual der Wahl

Alle schwärmen von den *spaghetti carbonara di averino* des **Mezza Luna** in Orvieto. Dabei sind das *cotolette alla parmigiana*, die *zuppa inglese* und all die anderen Köstlichkeiten auch nicht übel. *Infos: Via Ripa Serancia 3 | Orvieto | Tel. +39 763 34 12 34 | €€*

Sympathisches Lokal in der Altstadt

„Brot, Käse, Trauben" verspricht das **PanCaciUa** schon im Namen, aber natürlich hast du in dem sympathischen Wein- und Speiselokal in der Altstadt von Pitigliano eine weit größere Auswahl. *Infos: Via Cavour 32 | Pitigliano | Tel. +39 392 200 64 17 | Facebook: Enosteria Pancaciua | €€*

Pasticceria mit Pizza

Die Lokalsüßigkeit *sfratto* und der Kirschkuchen *visciole* sind die Renner unter den allesamt leckeren süßen Teilchen der Konditorei **Forno del Ghetto** in Pitigliano. Es gibt aber auch Pizza. *Infos: Via Zuccarelli 167 | Pitigliano | Facebook: Forno del ghetto*

Italien

Die für ihre wunderschöne blaugrüne Farbe bekannte Soča entspringt im Triglav-Nationalpark

SLOWENIEN

Dobrodošli im Land der glasklaren Gewässer

Berge, Seen, das Meer und grüne Landschaften: Slowenien ist landschaftlich und kulturell vielfältig – das macht das kleine Land zu einem Lieblingsziel vieler Reisenden. Die Wege hier sind kurz: So lassen sich an ein und demselben Tag ganz entspannt ohne lange Fahrzeiten Burgen, Tropfsteinhöhlen und mittelalterliche Städte erkunden. Und ja: Bären gibt es in den slowenischen Wäldern auch!

Der traditionelle slowenische Schichtkuchen *prekmurska gibanica* enthält Mohn, Walnüsse, Äpfel, Rosinen und Quark

Historischer Boden

Wer hat nicht alles seine Spuren hinterlassen in diesem kleinen Land? Die ältesten Fundstücke, die in den Höhlen von Loza in der Nähe von Postonja gefunden wurden, sind 250 000 Jahre alte Steinwerkzeuge. Über deren Benutzer weiß man so gut wie nichts. Etwas mehr bekannt ist über die bronzezeitlichen Erbauer der Pfahlbauten im großen Laibacher Moor bei Ljubljana. Nach ihnen kamen die Kelten, dann die Römer: Die Julischen Alpen verdanken ihren Namen Julius Cäsar. Es folgten die Goten und andere Stämme, schließlich die Slawen; jahrhundertelang wechselten die Herrscher sich ab. Die einzelnen Regionen gehörten mal zu diesem, mal zu jenem Reich. Erst ab 1473 kehrte etwas Ruhe ein, als das Land für 300 Jahre an die Habsburger fiel. Ihr Erbe kann man in Ljubljana erkunden: Es sind Highlights historischer Architektur – ebenso wie die Hinterlassenschaften der Venezianer in den Küstenstädten Piran und Koper.

Grüner reisen

Slowenien ist ein grünes Reiseziel – das betrifft nicht nur die Landschaft, die viel ursprüngliche Natur aufweist. 13 Prozent der Landesfläche sind geschützte Gebiete und viele Anbieter und Agenturen bemühen sich um Nachhaltigkeit. Wer das unterstützen will, achtet aufs „sLOVEenia GREEN"-Label, das vom Slovenian Tourist Board vergeben wird.

Vom steil abfallenden Karstplateau des Nanos-Gebirges schweift der Blick weit über das Vipava-Tal

Die Vier-Welten-Küche

Eigentlich sind es ja drei Welten, die in der slowenischen Küche aufeinandertreffen: Da ist zum einen der Alpenraum mit Mehlspeisen, Käse, Braten und Sauerkraut, ergänzt durch Wild, z. B. Hirsch aus dem Triglav-Gebirge, und gebackenen Forellen aus der Soča oder dem Bohinjsee. Die zweite kulinarische Sphäre ist Italien und die Riviera – Fisch, Oliven und Risotto kommen von hier, außerdem Muscheln, Feigen und luftgetrockneter Schinken. Die Pannonische Tiefebene bringt ungarische Einflüsse: Gulasch, Eintöpfe und viel Paprika. Genau zwischen diesen Regionen liegt Ljubljana – und die stolze kleine Hauptstadt setzt natürlich ihre eigenen Akzente. Frittierte Froschschenkel verdankt sie dem Sumpfgebiet südlich der Stadt und mit der drachengeschmückten Schokoladennascherei Torta Ljubljana präsentiert die Stadt ihren eigenen Kuchen. Überall gilt: lokale Spezialitäten am besten direkt vor Ort probieren!

Mediterranes Lebensgefühl

Du sitzt im Hafenrestaurant an der Adria, der Wirt bringt einen Teller gegrillte Sardinen, ein Schüsselchen Oliven und ein Glas mit dem besten Tropfen vom Weinberg seines Onkels – während du die sanft schaukelnden Boote betrachtest, die sonnengebleichten Fassaden der Altstadt und die entspannten Menschen, die an der Promenade vorbeischlendern. Ein Augenblick für die Ewigkeit!

Traditionelles in der Gostilna

Einfache Gasthöfe heißen in Slowenien *gostilnas*; sie sind oft seit Generationen in Familienbesitz. Hier werden Brauchtümer erhalten, überlieferte Rezepte und regionale Besonderheiten gepflegt. Man sagt, es gäbe 1000 slowenische Nationalgerichte – wer sie entdecken will, kehrt in der Gostilna ein.

AUF EINEN BLICK

2,1 Mio.
Einwohner*innen
[Berlin: 3,9 Mio.]

20 273 km²
Fläche
[Hessen: 21 114 km²]

100
Jahre alt kann ein Grottenolm werden

557
Jahre alt ist die Gostilna Gastuž am Zisterzienserkloster in Loče
[eines der zehn ältesten Gasthäuser der Welt]

24 km
LÄNGE DER HÖHLE VON POSTOJNA
[weltweit die zweitgrößte für Besucher erschlossene Höhle]

DIE ÄLTESTE WEINREBE DER WELT IST

400 Jahre alt
und wächst in Maribor

Sloweniens teuerster Wein

500 000 €
KOSTETE EIN REFOŠK MIT WEISSEN TRÜFFELN IN DIAMANTBESETZER FLASCHE

1991
wurde Slowenien als Staat unabhängig

Seit 1960
findet jährlich das Jazzfestival Llubljana statt – eines der ältesten Jazzfestivals der Welt

Sloweniens Hauptstadt Ljubljana liegt an der Ljubljanica

Alles kommt zusammen in Ljubljana

Die Mini-Metropole Ljubljana ist mit ihren etwa 296 000 Einwohnern nicht nur das politische, gesellschaftliche und kulturelle Zentrum des Landes, sondern auch fast das geografische: Der offiziell ausgemessene geometrische Mittelpunkt Sloweniens (GEOSS) liegt keine 20 km Luftlinie westlich der Stadt. Die einzelnen Landschaften, die Slowenien ausmachen, gruppieren sich wie Kleeblätter um die Stadt: Das Hochgebirge der Alpen im Norden und Nordwesten, das weinreiche Hügelland Richtung Osten und Süden und die Karstlandschaft auf dem Weg zum Mittelmeer. Alle diese Lebensräume mit ihren unterschiedlichen Bedingungen haben ihre Eigenheiten in die slowenische Kultur eingebracht – verschmolzen zu etwas Eigenständigem wurden sie in Ljubljana. Besonders auffällig ist dies beim Blick in die Küchen der Hauptstadt: Wer hier einen kulinarischen Streifzug unternimmt, kann gleich das ganze Land erschmecken.

Weinland Slowenien

Die geografischen Bedingungen zwischen Alpen, Mittelmeer und Pannonischer Tiefebene eignen sich hervorragend für den Weinbau. So pflegten bereits die alten Kelten hier vor 2400 Jahren die ersten Rebstöcke. Die Römer setzten das fort: Der Weinkenner Plinius der Ältere lobte den Wein aus dieser Provinz ausdrücklich. Später waren die österreichischen Adelshäuser dankbare Abnehmer. Nach der Unabhängigkeit 1991 machte Slowenien sich erneut einen guten Namen. Bis heute nimmt die Zahl der Weingüter stetig zu, ebenso die Zahl der Spitzenweine, die weltweit Medaillen einheimsen. 52 Rebsorten werden in drei Anbaugebieten gehegt: die Primorska im Westen – an der Adria und der Grenze zu Italien – sowie im Osten die Regionen Podravje und Posavja.

Slowenien

In den Alpen zu Bergen & Seen

Rund um den Triglav-Nationalpark

Strecke & Dauer

- Strecke: 156 km
- Reine Fahrzeit: 4 Std.
- Streckenprofil: Gut ausgebaute Straßen im Flusstal der Save; nicht ganz so breit im Gebiet des Bohinjsees
- Empfohlene Dauer: 7 Tage

Was dich erwartet

Auf dieser Tour erlebst du die Slowenischen Alpen von ihrer schönsten Seite. Die Gegend um Kranjska Gora ist ein guter Einstieg, vor allem wenn du über Villach in Österreich eingereist bist. Gleich der zweite Spot ist eines der Highlights von ganz Slowenien: Bled am gleichnamigen See blickt auf eine lange touristische Tradition zurück. Genieße eine Bootsfahrt auf dem See, staune über die Burg und vergiss nicht, eine echte Bleder Cremeschnitte zu probieren. Ruhiger wird es dann am Bohinjsee: Hier erlebst du Natur pur!

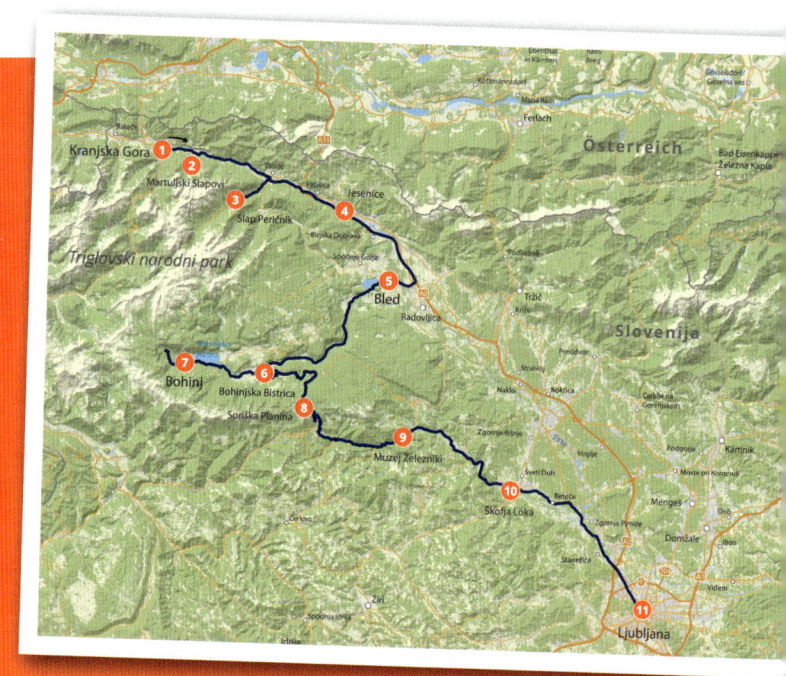

Die Slowenischen Alpen erkunden

1 Kranjska Gora

5 km

Los geht diese Tour in **1 Kranjska Gora.** Der kleine Ort dient dir als Basiscamp für die Erkundung der Slowenischen Alpen. Der 2864 m hohe Triglav ist der höchste Berg des Landes und das Zentrum des nach ihm benannten Nationalparks. Die meisten von uns werden ihn nur von unten sehen – einzig erfahrene Kletterer zieht es bis ganz nach oben. Mehr als 150 kleinere Gipfel ragen um das Massiv herum in die Höhe: Grau und Achtung gebietend thronen sie über den saftigen Wiesen und den glitzernden Seen. Es gibt hier jede Menge zu erleben für Outdoor-Fans: klettern, wandern, Fahrrad fahren …

Der Triglav, Sloweniens höchster Gipfel, ist Teil des Wappens auf der Landesflagge

und das alles abseits des Massentourismus. Parken: GPS 46.484926, 13.786064.

Von Kranjska Gora aus fährst du auf die 201 Richtung Osten. Links erheben sich die mächtigen Gipfel der Karawanken, rechts die steilen Nordhänge der Julischen Alpen. Viel zu schade, um nur dran vorbeizufahren. Schon bald kannst du den ersten Zwischenstopp einlegen und ein bisschen raue Natur erleben.

Zwei Wasserfälle auf einen Schlag

Die sehenswerten Wasserfälle ❷ **Martuljski Slapovi** am Fuß des Berges Špik sind nur zu Fuß zu erreichen. Zum unteren Fall, Spodnji Martuljkov slap, gelangt man in etwa 30 Minuten über einen schönen Wanderweg durch die Martuljek-Schlucht. Zum noch beeindruckenderen oberen Fall, Zgornji Martuljkov slap, ist es eine weitere Stunde zu Fuß – doch Vorsicht: Hier braucht es Trittsicherheit und gutes Schuhwerk. Schwindelfrei solltest du auch sein, wenn du dich an Stahlseilen nach oben hangelst und eine steile Kletterstelle überwindest. Unterwegs bietet die Berghütte Brunarica Pri Ingotu Rastmöglichkeit und Erfrischungen *(GPS 46.469815, 13.831428 | jasenje-pri-ingotu.com/index-de).* Parken: in der Siedlung Gozd Martuljek an der Hauptstraße kurz vor der Brücke beim Triangel Boutique Hotel *(GPS 46.482108, 13.837993).*

❷ Martuljski Slapovi

14 km

Slowenien

Rund um den Triglav-Nationalpark

Weiter auf der 201 erreichst du bald den Ort Mojstrana, hier biegst du rechts ab auf die Triglavska cesta (908) und fährst vorbei am Bergsteigermuseum Slovenski Planinski Muzej zum nächsten Wasserfall.

Und noch einer ...

❸ Slap Peričnik

Falls du die Martuljski-Fälle übergangen hast („Ach, so weit wandern ..."), solltest du nun auf jeden Fall aussteigen, denn mit seinen über 50 m Höhe ist der Wasserfall ❸ **Slap Peričnik** einen Abstecher wert und vom kleinen Parkplatz *(GPS 46.438207, 13.895806)* ist es nur ein kurzer – wenn auch steiler – Anstieg. Wenn du weit genug gehst, kannst du ein schönes Foto „hinter" dem Wasserfall machen *(GPS 46.439168, 13.893767)*.

15 km

Deine Route führt zurück auf die 201 und rechts weiter nach Jesenice.

❹ Jesenice

Für Eisenbahnfans

17 km

Die Stadt ❹ **Jesenice** ist mit mehr als 21 000 Einwohnern eine der größeren im Tal. Westlich von ihr mündet der Karawanken-Tunnel – die schnellste Direktverbindung nach Österreich. Jesenice hat eine lange Tradition in Sachen Eisenabbau und -verabeitung; im Slowenischen Eisenmuseum, dem Slovenski Železarski Muzej, gibt es eine interessante Ausstellung dazu *(gmj.si/en/zelezarski-muzej)*. Jesenice ist zudem Ausgangpunkt für Fahrten mit dem Museumszug der Bohinjska Proga (Wocheiner Bahn) – einem stahl- und dampfgewordenen Traum aller Eisenbahnfans *(slovenia.info/de/geschichten/die-schonste-eisenbahnstrecke-sloweniens)*.

Ziemlich fotogen: der Slap Peričnik

Auf der Bleder Insel werden Paare nur getraut, wenn der Bräutigam die Braut die 99 Stufen zur Kirche hochträgt

Die Strecke führt nun (als 452) über Moste nach Lesce; dort am Kreisverkehr die erste Ausfahrt nehmen und fünf Minuten später bist du in Bled.

Romantik, Genuss, Entspannung am schönsten See des Landes

So sehen Märchenorte aus: ein See mit einer kleinen Insel samt pittoresker Kirche und darüber eine Burg, oben auf der Klippe thronend. Das Städtchen ❺ **Bled** am Rande des Triglav-Nationalparks zieht seit Generationen die Menschen in seinen Bann. Zu Beginn des letzten Jahrhunderts galt es gar als schönster Kurort der k. u. k. Monarchie. Und obwohl die Region touristisch einigen Besuchern schon fast zu gut erschlossen ist: Es lohnt noch immer, hier vorbeizuschauen. Blejski Otok *(blejskiotok.si)*, die kleinste Insel des Landes, bietet gerade mal Platz für die Wallfahrtskirche Mariä Himmelfahrt. Hin kommst du am schnellsten mit dem Elektro-Linienboot, aber richtig stilvoll ist die Überfahrt nur mit diesen nach jahrhundertealten Vorbildern gebauten Holzbooten *(ab Cesta svobode 45)*. Die auf einer 139 m hohen Klippe stehende Burg Blejski Grad *(blejski-grad.si)* ist das

❺ **Bled**

21 km

Slowenien

Rund um den Triglav-Nationalpark

Wahrzeichen der Stadt. Unvergesslich ist der Blick auf die Umgebung und den See. Parken in Bled: GPS 46.369824, 14.111166.

Von Bled aus geht es über die 209 zunächst das Südufer des Sees entlang. Vor allem im Sommer ist hier mit Staus zu rechnen; also Geduld ganz oben ins Handgepäck legen. Der Verkehr beruhigt sich jedoch meist, wenn die Straße sich nach links vom See abwendet. Nach Überquerung der Brücke über den Fluss Sava Bohinjika (schöne Aussicht) führt die Straße parallel zum Fluss bis kurz vor das Regionalzentrum Bohinjska Bistrica.

6 Bohinjska Bistrica

7 km

Stützpunkt mit Wellnessfaktor

Der Ort **6 Bohinjska Bistrica** ist perfekt geeignet als Ausgangspunkt zur Erkundung dieser Ecke der Triglav-Nationalparks, liegt aber selbst noch außerhalb der Parkgrenzen. Falls du mal wieder ins Wasser hüpfen willst und es dir in den Bergseen zu kalt ist: Im Wellnessbad des Aquaparks Vodni park Bohinj (vodni-park-bohinj.si) ist das Wasser über 30 °C warm.

Von Bohinjska Bistrica fährst du stadtauswärts über die 209 Richtung Westen. Rechterhand am Ortsausgang passierst du das Camp Danica. Keine zehn Minuten später hast du den wunderschönen Bohinjsee erreicht.

Nur wenige Paddelschläge und du genießt auf dem Bohinjsee vollkommene Ruhe

Der Triglav-Nationalpark ist ein Wanderparadies

Natur pur

In der Region ❼ **Bohinj** liegt Sloweniens größter natürlicher See im Herzen des Triglav-Nationalparks. Der See Bohinjsko Jezero und die umgebenden Wälder begeistern alle, die sich gerne in der Natur aufhalten und spazieren, biken, paddeln, schwimmen oder einfach nur faulenzen möchten. Auf den zahlreichen Wander- und Radwegen rund um den See geht es durch Schluchten und zu Wasserfällen. Wer nicht ganz so fit ist, gelangt mit einer Gondel bequem hinauf in die kalte Bergwelt (*bohinj.si/en/cable-car-to-vogel-viewpoint*). Parken: Direkt am Seezugang gibt es nur vereinzelt Parkplätze (im Sommer oft voll). Zwei etwas größere (allerdings ziemlich teure) Plätze liegen nördlich der Brücke: am Seeufer (*GPS 46.282044, 13.881646*) und Parkirišče Stara Fužina (*GPS 46.290774, 13.886806*).

Im weiteren Tourverlauf fährst du zunächst ein kurzes Stück zurück, aber nicht ganz bis nach Bled (was zugegeben der etwas schnellere Weg nach Ljubljana wäre), sondern nur bis Bohinj Bistrica, wo du die 909 nimmst, um beim Fahren einfach die Landschaft genießen zu können. Nach 20 Minuten erreichst du auf 1300 m Höhe das landschaftlich reizvolle Gebiet Soriška.

Paradies für Mountainbiker & Skifahrer

Im Winter herrscht in ❽ **Soriška Planina** Hochbetrieb; Pisten und Langlaufloipen gibt es genug. Im Sommer gehört das Gebiet den Wanderern und Mountainbikern. Verschieden lange Wege führen zu den umgebenden Gipfeln Dravh (1548 m), Lajnar (1549 m) und Slatnik (1609 m). Wer mag, wandert weiter und steuert noch ent-

❼ Bohinj

19 km

❽ Soriška Planina

18 km

Slowenien 165

Rund um den Triglav-Nationalpark

legenere Ziele an. Wer sein Mountainbike dabei hat, kann auf alten Militärwegen Streckenabschnitte und Überbleibsel der ehemaligen Rapallo-Grenze zwischen Italien und dem Königreich der Serben, Kroaten und Slowenen erkunden *(soriska-planina.si/rapallo-border)*. Parken: Zgornja Sorica 55 Parking (GPS 46.241088, 14.010175).

Die Straße schlängelt sich weiter, erreicht das Naturschutzgebiet Vyhlídka Lajnar. Schließlich geht es bergab, aber aufgepasst: Nach der dritten Spitzkehre folgt eine 90-Grad-Kurve nach links – direkt danach geht es links ab auf die Straße Zgornja Sorica (910). Diese mündet im Tal auf die 403 (Zali Log), über die du nach Železniki gelangst.

Die Geschichte der Eisengewinnung

❾ Muzej Železniki

17 km

❿ Škofja Loka

23 km

Kurz vor dem Ortseingang liegt das Eisenmuseum ❾ **Muzej Železniki** *(Na Plavžu 58 | Železniki | jzr.si/muzej)* in einem Hüttenarbeiterhaus aus dem 17. Jh. Im Inneren geht es hauptsächlich um Eisengewinnung und seine Verarbeitung: 600 Jahre Geschichte werden anschaulich präsentiert. Vor dem Haus steht ein auffälliger, alter Hochofen.

Von Železniki aus sind es knapp 20 Minuten über die 403 bis Škofja Loka, einem mittelalterlichen Ort, der einen Bummel lohnt.

Hübscher ehemaliger Bischofssitz

Die hübsche kleine Stadt ❿ **Škofja Loka** blickt auf eine über 1000-jährige Geschichte zurück und war als Bischofssitz jahrhundertelang von großer Bedeutung. Loški Grad, das Stadtschloss des

Die Drachenbrücke *(Zmajski most)* ist Ljubljanas bekanntestes Wahrzeichen

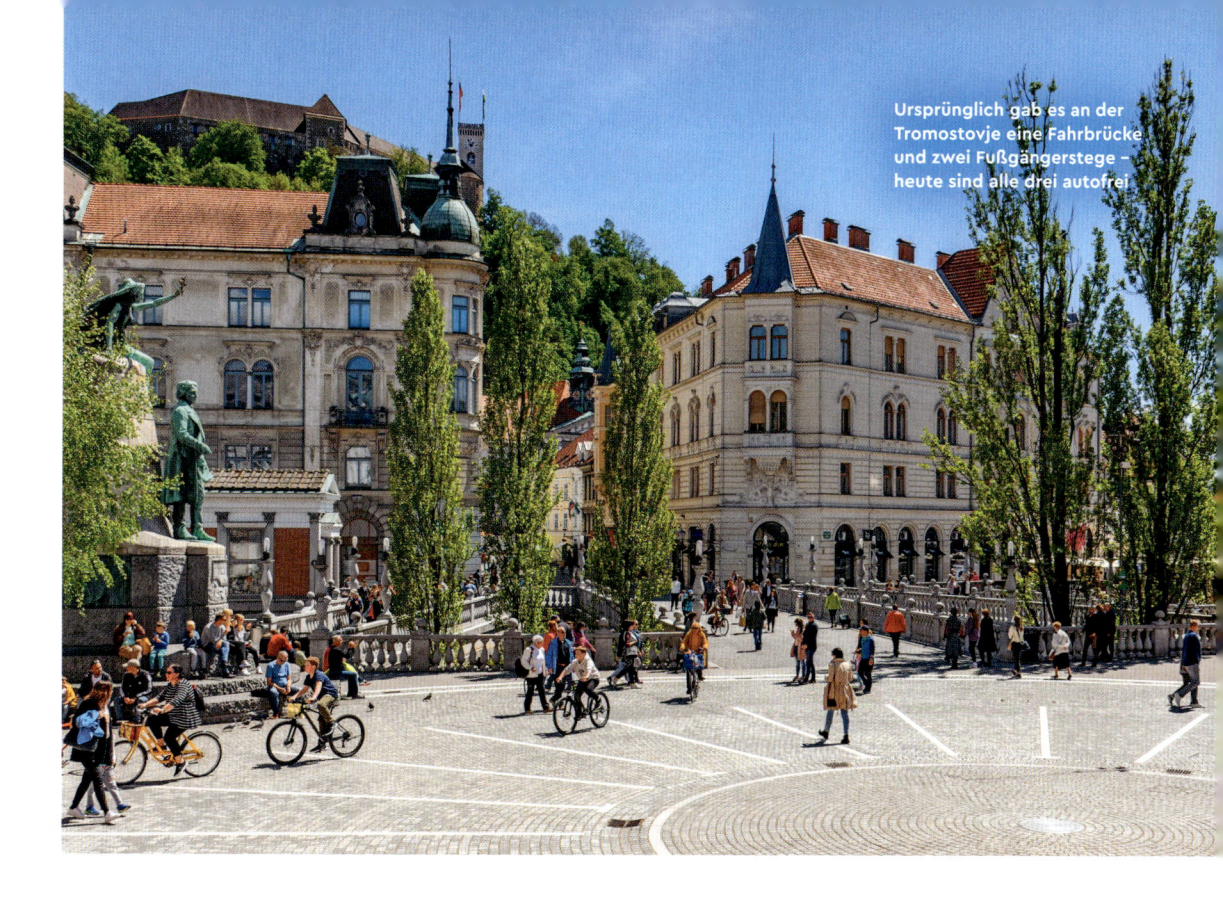

Ursprünglich gab es an der Tromostovje eine Fahrbrücke und zwei Fußgängerstege – heute sind alle drei autofrei

Bischofs, zählt zu den wichtigsten Sehenswürdigkeiten und beherbergt heute das Stadtmuseum Loski Muzej *(loski-muzej.si)*. Auch die Jakobskirche von 1471, die malerische Kapuzinerbrücke und andere historische Gebäude um den Stadtplatz (Mestni trg) und den Unteren Platz (Spodnji trg) sind sehenswert.

Nach Ljubljana ist es nun nur noch etwa eine halbe Stunde. Du nimmst die 210 stadtauswärts – nein, nicht zurück in die Berge, sondern ins flache Land nach Osten – und biegst kurz darauf an der T-Kreuzung auf die 211 in südliche Richtung ab. Bald schon kommen die ersten Vororte von Sloweniens Hauptstadt in Sicht. Kurz darauf bist du mittendrin im kulturellen und administrativen Herzen des Landes.

🟠 Ljubliana

Junge Stadt in alten Kleidern

Die kleine Großstadt ⑪ **Ljubliana** mit nicht mal 300 000 Einwohnern, darunter 50 000 Studierende, gilt als eine der gemütlichsten Hauptstädte Europas. Es gibt viel Kunst und Kultur, die Menschen sind in der verkehrsberuhigten Innenstadt vorwiegend zu Fuß oder mit dem Rad unterwegs und das alles in einer vom Barock und Jugendstil geprägten Architektur. Jeder sollte hier unbedingt ein bis zwei Tage pausieren und die Stadt erkunden – sonst verpasst man ein wichtiges Stück Slowenien. Parken: GPS 46.058916, 14.497775.

CAMPINGPLÄTZE AM WEGESRAND

Rund um den Triglav-Nationalpark

Zentrale Lage im Dorf

Großer und beliebter Campingplatz in der Ortschaft Martuljek bei Kranjska Gora. Wer essen gehen möchte, erreicht hier fußläufig einige Restaurants. Die meisten Stellplätze sind von hohen Bäumen angenehm beschattet.

Camp Špik

€€€ | *Jezerci 15* | *Martuljek (5 km von Kranjska Gora)*
Tel. +386 5 16 44 66 | *camp-spik.com*
GPS: 46.484534, 13.83811

▶ **Größe:** *200 Stellplätze*
▶ **Ausstattung:** *Shop, Autowaschanlage, Spielplatz*

Blick auf die Julischen Alpen

Auf dem idyllisch im Save-Dolinka-Tal gelegenen Platz 15 km östlich von Kranjska Gora können um die 200 Personen unterkommen. Das Camp richtet sich an Zeltfans und Vanliebhaber gleichermaßen und bietet dank zahlreicher Bäume viel Schatten. Zwischen den auf Terrassen angelegten Parzellen gibt es oft keine Abgrenzung, d.h. du hast je nach Auslastung mal mehr, mal weniger Privatsphäre.

Kamp Kamne

€–€€ | *Dovje 9* | *Mojstrana (15 km von Kranjska Gora)*
Tel. +386 45 89 11 05 | *campingkamne.com*
GPS: 46.464510, 13.957785

▶ **Größe:** *60 Stellplätze, Apartments und Bungalows (mit Kochstelle, aber ohne Wasser, WC und Dusche)*
▶ **Ausstattung:** *kleiner Pool, Waschmaschine & Trockner, Tischtennis, Spielplatz, Grill- und Picknickplatz, Verleih von Mountainbikes und Kletterausrüstung*

Camping am Fluss

Direkt an der Save auf einer Halbinsel mit Ausblick auf die Karawanken liegt dieser gut ausgestattete Platz bei Bled. Nur Campen war gestern: Pool, Skater- und Bikebahn sind heute angesagt. Wem das zu viel ist, der sucht sich einen der unparzellierten Plätze unter Bäumen Richtung See.

River Camping Bled beweist: Auch am Fluss campen ist wunderbar

Am Camp Bohinj locken Wanderwege genauso wie ein Ausflug aufs Wasser

River Camping Bled

€€€ | *Alpska cesta 111* | *Lesce (2,3 km von Bled)* Tel. +386 40 34 43 24 | *rivercamping-bled.si/de* GPS: 46.366956, 14.135480

▶ **Größe:** *100 parzellierte Stellplätze und weitere frei wählbare; zahlreiche unterschiedliche Bungalows, Mobile Homes und Safari-Zelte*
▶ **Ausstattung:** *Restaurant, Strand, Themenspielplatz, Mietbadezimmer, Pool, Skater- und Bikebahn, E-Bike- und SUP-Verleih, Minimarkt, Yogakurse, diverse Workshops*

Im See baden

Auf dem großen Gelände am Ufer des Bohinjsko Jezero finden Wohnwagen, Wohnmobile und im Waldbereich viele Zelte Platz. Es ist hier alles etwas uneben und nicht parzelliert, was in der Nebensaison dazu führt, dass man sich locker verteilt. Im Sommer hingegen steht alles dicht an dicht. Vorbuchen kannst du nicht, aber meist gibt es noch irgendwo ein freies Plätzchen.

Camp Bohinj

€€–€€€ | *Ukanc 5* | *Bohinjsko Jezero* | Tel. +386 59 92 36 48 | *camp-bohinj.si* | GPS: 46.282797, 13.855362

▶ **Größe:** *5 ha, Mietzelte*
▶ **Ausstattung:** *Restaurant, Bar, Minimarkt Spielplatz, Badestrand, Kajak- und SUP-Verleih, Waschmaschine & Trockner, Infos zu Paragliding und Radverleih*

Mit Outdoor-Poollandschaft

Unter schattigen Bäumen ordnen Parzellen das Camperleben an der Save bei Ljubljana. Die sanitären Anlagen sind nicht neu, aber gut in Schuss. Gute Busanbindung in die Innenstadt.

Ljubljana Resort Hotel & Camp

€€–€€€ | *Dunajska cesta 270* | *Ljubljana (ca. 6 km vom Zentrum)* | Tel. +386 15 89 01 30 | *ljubljanaresort.si* | GPS: 46.097734, 14.517186

▶ **Größe:** *177 Stellplätze, 12 Mobile Homes, auch 3-Sterne-Hotelzimmer*
▶ **Ausstattung:** *Restaurant, Waschmaschine & Trockner, Pool, Spielplatz, Animation, Yoga- u. Sportkurse, diverse Workshops*

Kulinarisches am Wegesrand

Rund um den Triglav-Nationalpark

Stilecht im Keller speisen

Im 500 Jahre alten Keller des **Stara klet Bled** oder draußen im Garten mit mediterranem Flair isst es sich stilecht rustikal. Die Küche bietet viele traditionelle Fleischgerichte, aber auch Vegetarier finden eine gute Auswahl. Vielseitig ist auch die Weinkarte. *Infos: Zagoriška cesta 12 | Bled | Tel. +386 40 41 25 56, | oldcellarbled.com | €€*

Aber bitte mit Creme

Bleder Cremeschnitten sind ein Muss für Leckermäuler und das Original kommt aus dem Café **Kavarna Park.** Dass man aus den großen Fenstern noch einen super Blick auf See, Insel und Burg genießt, versüßt das Erlebnis ganz ohne weitere Kalorien. *Infos: Cesta svobode 15 | Bled | Tel. +386 45 79 18 18 | €€*

Hey, Honey!

Im **Honeyhouse Bled** dreht sich alles um das süße Gold der Bienen. Selbstverständlich aus der Region. Neben diversen Honigsorten gibt es Honigwein, Likör und Süßigkeiten. *Infos: Ljubljanska 4 | Bled | honeyhouse.si*

Rustikale Portionen

Rustikales Ambiente, gut gemachte Hausmannskost, freundliche Gastgeber: All das bekommst du bei **Gostilna Bohinj pr' Mihovc** in der Region Bohinj nah am See. Die Gerichte sind nicht gerade billig, aber dafür gibt es große Portionen. Am besten zusammen bestellen und nicht für jeden ein Gericht, dann passt alles. *Infos: Stara Fužina 118 | Bohinjsko Jezero | Tel. +386 40 51 15 00 | gostilna-bohinj.business.site | €€*

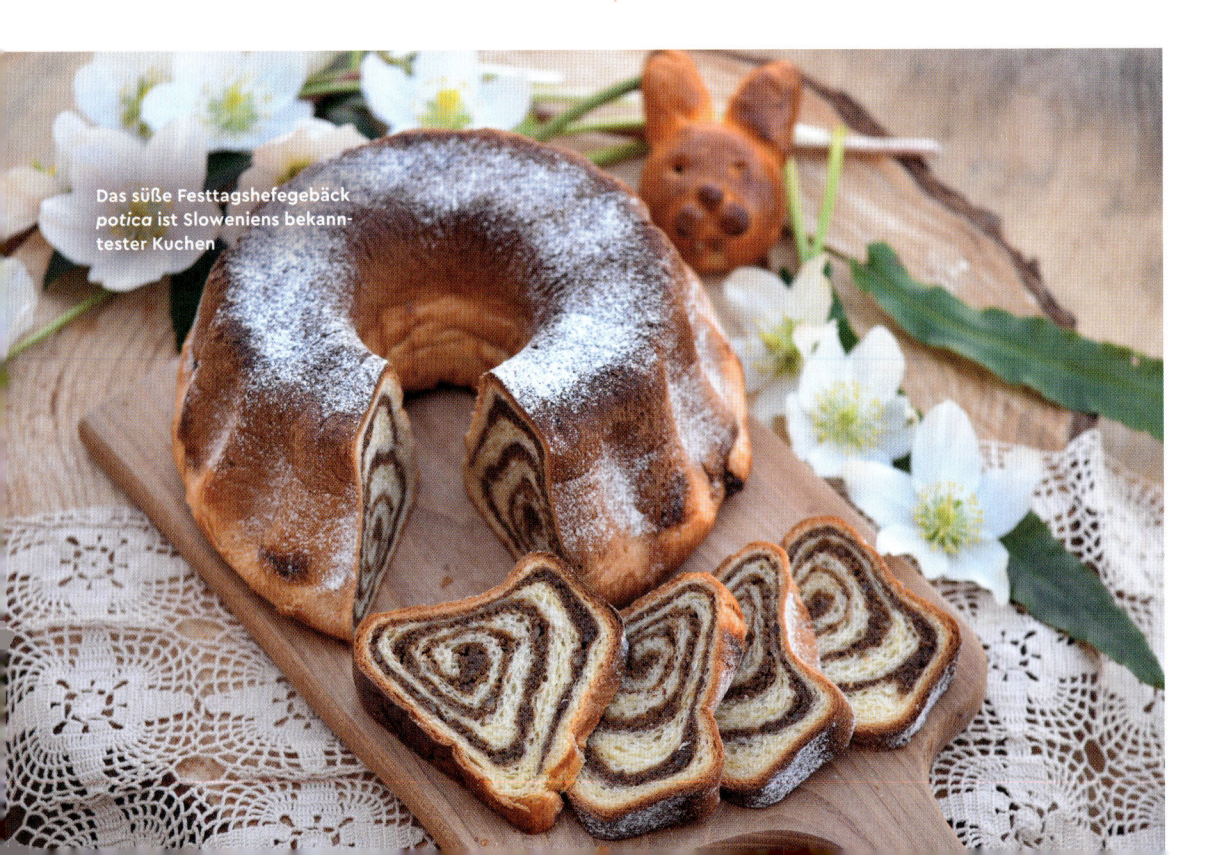

Das süße Festtagshefegebäck *potica* ist Sloweniens bekanntester Kuchen

Slowenien ist ein Paradies für Bienen und Honigfans

Für Grillfans

Burger gefällig? Grillfans freuen sich über die großen Fleischstücke im **Foksner** am Bohinjsee und Pommeskenner sind begeistert von den selbstgeschnitzten Kartoffelstücken. *Infos: Ribčev Laz 42 | Bohinjsko Jezero | Tel. +386 40 77 19 31 | Facebook: Foksner | €–€€*

Alles hausgemacht

Unter dem Motto „Meet Meat" bietet **Kodila Gourmet** in Ljubljana Produkte aus hauseigener Produktion an. Viele kommen schon zum Frühstück und spätestens nach einem Stadtbummel begeistert die Platte mit typisch slowenischen Köstlichkeiten. Vegetarier müssen aber auch nicht hungrig bleiben. *Infos: Adamic-Lundrovo nabrezje 5 | Ljubljana | Tel. +386 59 92 71 92 | kodila.si | €€*

Typisch Balkanküche

Günstig, freundlich, lecker, einfach und supergut. Das sagen die, die pappsatt und glücklich aus dem Balkangrill **Das ist Walter** in Ljubljana herauskugeln. Vorsicht beim Bestellen: Bei Walter sind die Portionen wirklich groß. *Infos: Njegoševa ul. 10 | Ljubljana | Tel. +386 59 01 47 83 | dasistwalter.eu | €*

Schokolade & mehr

Schokolade, Gebäck und Pralinen zum Dahinschmelzen. Wer nicht schon vom Hinsehen ein paar Kilo auf die Hüften bekommt, sollte nicht zögern und sich ein oder zwei Leckereien aus der Schokoladenmanufaktur **Cukrček** in Ljubljana mitnehmen. *Infos: Miklošičeva cesta 4 | Ljubljana | cukrcek.si*

Durchs Gebirge an die Adria

Von Kranjska Gora nach Triest

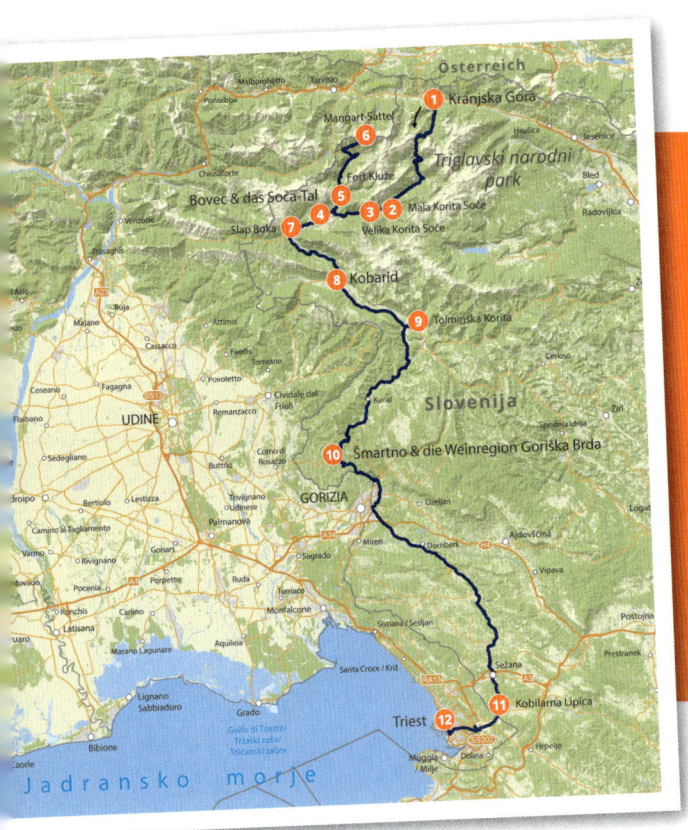

Strecke & Dauer

- Strecke: 250 km
- Reine Fahrzeit: 6 Std.
- Streckenprofil: Interessante Strecke; zu Beginn viele Serpentinen, teilweise einspurig
- Empfohlene Dauer: mind. 7 Tage

Was dich erwartet

Von den Bergen ans Meer: Bei dieser Tour startest du im Nordwesten von Slowenien und fährst als erstes über den höchsten Pass des Landes. Dann wartet das unglaublich schöne Soča-Tal auf dich: Der türkisblaue Fluss ist ein Traumziel für Wanderer und Wassersportler. Ein Abstecher ins Gebirge bietet Ausblicke bis nach Italien. Apropos Italien: An der Grenze dorthin liegt eine Weinregion, in die dich diese Tour ebenso führt wie zu den weißen Pferden von Lipica. Im italienischen Triest erreichst du schließlich die Adria.

Start in den Slowenischen Alpen

① Kranjska Gora

31 km

Du startest in ① **Kranjska Gora** (s. S. 156), das als Basiscamp für die Erkundung der Slowenischen Alpen dient.

Von Krajsnka Gora aus geht es bergauf: vorbei an der Russischen Kapelle (Achtung: Parkplatz direkt rechts hinter der Kurve, GPS 46.443069, 13.768840) und der Berghütte Koča na Gozdu in vielen Serpentinen hinauf auf den Pass Prelaz Vršič. Mit seinen 1611 Metern ist er der höchste Bergpass der Region. Ebenso kurvig windet sich die Straße hinter dem Pass wieder bergab, bis sie schließlich das

Der Jasnasee bei Kranjska Gora besteht aus zwei miteinander verbundenen künstlichen Seen

Tal der Soča (ital. Isonzo) erreicht. Flussabwärts folgt die Route nun dem Lauf des Gewässers. Ganz in der Nähe liegt die Quelle, wo der Soča-Trail startet. Weiter flussabwärts passierst du das Kamp Triglav. Direkt dahinter kreuzt du auf einer Brücke die Soča, die ab hier zu deiner Linken fließt. Der kurze Blick von der Brücke lässt schon ahnen, was für ein einzigartiges Naturschauspiel der Fluss bietet. Eine beliebte Stelle, um ans Ufer hinabzusteigen, erreichst du knapp zehn Minuten hinter der Brücke.

Die kleinen Tröge

An den ❷ **Mala Korita Soče**, den „kleinen Soča-Trögen" *(GPS 46.341692, 13.684256)*, durchquert der Fluss eine bizarr ausgewaschene Felslandschaft und verwandelt sich an einigen Stellen in eine wilde Flut, ehe es weiter flussabwärts wieder ruhiger und glasklar weitergeht.

Die Stelle hat dir gefallen? Gute fünf Autominuten weiter den Fluss entlang wird es noch dramatischer.

Die großen Tröge

„Große Soča-Tröge", ❸ **Velika Korita Soče,** nennt sich dieser Abschnitt, an dem das Flussbett zwischen steil aufragenden Felsformationen verläuft; mal schnell und schäumend, an anderen Stellen

❷ Mala Korita Soče

3 km

❸ Velika Korita Soče

10 km

Slowenien 173

Von Kranjska Gora nach Triest

still und tief, ruhige Pools bildend. Das felsige Ufer ist frei begehbar und bietet unzählige traumhafte Fotomotive. Weiter flussabwärts, wo das kristallklare, aber eiskalte Wasser ruhiger verläuft, gibt es am Kiesstrand einige Badestellen. Parken: GPS 46.335190, 13.645316.

Eine Viertelstunde flussabwärts erreichst du in Bovec das touristische Zentrum dieser Region, die bei Outdoor-Sportlern besonders beliebt ist.

Im türkisblauen Wasserwunderland

Bovec & das Soča-Tal

5 km

In den Sommermonaten sind ❹ **Bovec & das Soča-Tal** Ziel vieler Outdoor-Aktivisten, die dann mit Kajaks, Wanderschuhen, Mountainbikes und jeder Menge Energie gerüstet in das von den Julischen Alpen umgebene Städtchen strömen. Das Tal selbst ist ein Naturjuwel der Extraklasse, das vor allem junge Leute und alternatives Publikum glücklich macht. Auf dem Soča-Trail geht es z. B. immer am Fluss entlang von der Quelle bis nach Bovec. Die meisten organisieren die 25-km-Route auf eigene Faust, doch wenn du magst, kannst du auch eine geführte Tour buchen *(etwa 5 Std. ab Quelle | GPS 46.411726, 13.724110 | alpe-adria-trail.com, Nr. 24 | Touren organisiert die Nationalparkverwaltung: tnp.si | unbedingt Proviant mitnehmen)*. Von April bis Oktober heißt es: Los auf die Soča oder sogar hinein! Auf den Touren von Soča Rafting wirfst du dich mit dem Kanu, dem Kajak, dem Tube oder dem Raftingboot der Gischt entgegen oder bewegst dich auch mal durch ruhigeres Fahrwasser *(socarafting.si)*.

Bevor du von den Julischen Alpen Abschied nimmst, solltest du einen letzten Ausflug hoch hinauf ins Gebirgsmassiv des Triglav-Nationalparks unternehmen. Dafür fährst du auf der B203 zunächst in nordöstlicher Richtung. Schon bald kommt eine massive, graue Festung in Sicht.

Ein Riesenspaß: Rafting auf der Soča bei Bovec

Wer nicht auf der Soča fahren will, kann auch an ihr entlang spazieren

Bastion gegen Osmanen & Franzosen

Die Anlage des ❺ **Fort Kluže** *(kluze.net)* oberhalb der Koritnica-Schlucht wacht seit Jahrhunderten über das Tal. Schon im 15. Jh. sollte hier eine Invasion der Türken in Kärnten verhindert werden. Im 18. Jh. hielt das Fort Napoleons Armeen stand. Ihm zur Seite gestellt wurde um 1900, nach dem Aufkommen wirksamer Granaten, das Fort Hermann, das im Ersten Weltkrieg stark beschädigt wurde. Vom Fort Kluže führt ein halbstündiger Wanderweg zur Hermannsfestung.

Weiter schlängelt sich die B203 in die Berge hinein. Schließlich überspannt ein 128 m langes Viadukt das Mangart-Tal. Dahinter führt die 203 links weiter in Richtung des nahen Italien (gleich hinter der Grenze liegt der Lago del Predil; auch ein schöner Abstecher), du fährst aber rechts auf die nur im Sommer geöffnete, mautpflichtige Mangart-Straße B902. Die Strecke wird nun kurviger, schmaler (bis einspurig) und führt z. T. nah am Abgrund vorbei – wer sich das nicht zutraut (was keine Schande ist), kann hinter der Brücke parken (GPS 46.424114, 13.593648) und dann die Rückreise antreten. Wer weiterfährt, wird allerdings nicht nur mit einer aufregenden Straße, sondern auch mit fantastischen Ausblicken belohnt.

❺ **Fort Kluže**

20 km

Slowenien

Von Kranjska Gora nach Triest

Gipfel mit Berghütte

Ganz oben auf dem ❻ **Mangart-Sattel** ist die Aussicht wahrscheinlich am schönsten – bei gutem Wetter bis weit nach Italien hinein. Nahe dem Gipfel kann man sich in der Berghütte Koča na Mangrtskem sedlu *(nur im Sommer | Strmec na Predelu 34 | Log pod Mangartom | Tel. +386 41 95 47 61)* mit einem kräftigen Eintopf stärken. Ein paar Fußwege durchziehen das Gipfelgebiet; wer mag, kann hier gut einige Stunden verbringen.

Nun geht es den gleichen Weg zurück; zunächst auf der kurvigen B902, dann links auf die B203, durch Bovec hindurch weiter flussabwärts. Kurz bevor die Soča in einer langgezogenen Biegung ihre Richtung ändert und nach Südosten weiterfließt, kannst du noch einen der beeindruckendsten Wasserfälle der Region besuchen.

Wasserfall mit Aussichtsplattform

Nur eine Viertelstunde Fußmarsch ist es zur Aussichtsplattform, von der du einen schönen Ausblick auf den mächtigen rauschenden Wasserfall ❼ **Slap Boka** hast (einen kurzen Blick kannst du auch von der Straße aus erhaschen). Wenn du näher ran willst, musst du mehr Zeit einplanen (etwa 1,5 Std. Hinweg, zurück bergab etwas kürzer) und solltest zudem Kondition und Trittsicherheit mitbringen. Parken: GPS 46.318424, 13.494789.

Kurz hinter dem Parkplatz beim Wasserfall überquert die B203 den Soča-Zufluss Učja – durch dessen Schlucht Europas längste Seilrutsche verläuft, die Zipline Slovenia (ziplineslovenia.si/de) – und folgt

❻ **Mangart-Sattel**

32 km

❼ **Slap Boka**

16 km

Die Schlucht Tolminska Koriga gehört schon zum Triglav-Nationalpark

Im Herbst geht es an der Napoleonbrücke in Kobarid besonders bunt zu

dann weiter dem Lauf der Soča. Nach einer Viertelstunde erreichst du Kobarid.

Die Stadt zwischen Alpen & Adria

In der Kleinstadt ❽ **Kobarid** tummeln sich Sportbegeisterte und Geschichtsinteressierte. Erstere sitzen in den kleinen Restaurants und Cafés, planen ihre Wanderung zum Wasserfall, testen ihr Leihfahrrad aus oder warten auf die Abfahrt zum Soča-Abenteuer. Die traurige Vergangenheit wird allen Besuchern vor Augen geführt, denn Geschützstellungen und Mahnmale prägen die Umgebung: viele davon Zeugnisse aus dem Ersten Weltkrieg, als hier erbitterte Schlachten ausgefochten wurden. Mehr dazu erfährst du im Stadtmuseum Kobariški Muzej *(kobariski-muzej.si)* oder in der App Walk of Peace *(potmiru.si/app)*.

Von Kobarid aus ist es nun die B102, die parallel zur Soča verläuft. Auf ihr ist es nicht weit bis zum nächsten interessanten Ziel.

Hochdramatische Schlucht

Die enge ❾ **Tolminska Korita** (Tolminer Klamm) gilt als eine der dramatischsten Schluchten im ganzen Land. Sie kann auf einem spannenden, etwa 2,5 km langen Fußweg erlaufen werden, der ganz nah an der Stadt Tolmin beginnt. Einige Abschnitte sind wahrlich atemberaubend. Parken: Auf dem Parkplatz am Schluchteingang sind keine Camper zugelassen. Kostenlos ist der 1,6 km entfernte Parkplatz am Fuß des Burghügels *(P2; GPS 46.190827, 13.730785)*; in der Saison kostenloser Shuttle-Bus zur Schlucht.

❽ Kobarid

18 km

❾ Tolminska Korita

35 km

Slowenien

Von Kranjska Gora nach Triest

Nach diesem letzten Blick in Sloweniens großartige Bergwelt führt die Route nun weiter entlang der Soča nach Süden: Richtung Italien. Historische Städtchen säumen die B103 und es lohnt sich, zwischendurch mal anzuhalten – z. B. in Kanal ob Soči, das mit seiner Brücke und seinen historischen Fassaden über dem felsigen Ufer ein klasse Fotomotiv abgibt. Noch 7 km folgst du der B103, dann biegst du bei Plave rechts ab und überquerst ein letztes Mal die Soča. Nun wartet eine andere Region Sloweniens auf dich. Und die liegt nur ein knappes Viertelstündchen entfernt

Bunte Landschaft & guter Wein

10 Šmartno & die Weinregion Goriška Brda

66 km

Beglückt schweift dein Blick über die Weinberge, mediterrane Entspanntheit macht sich breit. **10 Šmartno & die Weinregion Goriška Brda,** so nah an Italien, liegen zwischen Alpen und Adria. Die Menschen leben traditionell vom Obst- und Olivenanbau. Sie haben die Kunst, leckeren Wein und fantastisches Öl zu produzieren, geradezu perfektioniert. Der Tourismus soll auch hier wichtiger werden, doch bisher haben die Massen den Ruf noch nicht gehört. Das Dörfchen Šmartno, auf dem Hügel im Zentrum der Brda-Region, ist ein kleines Juwel. Hinter den dicken Stadtmauern verbergen sich schmale Gassen und kleine Häuschen.

Um aus dieser abgelegenen Region des Landes wieder mehr ins Kernland vorzustoßen, nimmst du die B402 Richtung Nova Gorica. Sie führt ein kleines Stück durch Italien – Mauern und hohe Zäune verhindern hier ungewollte Grenzübertritte. Vorbei an Gorizia (das ist die andere Hälfte von Nova Gorica, die in Italien liegt) und dem Abzweig zum Saksida Wine & Camping Resort und zum Kamp David führt deine Route nun als B204 bis zu einem kleinen Ort, der es als Mekka für Pferdefans zu Weltruhm gebracht hat.

Šmartno ist nach seiner Martinskirche benannt, deren Turm ursprünglich zu einer Festung gehörte

Am Canale Grande von Triest herrscht venezianische Pracht

Berühmte Reitschule

Man muss kein eingeschworener Pferdeliebhaber sein, um auf dem Gestüt ⑪ **Kobilarna Lipica** *(lipica.org)* ein paar interessante Stunden zu verbringen. Schon seit 1580 werden hier die stolzen weißen Pferde gezüchtet; viele Lipizzaner fanden seitdem ihren Weg an den kaiserlichen Hof in Wien. Bei einem Besuch erfährst du alles über diese schönen Tiere. Auch die Reitschule kann man sich anschauen. Wer selbst am Reitunterricht oder an einem Ausritt teilnehmen möchte, muss sich mindestens drei Tage vorher anmelden. Für Kinder gibt es Workshops mit Ponys.

Wie wäre es jetzt mit einem Ausflug ans Mittelmeer? Die italienische Hafenstadt Triest liegt nur einen kurzen Womo-Ritt entfernt.

Stadt, Strand, Burg

Die Hafenstadt ⑫ **Triest** liegt so nah an der Grenze, dass die Straßenschilder noch zweisprachig sind. Und doch bist du hier ganz klar in Italien. Die lebhafte Universitätsstadt bietet einen gelungenen Kulturmix: klassizistische Paläste, venezianisch anmutende Kanäle und Jugendstil-Kaffeehäuser. Die Adriaküste ist hier felsig und zerklüftet und das Umland geprägt vom Karstgebirge. Weinberge und Schlösser, Inseln und Sandstrände – hier liegt alles nah beisammen. Parkplätze sind ein seltenes Gut in dieser Stadt. Wer Glück hat, findet ein zentrumsnahes Plätzchen auf dem Parcheggio Pubblico am Jachthafen *(GPS 45.648729, 13.763712)*.

⑪ Kobilarna Lipica

14 km

⑫ Triest

Slowenien

CAMPINGPLÄTZE AM WEGESRAND

Von Kranjska Gora nach Triest

Klein & fein am Fluss

Mit etwas Glück stehst du hier in der ersten Reihe unmittelbar an der Soča. Es gibt nicht viele Plätze, also am besten früh kommen oder sich vorher ankündigen. Es wird Deutsch gesprochen und die Betreiber geben sich viel Mühe, alle glücklich zu machen. Was auch zuverlässig klappt.

Camping Trenta
€€ | Trenta 60 A | Soča (22 km von Bovec)
Tel. +386 31 61 59 66 |
GPS: 46.390162, 13.742925
▶ **Größe:** 45 Stellplätze
▶ **Ausstattung:** Bar/Pizzeria, Waschmaschine, morgens frische Brötchen

Platz für alle

Hier findet noch manch einer Platz, obwohl eigentlich alles voll ist, denn bei Bedarf wird das Basiscamp in Soča schon mal erweitert. Die sanitären Einrichtungen sind sauber und modern. Die Stellplätze liegen auf Gras und sind nicht parzelliert.

Kamp Triglav
€€ | Trenta 18 A | Soča (19 km von Bovec)
Tel. +386 313 936 83 | kamp-triglav.si/en
GPS: 46.373962, 13.741316
▶ **Größe:** 50 Stellplätze, Apartments für 2–6 Pers.
▶ **Ausstattung:** offene Feuerstätten, Kletterwand, Spielplatz

Nah am Wasserfall

Auf dem etablierten Platz an der Soča bei Kobarid sind alle Stellplätze mit Strom ausgestattet. Das Kamp achtet auf Nachhaltigkeit: Warmwasser mittels Sonnenkollektoren, Mülltrennung und Ökomarkt mit lokalen Produkten. Zudem werden viele Aktivitäten angeboten: Paragliding, Kajak, Rafting, Klettern etc.

Kamp Koren
€€–€€€ | Drežniške Ravne 33 | Kobarid
Tel. +386 53 89 13 11 | kamp-koren.si

Im Kamp Triglav an der Soča bleiben viele länger als geplant

Kamp David: Beschaulich, ordentlich und abends trifft man sich zu einem Glas Wein

GPS: 46.251141, 13.584943

▶ **Größe:** 90 Stellplätze, Holzchalets, Glampingzelte- und -hütten
▶ **Ausstattung:** Waschmaschine & Trockner, Sauna, Salzraum, Sporthalle, Spielplatz, Kletterturm, Fahrrad- und E-Bike-Verleih, Verleih von Sportausrüstung wie Volleybälle, Boggia-Sets

Mittendrin im Vipava-Tal

Das junge Pärchen Katja and David führt dieses saubere, modern ausgestattete Camp bei Šmartno mitten in den Feldern. Gerne treffen sich die Gäste abends zum Wein vor der Rezeption. Am Camperstop vor dem Platz stehst du günstiger, allerdings ohne Zutritt zu Sanitäranlagen.

Kamp David

€€ | Malovše 37 | Črniče (33 km von Šmartno)
Tel. +386 51 24 83 97 | kamp-david.si
GPS: 45.900231, 13.790234

▶ **Größe:** 30 Stellplätze, am Camperstop 10
▶ **Ausstattung:** Kühlschrank mit Wein und Kaltgetränken, Bäckerei, kleiner Markt, Pizzeria, Spielplatz

Mit Blick auf Triest

Kleiner, einfacher Platz in der Natur. Die individuellen Parzellen unter hohen, Schatten spendenden Kiefern bieten Privatsphäre. Abends ist es traumhaft schön, den beleuchteten Booten auf dem Meer zuzuschauen. Im hauseigenen Restaurant gibt's gute, preisgünstige Küche.

Campeggio Obelisco

€ | Str. Nuova per Opicina 37 | Triest (5 km vom Zentrum) | Italien | Tel. +39 040 21 27 44
campeggiobelisco.it
GPS: 45.680879, 13.789558

▶ **Größe:** 50 Stellplätze
▶ **Ausstattung:** Restaurant, Waschmaschine, Spielplatz

Slowenien

Kulinarisches am Wegesrand

Von Kranjska Gora nach Triest

Jede Menge Pilze

In der **Bovska Kuhn'ca** (auch Bovec Kitch'n genannt), der „kleinen Holzhütte von Bojan" in Bovec, gibt's günstig gute Küche: z. B. Polenta mit Käse oder Lammpatties mit Kartoffeln und Blattspinat oder Pilzen. Da Bojan im Wald meist mehr Pilze sammelt, als bei ihm gegessen werden, macht er die überzähligen in Gläser ein und verkauft sie. *Infos: Glavni trg | Bovec | Tel. +386 31 24 25 51 | boveckitchn.com | €–€€*

Beliebt bei Campern

Viele Camper kommen zu **Gostilna Žvikar** in Bovec. Die Küche ist bodenständig gut: Schnitzel, Wurst mit Sauerkraut, Pilzpfanne und auch Forelle. Auf der Terrasse ist es wegen der Straße etwas laut. *Infos: Podklopca 4 | Bovec | Tel. +386 53 89 67 77 | zvikar.si | €–€*

Zwei-Sterne-Restaurant

Das mit mit zwei Michelin-Sternen ausgezeichnete **Hiša Franko** bei Kobarid bietet gehobene Küche und ist entsprechend hochpreisig. Für Feinschmecker ein Highlight der Slowenienreise. Unbedingt vorbestellen – mindestens einige Wochen zuvor! *Infos: Staro selo 1 | Kobarid (3 km vom Zentrum) | Tel. +386 53 89 41 20 | hisafranko.com | €€€*

Lecker Pancakes

Das **Restaurant Kamp Lazar** bei Kobarid ist nicht nur bei Campern sehr beliebt. Es bietet ein gutes Frühstück, lecker Mittag und abends prima BBQ. Und die superdünnen Banana-Pancakes mit Schokolade sind ein Genuss der Extraklasse. *Infos: Trnovo ob Soči 1b | Kobarid | Tel. +386 53 88 53 33 | lazar.si/de | €€*

Pilze kommen in der slowenischen Küche häufig zum Einsatz. Diese hier wurden für den Winter eingemacht

Krainer Wurst mit Sauerkraut und Buchweizen ist Sloweniens Nationalgericht

Rustikal, aber auch schick

Das **Marica** in Šmartno ist ein rustikal-schickes Restaurant mit saisonaler, regionaler Küche. Draußen in der schmalen Gasse sitzt du angenehm kühl. Speck, Salami und Schinken stammen aus der hauseigenen Traditionsproduktion. *Infos: Šmartno 33 | Tel. +386 53 04 10 39 | marica.si | €€*

Familienbetrieb

Spaghetti mit Meeresfrüchten? Roher Fisch als Vorspeise gefällig? Die Karte in der **Osteria Ai Maestri Trieste,** einem freundlichen Familienbetrieb in Triest, ist klein, aber fein. In der Saison solltest du dir einen Platz reservieren, denn die Tische im Haus und auf der schattigen, kleinen Seitengasse sind schnell voll. *Infos: Via della Sorgente 6 | Triest | Tel. +39 040 63 68 01 | €€*

Holzofenpizza

Bei **Al Civicosei** in Triest gibt es hervorragende Pizza aus dem Holzofen. Große Auswahl, auf den Punkt knusprig gebacken und perfekt belegt. *Infos: Via del Toro 6 | Triest | Tel. +39 04 02 41 07 04 | Facebook: Al Civicosei | €€–€€€*

Erst der Weißwein, dann der Kaffee (oder umgekehrt)

Die einladende Café-Bar **Gran Malabar,** die auch Snacks serviert, liegt an der Piazza in Triest. Was mit einer eigenen Kaffeerösterei anfing, ist heute eine weltbekannte Weinbar. Probier mal den Weißwein aus dem Karst. Und denk dran: Wenn du deinen Kaffee an der Bar trinkst, kostet er weniger. *Infos: Piazza San Giovanni 6 | Triest | Tel. +39 040 63 62 26 | €€*

Slowenien

Die Kirche der Hl. Euphemia ragt aus der Altstadt von Rovinj heraus

KROATIEN

Dobrodošli im Land der endlosen Küste

Eine Küstenlinie, die gar nicht zu enden scheint, 1000 Inseln davor verstreut. Manche sind bewohnt, andere bloß raue Felsriffe. Zerklüftete Buchten und Strände, die Wellen rauschen, Städte aus weißem Stein – ein Traum! Dazu mediterran-lockeres Flair, Kulturschätze aus jeder Epoche – wen wundert's, dass Kroatiens Küstenregionen Istrien und Dalmatien zu den Top-Urlaubszielen gehören.

Nicht alles, was vom Grill kommt, ist in Kroatien Fleisch

Eine windige Angelegenheit

Wenn das Meer mit weißen Schaumwirbeln aussieht, als würde es kochen, heißt es: Nichts wie runter vom Surfbrett, denn dann weht an der kroatischen Küste die gefürchtete Bora (kroat. *bura*). Als kalter Fallwind stürzt sie sich vor allem im Herbst über die Bergkämme und peitscht das Meer auf. Wer jetzt noch draußen steht, spürt die Gischt, die sich in der Luft zerstäubt, und den Salzfilm, der sich auf die Haut legt. Inseln, die ihr im Weg stehen, beraubt die Bora jeglicher Vegetation. Wellen brechen sich an den Booten, ja selbst Fahrzeuge auf der Küstenstraße sind bei diesem Fallwind gefährdet. Kleiner Trost: Die Luft wird plötzlich glasklar, die Sicht reicht dann von der Adria bis an die Alpen! Die Bora ist Teamworkerin. Ist sie nicht da, kann der Maestral ganzjährig kalte, feuchte Luft von Nordwesten heranpusten. Und so richtig dicke Regenwolken, die nach einem Schirm rufen! Ebenfalls feucht, aber heiß, ist die Luft, die der Jugo (auch Scirocco genannt) aus dem Südosten herbeiweht – manchmal hat er sogar Wüstensand aus der Sahara im Gepäck.

Seeigel-Siegel

Das pure Badevergnügen wird in Kroatien höchstens von scharfen Steinen und Seeigeln eingeschränkt – das ist allerdings kein Grund zur Panik, wenn man in Badeschuhe investiert. Seeigel gewinnen zwar keinen Beliebtheits-

Diokletianpalast in Split

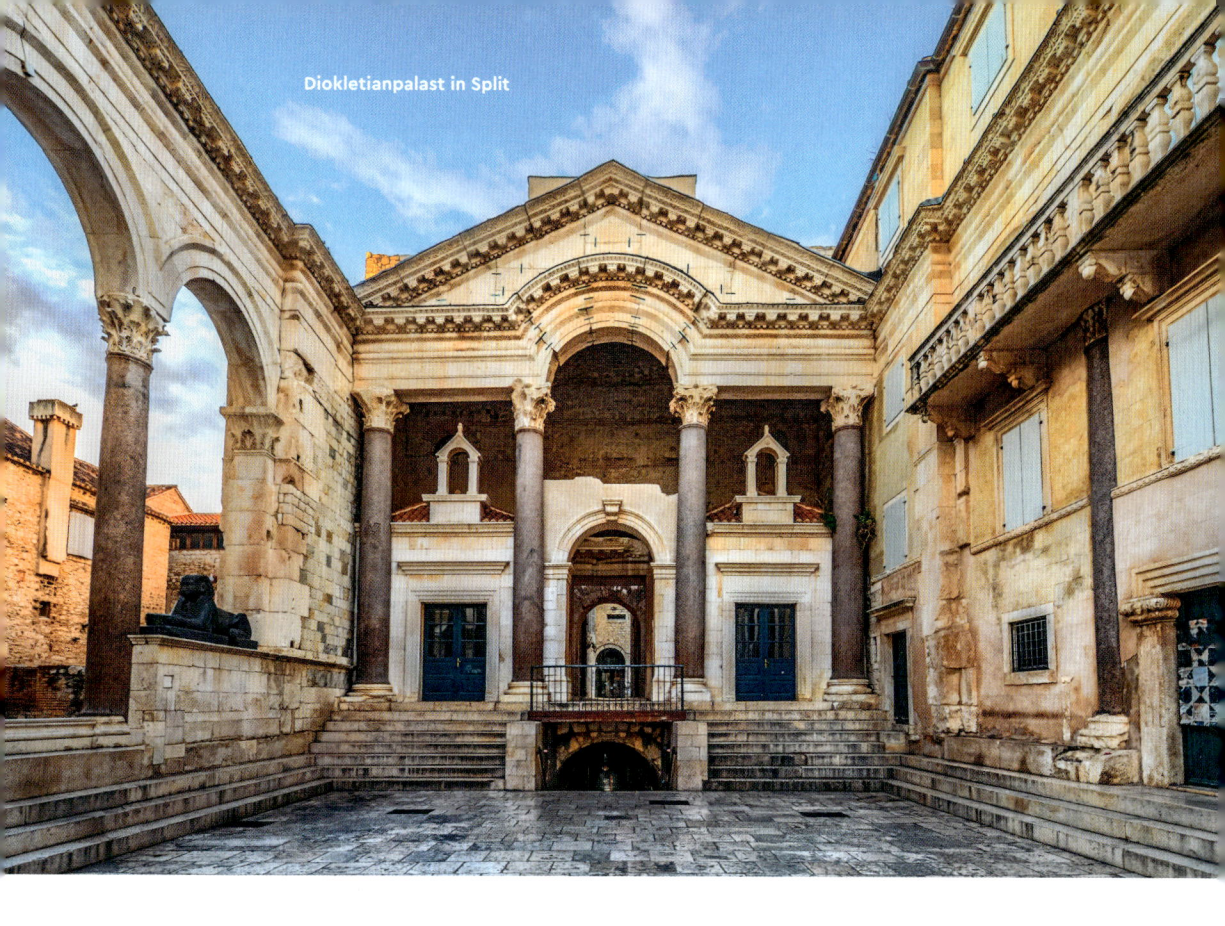

wettbewerb, aber die stachligen Tierchen sind ein gutes Zeichen: Pudelwohl fühlen sie sich nämlich nur, wenn das Wasser sauber ist. Die Sauberkeit der Adria signalisiert auch die an vielen Stränden wehende Blaue Flagge.

Lebendiges Museum

Kroatiens Geschichte ist wie ein Abenteuerroman und dieses Buch lässt sich nicht einfach so zuklappen – die Vergangenheit pulsiert quicklebendig in den Mauern der Paläste, Kathedralen, Ruinen; ihre Erben hauchen ihr mit geschichtsverliebten Volksfesten immer neues Leben ein. Nirgendwo wirst du die Gewalt der Epochen so spüren wie im Diokletianpalast in Split, wo knapp 2000 Jahre auf engstem Raum zusammengewachsen sind: Säulen und Gewölbe eines römischen Palasts. Ein vorromanisches Steinrelief im Baptisterium, Zeuge einer Ära, in der Kroatien ein unabhängiges Königreich war und das Christentum an Einfluss gewann. Gotisches Schnitzwerk an den Kirchenportalen, das entstand, als Venedig fast ganz Dalmatien unterwarf. Der barocke Prunk in der Innenausstattung der Kathedrale, der Dalmatiens Blütezeit feiert. Auch die Moderne ist vertreten: In dem sympathischen Café Luxor am Peristyl verbringen die Spliter gern ein Stündchen bei Espresso und Zeitung.

Fleischlos glücklich

In der Heimat von Ćevapčići (Hackfleischröllchen), Pljeskavica (Hacksteak), Fischen und Meeresfrüchten stehen Vegetarier oft ratlos vor klassischen Speisekarten. Aber nicht verzagen – es finden sich fast immer auch ein paar köstliche Alternativen. Außer Pizza und Pasta mit reiner Gemüsebeigabe sind besonders Grillgerichte zu empfehlen, von Zucchini über Paprika bis hin zu Auberginen. Und *dolma*, gefülltes Gemüse oder Weinblätter, gibt's auch in fleischloser Variante.

AUF EINEN BLICK

4,05 Mio.
Einwohner*innen hat Kroatien
[Deutschland 84,6 Mio.]

6000 km
Kroatiens Küstenlänge

43 cm
breit ist eine der engsten Gassen der Welt in Krančić (Krk)
[Engste Gasse der Welt in Reutlingen: 40 cm]

Wärmster Monat
Juli
Durchschnittliche Höchsttemperatur an der Küste: 29,8 °C

23
MENSCHEN LEBEN IN HUM, EINER DER KLEINSTEN STÄDTE DER WELT

ZU KROATIEN GEHÖREN
über 1000 Inseln

Höchster Berg Kroatiens mit
1831 m
IST DIE DINARA

56 594 km²
Fläche Kroatiens
[Bayern 70 550 km²]

800 kg/808 m
LÄNGSTE KRAWATTE DER WELT, UM PULAS ARENA GESPANNT

Das kroatische Städtchen Hum rühmt sich, die kleinste Stadt der Welt zu sein

Kopierkunst

Da bist du schon mal in Istrien und hast keine Lust, den Tag im Ausflugsboot nach Venedig zu verbringen? Musst du auch gar nicht! Venedig-Feeling gibt es in Istrien in jedem mittelalterlichen Hafen- und Bergstädtchen, da die Serenissima hier jahrhundertelang herrschte und ihre Spuren hinterließ: An den mittelalterlichen Stadttoren fletscht der Markuslöwe seine Zähne, in venezianischen Renaissanceloggien wird heute Olivenöl verkauft. Vieles wirkt wie Klein-Venedig, nur eben ohne Brücken.

Abendmahl

Wie überall in Südeuropa wird die Hauptmahlzeit auch in Kroatien abends eingenommen. Zu spät solltet ihr euch aber auch wieder nicht auf die Socken machen, denn anders als in manchen mediterranen Ländern geht's schon am frühen Abend los. Um 22 Uhr werden dann in vielen Restaurants bereits langsam die Stühle hochgestellt – abgesehen vielleicht von absoluten Touristen-Hotspots in der Hauptsaison. Danach finden sich nur noch Kneipen, in denen es bestenfalls ein paar Erdnüsse oder Pistazien zum Wein gibt. Fast überall wird auch mittags und dann durchgehend bis zum Abend warmes Essen serviert.

Das macht 100 Marder

Ein süßes Tierchen, wenn es nicht gerade die Kabel im Auto zerbeißt: der Marder, auf Kroatisch *kuna*. Und auf dem kroatischen Geld ist er auch überall drauf. Das Gegenstück zum Euro heißt nämlich Kuna, das Pendant zum Cent ist die Lipa (Linde). Keine langweiligen Staatsmänner oder Wappen auf den Scheinen, sondern Nager und Bäume. Sympathisch, oder?

Buchten, Strände, Inselträume

Von Rovinj zur Insel Krk

Strecke & Dauer

- Strecke: 259 km (ohne Fährstrecken)
- Reine Fahrzeit: 7 Std.
- Streckenprofil: Gut befahrbare Asphaltstraßen, besonders auf den Inseln teilweise schmal. Insgesamt sehr hügelig, gelegentlich steile Auffahrten sowie scharfe Kurven oder Serpentinen
- Empfohlene Dauer: 9 Tage

Was dich erwartet

Ganz im Süden der Halbinsel Istrien liegt der geschichtsträchtige Ort Pula mit jahrtausendealtem Amphitheater und tollen Stränden. Der Weg zur Fähre macht dann mit weitreichenden Panoramen schon richtig Lust auf die Inseln. Cres, Lošinj und Krk sind Ferienregionen wie aus dem Bilderbuch. Diese Buchten, diese Örtchen mit ihren schnuckeligen Hafenpromenaden, diese historischen Altstädte und diese unfassbar schönen Aussichtspunkte!

Steile Altstadtidylle

1 Rovinj

25 km

Die Tour startet in der malerischen Hafenstadt **1 Rovinj,** deren Altstadt besonders bezaubernd daherkommt. Sie ragt wie ein klitzekleiner Zipfel ins Wasser. Flach würde die Altstadt nur aus ein paar hübschen Sträßchen mit kleinen Häusern bestehen, die du in Nullkommanichts abgelaufen hättest. Durch die starken Steigungen kommt erst der fantastische Charakter zustande. Zum Glück sind die Gässchen so verwinkelt und reizvoll, dass man sowieso nur langsam und bewundernd umherschlendert. Die Ulica Montalbano führt quasi als Hauptweg ganz hinauf zur Kirche der Hl. Euphemia – selbstver-

In Rovinjs Treppengassen bleibt man bestimmt öfter stehen – um zu staunen und zu verschnaufen

ständlich mit Aussichtsturm. Parken: GPS 45.088717, 13.641161 (zu Fuß ca. 15 Min. in die Altstadt).

Aus Rovinj hinaus nimmst du am besten die größere Straße 303 nach Osten und fährst dann bald hinter Rovinjsko Selo rechts auf die Straße 21 nach Süden. Bleib auf der 21 bis Vodnjan.

Das beste Olivenöl Istriens

Einheimische bekommen glänzende Augen, wenn sie den Namen ❷ **Vodnjan** hören: Istrien ist für sein hervorragendes Olivenöl bekannt und hier gibt's das beste Olivenöl in ganz Istrien. Ob am Stand an der Straße, im Spezialitätenladen oder im Shop direkt beim Erzeuger: Enttäuschungen oder Preiswucher kommen hier eigentlich nicht vor. Allerdings darfst du auch keine Discounter-Preise erwarten. Ausgezeichnete Öle gibt es u. a. bei Chiavalon Extra Virgin Olive Oil *(ul. Salvela 50, chiavalon.hr)*, einem Hersteller mit Hofladen vor der Einfahrt ins Ortszentrum, und bei Olea Prima Bio Extravirgin Olive Oil *(ul. Prvimaj 26, oleaprima.com)*, einem Hersteller mit Bio-Zertifikat.

In Vodnjan biegst du links ab und steuerst dein Gefährt bis ins Dorf Fažana. Von hier geht's auf dem Wasserweg weiter zu einem echten landschaftlichen Höhepunkt Istriens.

❷ Vodnjan

7 km

Kroatien

Von Rovinj zur Insel Krk

Strände, Dinos & ein Safaripark

Viele besuchen den ③ **Nationalpark Brijuni** nur wegen der beiden sehr ordentlichen Strände Fažana und Stara Fažana. Aber auch das hübsche Zentrum des Hafenstädtchens Fažana ist einen Zwischenstopp wert. Wenn du ein paar Stunden Zeit hast, gönn dir auf jeden Fall die Überfahrt nach Veliki Brijun *(np-brijuni.hr)*, dem mit Abstand größte Eiland der Inselgruppe, die den Nationalpark bildet. Dort ist die Atmosphäre ein wenig gehoben, mit Golfplatz, Hotels und einem Safaripark, in dem Fasane, Zebras und andere Tiere viel Auslauf haben. Der Dinosaurierpark mit versteinerten Dino-Fußabdrücken liegt direkt am Wasser. Verpass auch nicht den Badestrand Brijun, den 1600 Jahre alten Olivenbaum und die Ruinen von Festungen, Kirchen und eines römischen Militärlagers (Castrum). Eine Touristen-Bimmelbahn bringt dich über die Insel, zudem gibt es professionelle Führungen. Doch am besten entdeckst du das Terrain selbstständig zu Fuß, per Fahrrad oder im Golfcart. Parken: In Fažana findest du direkt am Hafen einen riesigen kostenpflichtigen Parkplatz *(GPS 44.926329, 13.802868)*.

Nach Pula nimmst du nun die praktischerweise Puljska Ulica genannte Straße parallel zur Küstenlinie nach Südosten. Über das Dorf Šurida geht's in die große Stadt. An der ersten Top-Sehenswürdigkeit, dem römischen Amphitheater, kommt man automatisch als Erstes vorbei.

Für Gladiatoren & Genießer

Schlappe 3000 Jahre hat die Stadt ④ **Pula** ganz im Süden der istrischen Halbinsel auf dem Buckel. Die großen Mächte – Römisches Reich, Venezianer, Österreich-Ungarn – haben eine Menge Spuren hinterlassen. Übriggeblieben sind dieser ganz eigene südländisch-

---

③ **Nationalpark Brijuni**

9 km

④ **Pula**

13 km

Auf Veliki Brijun findet man die Ruinen eines römischen Militärlagers

Pulas Amphitheater stiehlt allen anderen Gebäuden die Schau

betriebsame Charakter und geschichtsträchtige Wahrzeichen, über die man bei jedem Schritt stolpert. Das fast 2000 Jahre alte Amphitheater *(ami-pula.hr)* sieht fantastisch aus und ist vergleichsweise gut erhalten. Ursprünglich passten bis zu 26 000 Schaulustige hinein – es war die sechstgrößte Arena der Antike. Viereckig von den Venezianern im 17. Jh. angelegt, thront das riesige Kastell erhaben über Stadt und Mittelmeer. Der Anstieg ist zum Schluss recht steil und wenig schattig, lohnt sich aber fürs herrliche, kostenlose Panorama. Parken: Neben dem Amphitheater liegt der Parking Karolina, von dem auch das Zentrum fußläufig erreichbar ist *(GPS 44.872943, 13.848454).*

Fahr aus dem Zentrum Pulas auf der Straße Ulica Marsovog polja nach Süden. Sie heißt später Premanturska Cesta und schlängelt sich – teils direkt am Ufer – nach Premantura und weiter zum Kap.

Am Südzipfel Istriens

Während die Halbinseln Verudela und Banjole noch zu Pula gehören, liegt der absolute Südzipfel Istriens, die ❺ **Halbinsel Premantura,** schon ein Stückchen außerhalb. Nach dem Ort, der wie die Halbinsel selbst Premantura heißt, wird die Straße noch schmaler (bleibt aber

❺ Halbinsel Premantura

39 km

Kroatien

Von Rovinj zur Insel Krk

gut befahrbar) und quetscht sich immer weiter südlich bis zum Kap Kamenjak, wo am Mala Kolombarica Beach ein Bunker und ein Turm mit fantastischem Ausblick warten. Parken: Vom Parkplatz am Aussichtsturm (GPS 44.770107, 13.910141) sind es nur wenige Schritte zum Bunker (GPS 44.771325, 13.911495).

Über Premantura geht es zurück, dann rechts ab durchs Dorf Pomer und immer nördlich halten auf der Straße 5119, schließlich rechts auf der 66 bis ins Dörfchen Prodol. Dort biegst du rechts ab nach Krnica.

Lavendel überall

❻ Krnica

49 km

Hier musst du unbedingt noch einen kurzen Halt einlegen, denn Istrien hat nicht nur tolle Olivenöle, sondern auch Lavendelfelder – und ❻ **Krnica** ist für letztere besonders bekannt. Schau dich ein wenig um und mach einen Stopp bei einem der Straßenhändler für ein Lavendelsäckchen oder eine Seife.

Zurück auf der Hauptstrecke, der Straße 66, fährst du durch Barban, Labin und Plomin schließlich zur Fähre in Brestova. Die Straße ist unterwegs recht kurvig und führt bergauf – erst zum Schluss geht's dann wieder steil hinunter.

Strecke zum Sattsehen

Vom Hafen Brestova geht's per Fähre (*jadrolinija.hr*) zum Ort Porozina auf der Insel Cres. Doch wenn du noch ein wenig Zeit hast, gönn dir vorher einen Abstecher in Richtung Opatija auf der

Kap Kamenjak auf der Halbinsel Premantura: der südlichste Zipfel Istriens

Auf dem Fußweg von Veli Lošinj nach Mali Lošinj

Straße 66, die auf diesem Abschnitt ein echtes Aussichtsspektakel bietet. Fahr z. B. auf der ❼ **Panoramastrecke nach Medveja** die ca. 20 km bis Medveja und dann dieselbe Strecke zurück zum Fährhafen. Unterwegs gibt's auch einige gute Strände wie etwa den Plaża Sipar beim Ort Mošćenička Draga.

Auf Cres angekommen, nimmst du die einzig mögliche Straße, Nr. 100, die schnell bergauf geht und in südlicher Richtung über die Insel führt. An der höchsten Stelle (GPS 45.061015, 14.362202), direkt unterhalb des immerhin 639 m hohen Gipfels Sis, wo links eine kleine Straße nach Sveti Petar abgeht, machst du einen kurzen Stopp mit unglaublichem Fernblick aufs istrische Festland, auf die Insel Krk und natürlich rundherum aufs herrliche Blau der Adria.

Durch die Inselhauptstadt Cres hindurch geht die Route nun auf recht einsamer Straße immer weiter nach Süden. Hinter dem Camping Bijar bringt dich im Dörfchen Osor eine kleine Drehbrücke auf die Insel Lošinj.

Die pure Kroatien-Idylle

Die ❽ **Insel Lošinj**, das sind vor allem unfassbar schöne Aussichten auf die kristallklare Adria, kräuterduftende Pinienwälder und diese fantastischen kleinen Hafenorte, die sich mit vielen Lokalen an eine Bucht schmiegen. Durch Veli Lošinj läufst du wie durch eine Schmuck-Postkarte. Hier eine Bankfiliale, dort eine alte Post, hier ein Laden, dort eine Eisdiele, Segelboote liegen vertäut an der Kaimauer

❼ **Panoramastrecke nach Medveja**

59 km

❽ **Insel Lošinj**

33 km

Kroatien

Von Rovinj zur Insel Krk

und du schlenderst einfach nur hin und her und denkst: So soll es sein! Witzigerweise ist Mali Lošinj viel größer als Veli Lošinj (obwohl *mali* klein heißt und *veli* groß), trotzdem erweist es sich mit Altstadt und Strand als höchst reizvoll und gemütlich.

Lošinj verlässt du wieder genauso, wie du hergekommen bist: Immer nach Norden auf der Straße 100 – es gibt keine Alternative. Schließlich ist wieder die Hauptstadt erreicht, die so heißt wie die Insel selbst: Cres.

Zauberhaftes Hafenstädtchen

Bevor es zur Fähre nach Krk geht, solltest du hier auf jeden Fall noch einen ausführlichen Halt einplanen, denn die ❾ **Stadt Cres** ist ein zauberhaftes Städtchen, wie so viele kroatische Perlen ganz ans Hafenbecken geschmiegt, mit vielen Cafés, Eisdielen, Kneipen, Restaurants und Imbissen.

Von Cres geht's auf der Straße 100 kurz nach Norden und dann die erste größere Gelegenheit (Straße 101) scharf rechts nach Merag. Die Strecke zur Fähre (jadrolinija.hr) ist von dort auch ausgeschildert. Die Fähre landet in Valbiska auf der Insel Krk, nicht allzu weit vom Zentrum der gleichnamigen Inselhauptstadt entfernt.

❾ **Stadt Cres**

25 km

❿ **Krk**

Nie waren Konsonanten so schön

Von Cres per Fähre kommend, stellt sich auch gleich das uneingeschränkte Inselgefühl ein, andererseits ist ❿ **Krk** aber auch über eine beeindruckende Brücke mit dem Festland verbunden. Fast alle erinnern sich, von Krkr gehört zu haben, weil es so lustig klingt und doch eigentlich gar kein richtiges Wort sein kann. Hier wundert sich keiner drüber. Viel zu hübsch ist die Landschaft mit ihren Buchten. Besonders eindrucksvoll sind die Städtchen, allen voran das historische Highlight, das genauso heißt wie diese größte Insel Kroatiens. Mindestens einen Abend solltest du für die charmanteste Altstadt der Insel einplanen. Die lange, breite Promenade am Hafen entlang mit all den Ausflugsbooten gehört ebenso zum höchst angenehmen Pflichtprogramm wie ein Gang in die Nebengässchen. Von der schön restaurierten und bei Dunkelheit romantisch beleuchteten Frankopan-Burg *(kastel-krk.com)* bietet sich ein herrlicher Ausblick.

In Vrbnik geht's ziemlich steil zu. Die auf einen Felsen gebaute kleine Altstadt fällt jäh zum Ufer hin ab. Keine Promenade am Wasser, dafür sehr authentische Sträßchen in luftiger Höhe, darunter der Klančić, mit 40 cm zumindest laut Einheimischen das engste Gässchen der Welt. Baška am Südostzipfel Krks ist für seinen „Großen Strand" (Vela Plaža) bekannt. Deutlich weniger besuchte Strände – wie der schöne Mali Raj *(GPS 44.965993, 14.781818)* – schließen sich nach Osten hin an.

In Krk-Stadt knirscht nur der Name, auf dem Wasser läuft alles glatt

CAMPINGPLÄTZE AM WEGESRAND

Von Rovinj zur Insel Krk

Der Platz, der alles hat

Rundum-Versorgung bietet diese Großanlage in Rovinj, die auch noch zentrumsnah liegt (4,5 km bis zur Altstadt). Mit etwas Glück ergatterst du einen der Stellplätze mit direktem Meerblick. Das Gelände ist wirklich riesig, deshalb nimm beim Reinfahren nicht sofort den erstbesten Standort.

Maistra Camp Polari

€€ | Polari 1 | Rovinj | Tel. +385 52 80 02 00 maistra.com | GPS: 45.061709, 13.672482

▶ **Größe:** 1668 Stellplätze (30 Dauerplätze), 372 Mobile Homes
▶ **Ausstattung:** Restaurant, Shop, Pool, Waschmaschinen, Geldautomat, Fahrrad-, Segway- und Scooterverleih, Spielplatz, Strand

Gemütlich am Wasser

Oben auf der Banjole-Halbinsel bei Pula gelegener, ruhiger und gemütlicher Platz, mit dem Rauschen der Wellen als ständiger Audio-Begleitung. Zur Wahl stehen Stellplätze direkt am eigenen Strand (der schön, aber recht steinig ist) oder die deutlich schattigeren Standorte im sich anschließenden Pinienwäldchen.

Peškera Auto Camp

€€ | Indije 73 | Banjole (10 km/20 Min. von Pula-Zentrum) | Tel. +85 52 57 32 09 | camp-peskera.com GPS: 44.822811, 13.850814

▶ **Größe:** 80 Stellplätze | 20 Mietunterkünfte
▶ **Ausstattung:** Restaurant, Spielplatz, Pool, Bar, Relax Zone

Schattiger Erholungspark

Am Ende einer ruhigen Sackgasse an der kleinen Čikat-Bucht gelegen, in Spazierweite zum netten Latino Beach und zum Zentrum von Mali Lošinj. Der Platz ist riesig, aber trotzdem gemütlich mit vielen schattigen Stellplätzen. Mitten auf dem Gelände strahlt das große Spaß-Freibad mit mehreren Pools und Rutsche.

Camping Čikat

€€–€€€ | Čikat ul. 6a | Mali Lošinj | Tel. +385 51 23 21 25 | camp-cikat.com | GPS: 44.535990, 14.451332

Pinien vertragen Trockenheit ganz gut und spenden Campern bei Hitze Schatten

Bei Skrila Sunny Camping auf der Insel Krk hast du vom Womo aus Adria-Blick

▶ **Größe:** 867 Stellplätze, 253 Mietunterkünfte
▶ **Ausstattung:** Spielplatz, Restaurant, Imbiss, Shop, Pool, Waschmaschinen & Trockner, Fahrrad- und E-Bike-Verleih, Minigolf, Volleyball, Kinderbetreuung

Platz zum Durchatmen

Streng genommen schon auf der Insel Cres, aber nur wenige Autosekunden hinter der Brücke von Lošinj kuschelt sich dieser mittelgroße Platz in einen Kiefernwald an einer kleinen Bucht. Hier ist's wirklich ruhig und sauber. Wanderziele liegen in der näheren Umgebung. Und im benachbarten Ort Nerezine finden sich auch ein paar gute Lokale.

Camping Bijar

€–€€ | Osor | Osor Cres (22 km von Mali Lošinj)
Tel. +385 51 23 71 47 | camp-bijar.com
GPS: 44.699588, 14.396660

▶ **Größe:** 224 Stellplätze, davon 77 parzelliert, 26 Mietunterkünfte
▶ **Ausstattung:** Spielplatz, Imbiss, Waschmaschinen, Volleyball, Tischtennis, Basketballplatz, Kinderbetreuung, Bootssteg, Boots- und Fahrradverleih

Einmaliger Adria-Blick

Eine absolute Traumlage auf Krk, in direkter Nähe und gleichzeitig leicht oberhalb der Strände von Stara Baška. Durch die Anordnung des Campings in Terrassen haben viele Stellplätze einen sensationellen Meerblick. Die Anlagen sind tipptopp sauber und gut in Schuss. Die Straße endet im kleinen Hafen mit Strand – ideal für einen Sprung ins Wasser.

Škrila Sunny Camping

€€ | Stara Baška 300 | Stara Baška
Tel. +385 52 46 50 00 | camping-adriatic.com
GPS: 44.966649, 14.673981

▶ **Größe:** 291 Stellplätze, 42 Mietunterkünfte
▶ **Ausstattung:** Restaurant, Imbiss, Bar, Shop, Marktstand für Gemüse und Obst, Waschmaschine & Trockner, Spielplatz, Strand, FKK-Strand, Hundebademöglichkeit, Massage, Tischtennis, Beachvolleyball

Kulinarisches am Wegesrand

Von Rovinj zur Insel Krk

Lesen zum Frühstück

Egal ob drinnen oder auf der Terrasse – in der **Bookeria** ist alles dekoriert mit Büchermotiven, denn die Betreiber führen auch eine Reihe von Buchläden. Der vielleicht beste Ort in Rovinj für ein Frühstück oder den Kaffee zwischendurch. Gute vegetarische und vegane Angebote bei den Hauptspeisen. *Infos: Trg G. Pignaton 7 | Rovinj | Tel. +385 52 81 73 99 | bookeria-rovinj.com | €–€€*

Hier speisen Einheimische

Das **Konobo Boccaporta** in Pula ist so typisch kroatisch-istrisch, wie man es sich nur wünschen kann: gemütlich-rustikale Atmosphäre, wirklich hilfsbereites Personal und superleckere Gerichte. Von Klassikern wie Ćevapčići bis hin zu raffinierteren Variationen von Pasta mit Trüffeln. Hierher kommen auch viele Einheimische zum Essen. *Infos: Dolinka 18 | Pula | Tel. +385 52 50 62 66 | Facebook: Konobo „Boccaporta" | €€*

Am Rand von Istrien

Die **Safari Bar** ist ein legendäres Lokal ganz unten am Mala Kolombarica Beach auf der Premautra-Halbinsel. Gutes Essen und eine unglaubliche Aussicht von diesem wirklich letzten Flecken Istriens auf die große, weite Adria. Schrullig-liebevoll eingerichtet – alles aus Naturmaterialien. *Infos: Mala Kolombarica Beach, GPS 44.769184, 13.910341 | Kap Kamenjak | Tel. +385 91 197 81 42 | premantura.net | €€*

Näher an der Adria geht nicht

Die **Pizzeria Buffet Fortuna** ist das letzte Lokal am idyllischen Hafen von Veli Lošinj. Geh hinten durch auf die Terrasse und zwischen dich

Ein Balkan-Highlight für Vegetarier: gegrillte Auberginen mit Paprika

Fangfrisches aus dem Meer steht an der Adria natürlich besonders hoch im Kurs

und die plätschernde Adria passt kein Blatt Papier mehr. Dazu ein frisch Gezapftes oder ein Hauswein und eine knusprige Pizza. *Infos: Šestavine 3 | Veli Lošinj | Tel. +385 51 23 63 60 | €–€€*

Kühl & schmelzend

Ein helles, freundliches und kreatives Eiscafé in Mali Lošinj ist die **Gelateria Moby Dick.** Kaffee und Kuchen sind lecker, die schattigen Sitzplätze gemütlich – aber nichts schlägt das hervorragende Eis in allen möglichen Geschmacksvariationen. *Infos: Ul. Vladimira Gortana 38 | Mali Lošinj | Facebook: Moby Dick Gelateria | €€*

Nicht nur aus dem Meer

Einfache, günstige und vor allem richtig leckere Speisen kommen bei **Buffet Marittimo** in Cres auf die fast direkt am Hafen aufgestellten Tische. Spezialisiert hat man sich hier auf Fisch und Meeresfrüchte, aber die kroatischen Klassiker stehen auch auf der Karte. *Infos: Ul. Riva creskih kapetana (neben der Bistro-Pizzeria Krusija) | Cres | €*

Darauf einen Schnaps!

Kein Schnickschnack, sondern selbst gebackenes Brot und frisch Zubereitetes aus der Region bekommst du im **Zrinski Krk.** Besonders die Fischteller und die Meeresfrüchte halten, was sie versprechen. Zwischendurch gibt's den ein oder andern Schnaps aufs Haus. Auch die schattige Lage der Terrasse neben der St.-Quirinus-Kirche im historischen Zentrum von Krk und die fairen Preise sorgen dafür, dass der Laden läuft. *Infos: Trg svetog Kvirina 1 | Krk | €€*

Burgen, Berge & Wasserfälle
Von Šibenik nach Makarska

Strecke & Dauer
- Strecke: 125 km (ohne Fährstrecken)
- Reine Fahrzeit: 4 Std.
- Streckenprofil: Gut befahrbare Asphaltstraßen. Die Bergstraße auf Hvar ist recht eng und kurvig, einige Schotterpisten. Zwei Fährfahrten
- Empfohlene Dauer: 7 Tage

Was dich erwartet
Am Anfang dieser Tour steht Šibenik: ein Ort, so steil, dass du von der Altstadt einen tollen Blick auf die Umgebung hast. Dazu noch die strahlende Schönheit des Krka-Nationalparks direkt vor Šibeniks Toren. Über das historisch-hübsche Trogir geht's vorbei an immer neuen Festungen in die überraschend attraktive Großstadt Split mit alten Gässchen und eleganter Palmenpromenade. Danach darfst du die Überfahrt per Fähre genießen, an deren Ende du die idyllische, grüne Insel Hvar erreichst.

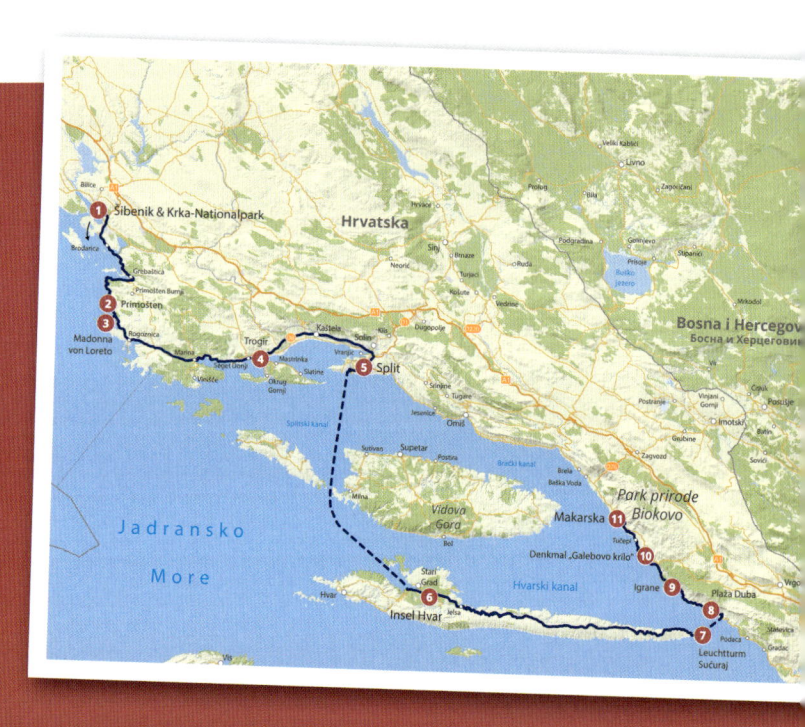

Stadtcharme & Landschaftszauber

❶ Šibenik & der Krka-Nationalpark

30 km

Ausgangspunkt dieser Tour sind ❶ **Šibenik & der Krka-Nationalpark**. Hier tust du viel für deine Kondition und Muskulatur! Aber jedes Mal wirst du für das Hecheln und die leicht schmerzenden Beine sofort entschädigt: zuerst in der steilen, aber unbestreitbar attraktiven Altstadt von Šibenik, wenn du die alte Burg mit Blick auf Ziegeldächer und Adria erklimmst. Verlauf dich danach ruhig mal in den schmalen, steilen Steinstraßen der Altstadt. Irgendwann kommst du an der Jakobs-Kathedrale heraus, einem stattlichen Renaissance-Bauwerk,

Das sehenswerte Ergebnis eines Fotostopps unter vielen im Krka-Nationalpark

im 15. Jh. hingeklotzt. Toll auch das Alte Rathaus nebenan. Parken: Im zentrumsnahen Parkhaus Javna garaža Poljana *(GPS 43.734788, 15.893338)* ist die Durchfahrtshöhe auf 2,30 m begrenzt. Für Größere gibt's noch das ebenfalls zentrale Gradski Parking Sibenik *(GPS 43.738040, 15.890685)*.

Auf langen Stegen und Wegen, vorbei an fantastischen Wasserfällen, geht das Fitnessprogramm im Krka-Nationalpark *(np-krka.hr)* weiter. Erst schnaufen, dann verschnaufen in einzigartiger Natur! Aussichts- und wunderbare Fotopunkte gibt es hier *en masse*.

Aus Šibenik heraus nimmst du die Straße 8 nach Süden, die immer am zerklüfteten Adria-Ufer entlangführt. Wie schön, dass das Meer über Jahrhunderte hier so launisch und kreativ war, massenhaft Buchten, Landvorsprünge, Inseln und Halbinseln in allen Formen und Größen an die Küste zu streuen. So wird einem nicht langweilig, bis schließlich Primošten, der nächste größere Ort, erreicht ist.

Durch steile Gassen

Gewissermaßen ist ❷ **Primošten** auch ein Eiland, denn die Altstadt verteilt sich auf eine winzige Beinahe-Insel (früher war's sogar mal eine). Während das moderne Primošten außen vor liegt, geht's

❷ **Primošten**

3 km

Kroatien

Von Šibenik nach Makarska

durchs Stadttor (Auto draußen lassen) in den historischen Teil mit seinen herrlichen Gässchen, einige davon durchaus steil. Feierlicher Abschluss oben mit Blick über den Rest der Stadt und das Wasser ist natürlich eine Kirche, in diesem Fall St. Georg. Bleibt noch der Rundweg mehr oder weniger direkt am Wasser entlang mit dem kleinen, aber toll gelegenen Kieselstrand Rosi auf der einen und dem alten Jachthafen (Stara riva) auf der anderen Seite. Wenn dich die (Sonnen-)Badelust gepackt hat, liegt in der Nähe auf dem eigentlichen Festland auch der deutlich größere Velika-Raduča-Strand.

❸ Madonna von Loreto

34 km

Von Primošten geht's weiter auf der Straße 8, aber nur wenige Minuten, denn es folgt gleich das nächste Highlight. Direkt hinter der Stadtgrenze geht eine kleine Straße nach rechts ab, an der ein braunes Straßenschild auf die „Gospe od Loreta" hinweist. Wer hier nicht abzweigt, dem ist nicht zu helfen, denn oben erwartet dich einer der großartigsten Aussichtspunkte Kroatiens.

Die ganze Weite Kroatiens im Blick

Nachdem du die schmale und steile, aber nur gut 1 km lange und passabel befahrbare Straße hinaufgeschaukelt bist, erreichst du oben eine wunderschöne, von Mäuerchen gesäumte Plattform. Vor dir ragt die moderne Riesenstatue der ❸ **Madonna von Loreto** in den Himmel – ein beeindruckendes Fotomotiv. Und um der Überraschung über den unerwarteten Ausbau noch die Krone aufzusetzen, gibt's dort sogar eine ordentliche Bar mit Kaffee und sonstigen Getränken. Zumindest Beifahrer können hier, auf dem Barhocker sitzend und mit einem Gläschen Wein oder Prosecco in der Hand, auf Primošten und den gesamten Küstenabschnitt anstoßen, der sich weit, weit unten ausstreckt. Parken: GPS 43.571887, 15.927806.

Die riesige Statue der Madonna von Loreto ist hier zwar nicht zu sehen, aber die Aussicht von der Plattform ist mindestens genauso schön

Das kleine Trogir ist eine Perle an der Adria

Den Berg runter geht es zurück zur Straße 8 und nach rechts weiter Richtung Südosten, teils direkt am Wasser mit tollen Blicken, teils ein wenig vom Ufer entfernt. Schließlich überquerst du die Stadtgrenze von Trogir.

Ein Traum von einer Altstadt

Nach Šibenik und Primošten ist ❹ **Trogir** die dritte bezaubernde Altstadt in Folge – und sie ist ein wahrer Knaller. Trogirs Herz liegt auf einer echten Insel, du gehst also über eine kleine Brücke und dann durchs alte Stadttor ins historische Ensemble hinein. Damit keine Verwechslungsgefahr mit anderen Old Towns besteht, besitzt Trogir im innersten Zentrum ausnahmsweise mal fast ebenerdige Gässchen, dafür aber nicht weniger charmant. So viele Quadratmeter sind hier gar nicht abzulaufen, aber dennoch kann man sich von Straße zu Straße treiben lassen. Am Südende des Areals verläuft die Promenade, höchst elegant von hübschen Lokalen und vielen Palmen gesäumt, neben denen schicke Boote festmachen. Als Bonus gibt's noch die Festung Kamerlengo am Ende der Promenade, die sich besonders am Abend mit romantischer Beleuchtung ausnehmend attraktiv präsentiert. Am Kai neben der Burg bewerben diverse Anbieter ihre Bootsausflüge. Der Hit ist die Tour zur wahn-

❹ Trogir

28 km

Kroatien

Von Šibenik nach Makarska

sinnig schönen Blauen Lagune vor der Insel Drvenik Veli, die an sich schon ein Traumziel ist.

Noch einmal nimmst du die Straße 8, vorbei am Flughafen Split sowie an einigen Küstenfestungen, bis Split erreicht ist.

Römische Monumente & ein Mega-Wald

5 Split

In einer quirligen Großstadt wie **5 Split** würde man gar nicht eine solch tolle Altstadt mit verwinkelten Gassen und jahrtausendealtem Charme erwarten. Starte beim riesigen Bauwerk, das ursprünglich nichts weniger war als der Alterssitz eines römischen Kaisers und als Unterkunft für ganze Militärgarnisonen diente: dem Diokletianpalast *(diocletianspalace.org)*. Diese bestens erhaltene Ruine aus dem 4. Jh. nimmt mitten in Split ein Areal von 30 000 m² in Anspruch. Spazier zum Goldenen Tor, einem der Eingänge in den Palast, zum Milesipalast, zum Jupitertempel – und weiter durch die eher flachen Straßen und Gassen der Fußgängerzone: sehr betriebsam, sehr lebhaft, sehr beeindruckend! Gleich am Rande der Altstadt triffst du am Hafen auf eine Promenade, aber nicht irgendeine, sondern DIE Riva von Split. Eigentlich sind es drei Boulevards in einem, denn innen reiht sich Lokal an Lokal – alle sehr hübsch, in der Mitte verläuft ein palmengesäumter Grünstreifen mit vielen Parkbänken und zur Wasserseite hin flanierst du direkt an schicken Booten vorbei. Der Waldpark Marjan *(marjan-parksuma.hr)* bietet kilometerlange Spazier- und Wanderwege, Laufstrecken, einen Botanischen Garten und Aussichtspunkte. Der wohl schönste Weg ist der zentrale Vrh Marjana–Telegrin, nicht ganz ohne, aber für Fußfaule geht's auch mit

Der Lavendelanbau auf Hvar ist noch keine 100 Jahre alt – aber von der Insel nicht mehr wegzudenken

Der Voćni Trg (Obstplatz) kann locker mithalten beim Wettbewerb um die schönsten Altstadtecken in Split

der Bimmelbahn hinauf. Die Aussicht entschädigt für alle Strapazen. Parken: Gleich gegenüber dem Hafen, aus dem die großen Fähren abfahren, liegt hinter dem Busbahnhof zwischen Straße und Bahnlinie der recht günstige und große Parkplatz P2 (*Obala Kneza Domagoja 12*).

Mitten aus dem Hafen im Zentrum von Split legen große bis sehr große Fähren in die verschiedensten Richtungen ab, sogar ins Ausland. Damit du nicht zufällig auf einem Schiff nach Italien landest, schau dir vorher einmal in Ruhe die Einfahrten zu den verschiedenen Fähranlegern an. Fahrkarten nach Hvar kann man im Voraus online (jadrolinija.hr) oder an den Buden im Hafen kaufen. Du landet auf Hvar im hübschen Örtchen Stari Grad, dessen Fährhafen ganz in der Nähe des kleinen Ortszentrums liegt.

Wo der Lavendel blüht

Ganz schön lang zieht sich das Inselchen ❻ **Hvar,** allerdings spielt sich nur im westlichen Drittel wirklich etwas ab – dafür dann aber so richtig: Buchten, Strände, Festungen, Weine, dazu süße Alt- und Hafenstädtchen wie Hvar-Stadt und Stari Grad. Und dann ist da natürlich noch der ganze Stolz und eine wichtige Einkommensquelle der Einheimischen: der Lavendel. Die riesigen Felder bilden besonders von der Bergstrecke aus einen faszinierenden Blickfang, aber witzig sind auch die kleinen Lavendelgärtchen hinterm Haus, angepflanzt wie bei uns Radieschen oder Rhabarber. Parken: Hvar City Centar Parking 1 *(GPS 43.173146, 16.445041)*. Auch sonst gibt es ausreichend Parkplätze.

❻ Hvar

Kroatien 207

Von Šibenik nach Makarska

Nachdem du die Insel Hvar einmal komplett von links nach rechts durchquert hast – in der schmalen östlichen Hälfte gibt es außer wilder, felsiger, wunderbarer Natur nicht viel zu besichtigen –, geht es vom Hafenörtchen Sućuraj per Fähre zurück aufs Festland.

❼ Leuchtturm Sućuraj

2 km

Spaziergang zum Leuchtturm

Wenn du etwas Zeit übrig hast, gibt es noch ein kleines Abschiedsgeschenk keine 20 Minuten Fußweg vom Fährhafen entfernt. Immer am Wasser entlang führt ein Weg an einer kleinen Festung vorbei zum äußersten Ostzipfel dieser schönen Insel. Dort steht der ❼ **Leuchtturm Sućuraj** *(GPS 43.124886, 17.196719 | lighthouse-sucuraj.com).* Der ist allerdings in Privathand und kann leider nicht besichtigt werden (drinnen gibt's Ferienwohnungen zu mieten). Beim Spaziergang zum Leuchtturm genießt du wunderbare Blicke auf die südliche Makarska-Riviera mit immer wieder überraschend romantischen Motiven.

Die Fähre Sućuraj–Drvenik (jadrolinija.hr) von Hvars östlichem Ende zum kroatischen Festland verkehrt von frühmorgens bis spätabends. Aus dem kleinen Dorf Drvenik folgst du der einzigen Möglichkeit hinaus auf die Küstenstraße 8 und dann ab nach links mit dem ausgeschilderten Ziel Makarska.

Immobilie in Toplage: der Sućuraj-Leuchtturm auf Hvar

Liegt pittoresk am Hang: das
400-Seelen-Örtchen Igrane

Strandidylle

Man würde es gar nicht denken, aber kurz hinter Drvenik versteckt sich in einer kleinen Bucht gleich unter der Adria-Hauptstraße mit ❽ **Plaža Duba** ein sehr idyllischer Strand. Natürlich ist es ein Kieselstrand, aber nicht so überfüllt wie manch andere Stelle bei Makarska und zudem mit einem ausreichend großen Parkplatz ausgestattet.

Vorbei an weiteren netten Stränden führt die Straße 8 nach Igrane.

Netter Fischerort mit venezianischem Turm

Leg einen kurzen Zwischenstopp im ruhigen, sympathischen Fischerörtchen ❾ **Igrane** ein. An der Strandpromenade unten am Wasser versammeln sich ein paar Restaurants und Cafés. Schön ist auch auf der anderen Seite des Dorfes der Igrane Viewpoint Sea, unter Bäumen mit herrlichen Blicken aufs Meer. Und beim Hinein- oder Herausfahren nimmst du – schon nahe der großen Küstenstraße – den Zalina kula mit, den venezianischen Turm von Zale aus dem 17. Jh., der stolz über Dorf und Meer wacht. Auch von hier ist das Adria-Panorama unwiderstehlich.

Du folgst der Straße 8 weiter auf Makarska zu. In Podgora machst du einen Abstecher zu einem interessanten Denkmal.

❽ **Plaža Duba**

2 km

❾ **Igrane**

12 km

Kroatien

Von Šibenik nach Makarska

Moderne Riesenskulptur

Das ⑩ **Denkmal „Galebovo krilo"** („Die Möwenflügel"), ein 32 m hohes Betonmonument oberhalb des Dorfes Podgora, ist eine echte Kuriosität. Wenn dich ein paar enge Kurven nicht schrecken, bieg in Podgora ab, fahr bis kurz vor Gornja Podgora und dann (ausgeschildert) zum Denkmal. 1962 errichtet, ist es dem Gedenken an die Soldaten gewidmet, die im Zweiten Weltkrieg die kroatische Küste verteidigten. Die Form des Kunstwerks ist wirklich etwas Besonderes und vor allem tut sich auch hier wieder ein unfassbar schöner Blick in Richtung blaue Unendlichkeit auf. Das Denkmal lässt sich vom Ort Podgora auch auf einem steilen, ca. 20-minütigen Fußmarsch erklimmen – auf die Ausschilderung achten!

Jetzt geht's auf demselben Weg zurück auf die Straße 8 und dann hinein nach Makarska.

- ⑩ Denkmal „Galebovo krilo"
- 14 km
- ⑪ Makarska

Die dalmatinische Strandmetropole

Strände gibt's viele an der kroatischen Küste, aber diese Verbindung von kleiner historischer Altstadt mit großem, zentrumsnahem Strand ist wohl doch einzigartig: Die elegante Hafenpromenade geht in ⑪ **Makarska** direkt über in die Flaniermeile den Strand entlang. Kein Wunder, dass sich Touristen jenseits aller Vorlieben und Herkunftsländer einig sind: Makarska ist etwas Besonderes. Der Biokovo-Aussichtsberg *(pp-biokovo.hr)* mit seinem unglaublichen Glasboden kommt als Superbonus hinzu. Parken: großer kostenpflichtige Platz am Südende von Altstadt und Hafen *(GPS 43.291548)*.

Ein Rundgang auf dem Skywalk im Biokovo-Gebirge ist nur was für Schwindelfreie

Die Makarska Riviera bei Brela. Sie erstreckt sich noch 45 km weiter nach Süden

Campingplätze am Wegesrand

Von Šibenik nach Makarska

Freundlich-familiär

Auf diesem Mini-Platz bei Šibenik ist alles ganz übersichtlich. Was aber überhaupt kein Nachteil sein muss, sofern du noch einen Platz ergatterst. Die Lage am Meer ist toll, die Besitzer super sympathisch (sie geben Ausflugstipps oder servieren auch schon mal ein Schnäpschen), die wenigen Stellplätze schön geräumig und teils überdacht. Zum Strand sind es 5 Min. zu Fuß.

Auto Camp Sani

€ | Put Gomljanika 38 | Šibenik-Brodarica
Tel. +385 91 555 84 04 | GPS: 43.682015, 15.917620
▸ **Größe:** 15 Stellplätze
▸ **Ausstattung:** Waschmaschine & Trockner, Kühlschrank und Kühltruhe für die Gäste, Hundedusche

Nachhaltig campen

Auf diesem mittelgroßen Platz bei Split kann es in der Hauptsaison voll werden, weswegen eine Platzreservierung empfehlenswert ist. Die Stellplätze selbst sind geräumig, der hübsche Kieselstrand gehört direkt zum Areal. Man bemüht sich um Nachhaltigkeit und wurde dafür von der Vereinigung Ecocamping ausgezeichnet.

Camping Stobreč Split

€€–€€€ | Put Svetog Lovre 6 | Stobreč (ca. 8 km vom Stadtzentrum) | Tel. +385 21 32 54 26
campingsplit.com | GPS: 43.504024, 16.526358
▸ **Größe:** 376 Stellplätze, 56 Mietunterkünfte
▸ **Ausstattung:** Spielplatz, Kinderbetreuung, Restaurant, Laden, Freibad, Sauna, Whirlpool, Fahrradverleih, Beachvolleyball, Sportplatz

Auf einer kleinen Insel

Auf der kleinen Insel Okrug Donji, von der Adria-Straße bequem per Brücke angebunden, übernachtet sich's besonders gut. Ein zusätzliches Plus ist die Lage gleich unterhalb der schönen Stadt Trogir – vom Campingplatz zu Fuß oder per Taxiboot zu erreichen. Der mittelgroße Platz liegt direkt am Wasser samt Kiesstrand und hat alles, was man so braucht.

Kamp Rožac

€–€€ | Šetalište Stjepana Radića 56 | Okrug Gornji (32 km von Split) | Tel. +385 21 80 61 05
camp-rozac.hr | GPS: 43.505190, 16.258148

Stellplätze unmittelbar am Wasser der Adriabucht hat Kamp Grebišće

An der Riviera von Makarska scheinen die Boote zu schweben

▶ **Größe:** 120 Stellplätze, 30 Mietunterkünfte
▶ **Ausstattung:** Restaurant, Bar, Waschmaschinen & Trockner, Vermietung von Kühlschränken, Spielplatz, Kinderbetreuung, Bootssteg, Tauchschule, Shop für Campingausrüstung

Mit Sandstrand

Dieser größere Platz auf der Insel Hvar hat eine tolle Lage. Sogar einen recht sandigen Strand hat man direkt vor der Nase. Im hinteren Bereich schattige Plätze unter Pinien. Ein paar Strandbars etc. gibt's auch. Der Ort Jelsa mit Restaurants ist nur 2,5 km entfernt.

Kamp Grebišće

€€ | Jelsa 621 | Jelsa, | Tel. +385 21 76 11 91 | grebisce.hr
GPS: 43.158420, 16.710940
▶ **Größe:** 150 Stellplätze, 1 Mietunterkunft
▶ **Ausstattung:** Snack-Bar, Beach-Bar, Waschmaschinen & Trockner, Spielplatz, Kinderbetreuung, Beachvolleyball, Boots-, SUP- und Fahrradverleih

Strandnah mit Weitblick

Das Panorama der Berge ist im Hintergrund zu erkennen, während du vorn zur Riviera von Makarska hinabblickst. Denn obwohl es nur zehn Gehminuten zum Strand sind, liegt der Platz doch ein wenig erhöht, die letzten Meter geht's auf der Straße recht steil hinauf. Dafür ist die Atmosphäre ruhig und familiär, liebevoll eingerichtet von den äußerst freundlichen Betreibern. Schöne, großzügige, schattige Stellplätze (leider nur für Womos bis 7 m). Netter Wanderweg nach Makarska. Nur Barzahlung.

Autocamp Krvavica

€ | Krvavica 101a | Krvavica (6 km von Makarska-Zentrum) | Tel. +385 91 526 70 58
autocamp-krvavica.com | GPS: 43.323530, 16.985822
▶ **Größe:** 30 Stellplätze
▶ **Ausstattung:** Gemeinschaftskühlschrank, Gemeinschaftsterrasse, Waschmaschine, Grill, kleiner Laden (in der Nähe)

Kulinarisches am Wegesrand

Von Šibenik nach Makarska

Für Muschelfans

Die traditionelle Gaststätte **Konoba Dvor** mitten auf der historischen Altstadtinsel in Primošten kocht mit frischen, regionalen Zutaten. Das Brot wird selbst gebacken, der sehr bezahlbare Hauswein schmeckt einwandfrei. Wenn du Muscheln magst, solltest du hier auf jeden Fall zuschlagen. *Infos: Ul. Put Briga 31 | Primošten | Tel. +385 92 163 86 72 | Facebook: Konoba Dvor | €€*

Zweimal Eis, bitte!

In der **Gelato bar Bella** gibt's das beste Eis von Trogir, selbstverständlich hausgemacht. Die Auswahl ist groß und kreativ, das Aroma wirklich einzigartig gut. Es lohnt sich, schon am Anfang des Altstadtbummels hinzukommen, damit man auf dem Rückweg gleich nochmal nachbestellen kann! Der Kaffee ist hier übrigens auch lecker. *Infos: Ul. Blaža Jurjeva Trogiranina 5 | Trogir | Facebook: Gelato bar Bella | €–€€*

Alles im grünen Bereich

Im **Feel Green** am Rande der Altstadt von Split wird alles, was den kreativen Küchenköpfen so in den Sinn kommt, von Hand zubereitet. Der Schwerpunkt liegt auf gesundem Essen, umweltfreundlichem Verhalten (Recycling-Materialien) und einem breiten Angebot für Vegetarier und Veganer. *Infos: Ul. ban Mladenova 3 | Split | Tel. +385 21 21 37 84 | feelgreen.hr | €€*

Direkt am Palast

Auf dem Gelände des gewaltigen Diokletianpalasts in Split sitzt und isst es sich bestens im **Fig Split**. Das Essen ist trotz Lage auf einem Filet-Grundstück nicht zu teuer. Lecker: Hummus mit selbst gemachtem Fladenbrot. Auch für ein stilvolles Frühstück geeignet. *Infos: Dioklecijanova ul. 1 | Split | Tel. +385 21 24 73 99 | figrestaurants.com | €€*

Klassiker Cevapcici? Geht immer!

Meeresfrüchte sind typisch für die dalmatische Küche

Das perfekte Steak

Lust auf ein rundum perfektes Steak? Im Herzen von Hvar-Stadt kommt im **Dalmatino** genau dieses auf den Tisch. Außerdem werden hier auch sehr leckere Fischgerichte serviert. *Infos:* Ul. Sveti Marak 1 | Hvar | dalmatino-hvar.com | €–€€

Fusion-Küche

In der tiefsten kroatischen Provinz, in einem kleinen Ort (Stari Grad) auf einer ruhigen, grünen Insel (Hvar) ein Restaurant mit kreativer Fusion-Küche und einem breiten vegetarischen sowie veganen Angebot zu finden – das ist schon toll! Im **Nook** gibt's dazu noch einen hübschen Garten, nette Leute und günstige Preise. *Infos:* Ul. Ljudevita Gaja 2 | Stari Grad | Tel. +385 97 740 57 97 | Facebook: Nook Stari Grad | €€

Saisonal & regional

Im oberen Teil der kleinen Altstadt von Makarska sitzt du bei **Gastro Diva** gemütlich direkt auf dem Gehsteig und lässt die Welt an dir vorbeiziehen. Die Speisen werden fast ausschließlich aus regionalen Zutaten bereitet, die Karte regelmäßig saisonal angepasst. *Infos:* Kalalarga 22 | Makarska | Tel. +385 95 511 04 22 | Facebook: Arta Larga by Gastro diva | €€

Schokolade zum Abschluss

Besonders authentisch speist du im **Castellum** im Schatten der Kathedrale in der Altstadt von Makarska. Der Sommelier berät dich gern bei der Auswahl eines passenden Weins. Plan unbedingt noch Platz für den himmlischen Schokoladenkuchen ein! *Infos:* Trg fra Andrije Kačića Miošića 7 | Makarska | Tel. +385 95 362 43 29 | restaurant-castellum.com | €€–€€€

Die traumhaft schöne Monemvasia auf dem Peloponnes war in byzantinischer Zeit eine Festungsstadt

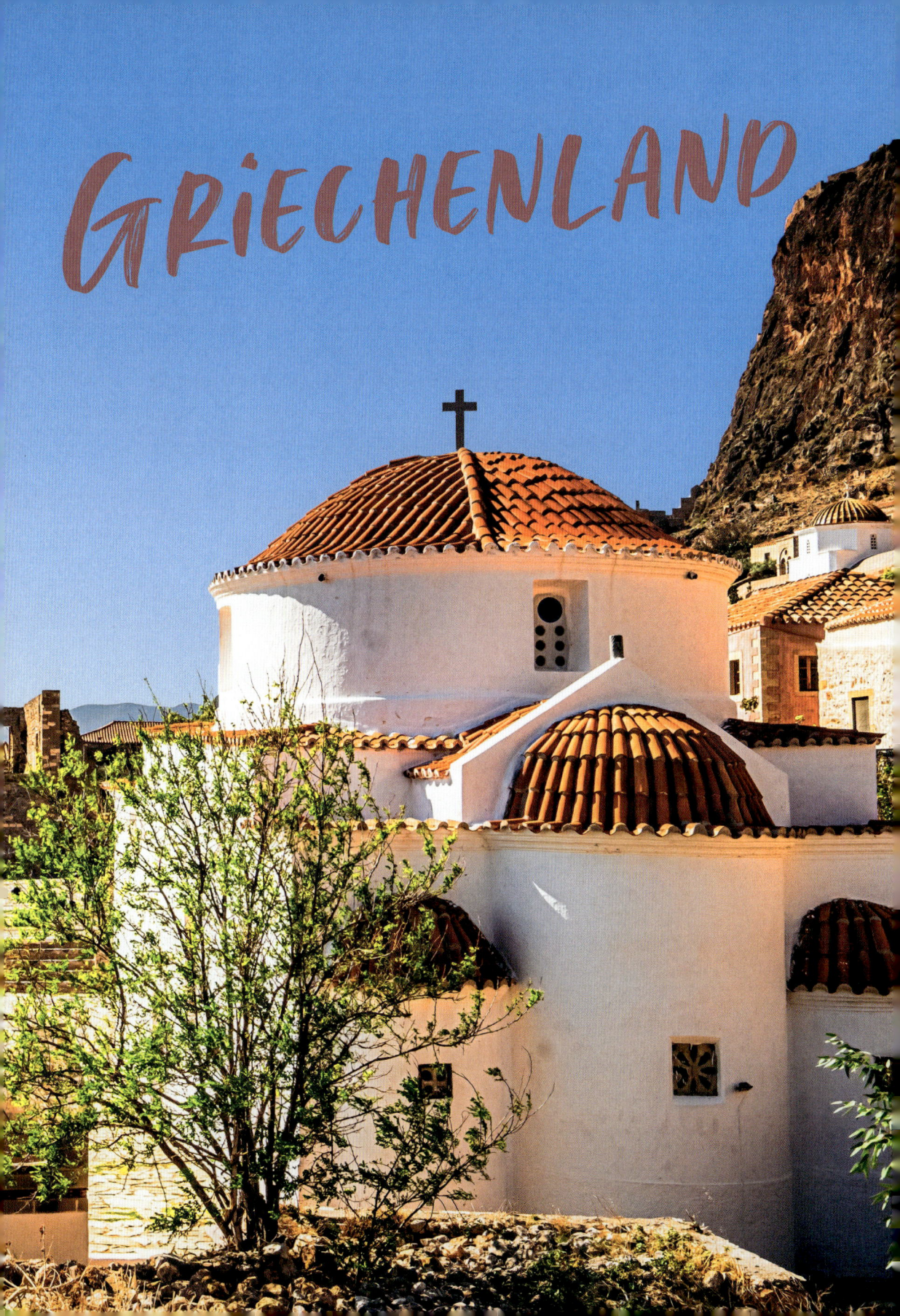

GRIECHENLAND

Kalos irthate im Land der Mittelmeerinseln

Geselligkeit und Kultur, mediterranes Essen und Strände ohne Ende – das verbinden viele Menschen mit Griechenland. Die Menschen hier verstehen es, das Beste aus dem Leben zu machen – allen Widerständen zum Trotz. Wer Griechenland bereist, wird sie spüren, diese unkomplizierte Leichtigkeit. Griechenland ist so mediterran, so europäisch, so wunderschön – und gleichzeitig so anders.

Oliven, Joghurt und Retsina: ein unschlagbares Trio!

Welterbe ohne Ende

Das reicht für weit mehr als einen Urlaub: Insgesamt 18 Welterbestätten sind über das ganze Land verteilt – allesamt einzigartige Monumente ihrer Zeit. Das wohl imposanteste – und weltberühmte – steht in Athen: die Akropolis. Bekannt ist aber auch das antike Theater von Epidauros. Dies sind allerdings nur zwei der vielen Ausgrabungsstätten von historischer Bedeutung, auf die die Griechen zu Recht so stolz sind.

Meer, soweit das Auge reicht

Griechenland ist mit dem Meer so verbunden wie kaum ein anderes Land. Mit über 3000 Inseln besitzt es mehr als 80 Prozent aller Eilande im Mittelmeer. Und so überrascht es nicht, dass die Griechen sich seit jeher als Seefahrer verstehen und das Meer lieben. Das spiegelt sich übrigens auch im Blau der Landesflagge wider.

Wo Essen und Gespräche zur Kultur gehören

Essen und gute Gespräche sind in der griechischen Kultur über Jahrtausende miteinander verknüpft. Dazu gehört, dass das gemeinsame Essen gleichzeitig Anlass für Geselligkeit und ausufernde Gespräche über Gott und die Welt ist. Es wird aufgetischt und jeder ist ein-

Meer, Meer, Meer – ach, Kefalonia!

geladen, teilzunehmen. Es hält sich sogar die Geschichte, dass man bei einer griechischen Familie nicht nach einem Wasser fragen kann, ohne zum Essen eingeladen zu werden. Und so manche Reisendenden sind mit Sicherheit schon nach einem guten gemeinsamen Mahl und dem ein oder anderen Glas Wein vom Tisch eines Einheimischen aufgestanden. Aber Achtung: Wundere dich nicht, wenn es mal etwas lauter wird, Gespräche unter Griechen können nämlich sehr leidenschaftlich sein. Doch spätestens beim *yamas* (griech. für „Prost") erheben dann alle – egal, wie heftig zuvor diskutiert wurde – gemeinsam das Glas.

Das griechische Alphabet

Es ist der Ursprung vieler europäischer Schriften. Nützt aber alles nichts, denn die Buchstaben sehen so anders aus, dass du die griechischen Hieroglyphen vermutlich kaum entziffern kannst. Lass dich davon aber nicht verunsichern – oft ist die lateinische Schreibweise ergänzt, und die meisten Griechen sprechen sehr gutes Englisch.

Immer mit der Ruhe

In Griechenland laufen die Uhren etwas langsamer. Hier ist Entschleunigen angesagt – und dafür gibt es sogar einen Ausdruck: *sigá, sigá*. Wörtlich bedeutet das „langsam, langsam" und inhaltlich soviel wie „immer mit der Ruhe". Stress wollen die Griechen am liebsten vermeiden, Hektik suchst du hier meist vergebens. Das hat zur Folge, dass man zu Verabredungen auch mal zu spät kommt und Terminabsprachen selten als in Stein gemeißelt betrachtet werden. Wenn du dich darauf einlässt, ist diese innere Ruhe regelrecht ansteckend. Du wirst überrascht sein, welche Leichtigkeit dich dann auf deinem Campertrip durch Griechenland begleitet und wie erholt und entspannt du nach Hause zurückkehrst.

AUF EINEN BLICK

158
Strophen hat die griechische Nationalhymne
[gesungen werden meist die ersten beiden]

13 676 km
Küstenlänge
[Festland und Inseln]

137 km
bist du in Griechenland maximal vom Meer entfernt

Eigentlich heißt Griechenland
Hellenische Republik

348
SONNENTAGE IM JAHR AN DER AKROPOLIS

ERFOLGSMODELL
Marathon
[Geht auf die Laufstrecke Marathon–Athen zurück. Sie ist knapp 40 km lang, erst später wurden 42,195 km festgelegt]

Wer's glaubt, wird selig:
Spucken
soll in Griechenland Unglück vertreiben

300
Campingplätze landesweit

10 kg
FETA ISST EIN GRIECHE IM JAHR

Einer von 348 Sonnentagen an der Akropolis

Die antiken Wurzeln der Demokratie

Athen gilt als die Wiege der modernen Demokratie, denn hier wurde schon vor mehr als 2500 Jahren die „attische" Demokratie ausgerufen. Die Idee war, dass die Bürger sich untereinander beraten und Athen so durch die Wahl des Volkes leiten. Dieser Grundgedanke konnte sich schließlich durchsetzen.

Kritische Handzeichen

Vorsicht: Bestell in Griechenland niemals fünf Getränke mit einer offenen Handinnenfläche zum Kellner gerichtet. Es könnte dann nämlich sein, dass du statt deiner Getränke einen bösen Blick erntest, denn in Griechenland gilt die Handinnenseite mit abgespreizten Fingern als beleidigend. Auch ein zustimmend gemeintes „Daumen hoch" solltest du vermeiden. Es könnte als obszön interpretiert werden!

Feuer in allen Töpfen

In einigen Tavernen findest du die besten Gerichte nicht unbedingt auf der Speisekarte, denn vielerorts werden auch einige Tagesgerichte angeboten – frisch gekocht und noch in den Töpfen präsentiert. Entweder gibt es in der Taverne einen Schautresen oder du wirst direkt in die Küche eingeladen. Das ist ein Angebot, das du niemals ablehnen solltest, denn viel authentischer kann griechische Küche nicht sein. In den Kochtöpfen werden köstliche Schmorgerichte wie *stifado* (Rindfleisch mit Perlzwiebeln) oder *kléftiko* (Kartoffeln mit Lamm- oder Ziegenfleisch) zubereitet. Aus dem Ofen kommen *juvétsi* (überbackene Reisnudeln mit Rindfleisch) oder *moussaka* (Kartoffel-Auberginen-Hack-Auflauf).

Griechenland

CAMPING MEETS INSELHOPPING

Von Lefkada über Kefalonia nach Zakynthos

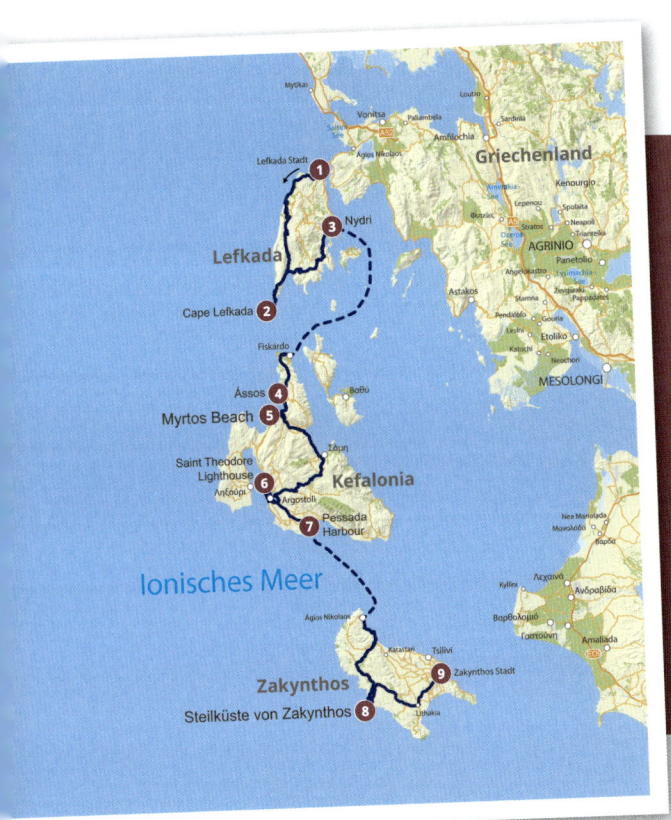

Strecke & Dauer

- Strecke: 234 km (ohne Fährfahrten)
- Reine Fahrzeit: 6 Std. 30 Min. (ohne Fährfahrten)
- Streckenprofil: Größtenteils sehr gut geteerte Straßen, oft aber kurvig und bergig; kaum Schotterpisten, meist wenig Verkehr und keine Autobahnen
- Empfohlene Dauer: 14 Tage

Was dich erwartet

Die Ionischen Inseln bieten auch Campern einen unkomplizierten Einstieg ins Inselhopping. Während viele griechische Eilande nur per Fähre zu erreichen sind, kommst du nämlich zu den Traumstränden Lefkadas bequem über eine Brücke. Dann geht es jedoch nur per Fähre weiter auf die noch recht ursprüngliche Insel Kefalonia – auch hier warten herrliche Strände. Zakynthos mit seinem kristallklaren Wasser, den Steilklippen und der Chance auf ein Treffen mit Meeresschildkröten macht das Inselhüpfen komplett!

Karibisches Flair in Griechenland

❶ Lefkada Stadt

49 km

Die Tour startet in ❶ **Lefkada Stadt** auf der Insel Lefkada. Eine Aneinanderreihung (unglücklicher) Umstände brachte die Karibik in die Gassen des Inselhauptorts: Nach einem Erdbeben im Jahr 1953 renovierten viele Einwohner ihre zerstörten Häuser mit Holz oder Wellblech. Um die Provisorien zu verschönern, kam Farbe zum Einsatz. Bars und Restaurants griffen das durch die bunten Häuser entstandene karibische Flair auf. Das Ergebnis ist eine Mischung aus griechischer Gelassenheit, venezianischer Architektur und karibischem Lebensgefühl. Parken: Entspannt, zentral und kostenlos parkst du

Bunte Häuser sind das Markenzeichen von Lefkada Stadt

in den Parkbuchten entlang der Straße Alekou Panagouli, direkt am alten Hafen (GPS 38.83451, 20.71151).

Du verlässt Lefkada Stadt auf der Straße Pefaneromenis in Richtung Westen. Und schon gleich beginnt der erste kurvige Abschnitt der Route. Auf der Landstraße Epar.Od. Lefkas – Kato Exanthias schlängelst du dich durch mehrere S-Kurven immer weiter nach oben. Unterwegs kommst du durch Tsoukalades. Das Örtchen selbst ist unspektakulär, aber im Zentrum kannst du dich in Lolis Bäckerei (GPS 38.82173, 20.65643) mit Proviant eindecken – die Spanakopita (Blätterteig mit Spinat und Feta) und die Schokocroissants sind eine Sünde wert. Kurz nach dem Ortsende öffnet sich nach einer langgezogenen Kurve der Blick, und du hast eine großartige Aussicht auf die Küste Lefkadas. Bei Komilio (GPS 38.70905, 20.59669) biegst du nach rechts auf die Epar.Od. Komiliou – Akrotiriou Lefkatas ab und folgst dem Straßenverlauf immer weiter Richtung Süden.

❷ Cape Lefkada

35 km

Am Südzipfel

Den südlichsten Punkt der Insel, ❷ **Cape Lefkada,** erreichst du über einen kurvenreichen Abstecher bei GPS 38.60981, 20.56642. Nach etwa 8 km stellst du dein Gefährt am Parkplatz ab und machst dich mit Kamera (oder Handy) bewaffnet (und falls noch etwas übrig ist, mit dem in Lolis Bäckerei erworbenen Proviant) auf den Weg zur Spitze des Kaps. Von hier bietet sich ein fantastischer Ausblick auf

Griechenland

Von Lefkada über Kefalonia nach Zakynthos

den kleinen Leuchtturm und das Ionische Meer. Folglich lohnt sich der Besuch ganz besonders zum Sonnenuntergang – aber auch zu jeder anderen Tageszeit.

Zurück auf der Hauptroute setzt du die Reise gen Norden fort, bis du bei GPS 38.63816, 20.59588 auf die Landstraße Epar.Od. Lefkas – Vasilikis triffst. Wie ihr Name schon verrät, führt diese Strecke durch das hübsche Örtchen Vasilikis, wo du dir bei einem kurzen Spaziergang die Füße vertreten kannst, während du die Windsurfer auf dem Wasser beobachtest. Im Anschluss geht es weiter auf der Epar. Od. Lefkas – Vasilikis erst in Richtung Osten und dann nach Norden, bis du schließlich Nydri erreichst.

❸ Nydri

20 km

Sprungbrett zu den Inseln

Eigentlich ist ❸ **Nydri** nichts Besonderes – wären da nicht die landschaftlich reizvolle Umgebung und der Fährhafen, von dem die Autofähren nach Ithaka, Meganisi und Kefalonia ablegen *(westferry.gr und ionionpelagos.com)*. Bevor du auf die nächste Insel – Kefalonia – übersetzt, kannst du einen Ausflug zum Dimosari-Wasserfall machen oder einfach in einem der Cafés am kleinen Hafen das Treiben beobachten.

Im Hafen von Fiskárdo auf Kefalonia angekommen, folgst du der Hauptverkehrsstraße in Richtung Antipáta und dann weiter gen Süden. Anfangs noch unspektakulär, verwandelt sich diese Route in eine schöne Strecke mit zahlreichen Kurven, auf der sich ein atemberaubendes Panorama auf das Meer und die benachbarte Halbinsel Paliki bietet. Schnell wird klar: Kefalonia ist nicht nur ursprünglich, sondern auch camperfreundlich. Selten findet man auf einer griechischen Insel so kurvenreiche und dennoch gut ausgebaute

Cape Lefkada: nicht nur bei Sonnenuntergang ein Hingucker

Erst die Hafenpromenade von Assos entlangschlendern, dann lunchen – oder umgekehrt?

Straßen. Hier macht das Cruisen Spaß – und an jeder Ecke wartet eine tolle Aussicht! Zwischendurch solltest du dich aber auch auf die Straße konzentrieren – denn manchmal musst du sie dir hinter einer Kurve plötzlich unerwartet mit einer Ziegenherde teilen. Glücklicherweise gibt es unterwegs einige Haltebuchten (beispielsweise bei GPS 38.38256, 20.56126), in denen du die Aussicht ganz ohne Kollisionsgefahr genießen kannst. Nach insgesamt 20 km erreichst du über eine kurvenreiche Strecke das hübsche Örtchen Ássos, in dem sich ein Zwischenstopp lohnt.

Hübsches Dorf mit bunten Häusern

Schon von oben ist ❹ **Ássos** mit seinen bunten Häuschen, die beschaulich in der kleinen Bucht liegen, sehenswert. Über dem bei Touristen und Seglern beliebten Dörfchen thront eine alte venezianische Festung, die tagsüber frei zugänglich ist. Entspannt parken kannst du auf einem Platz etwas außerhalb des Zentrums *(GPS 38.37731, 20.54422).*

Nach dem Abstecher nach Ássos fährst du zurück auf die Landstraße, die ab hier Epar.Od. Agias Efimias – Assou heißt, und orientierst dich Richtung Süden. Dieser Teil der Route ist ein wahres

❹ Ássos

12 km

Griechenland 225

Von Lefkada über Kefalonia nach Zakynthos

Erlebnis mit immer neu sich öffnenden Panoramen vor Front- und Seitenscheibe. Nach einer kurzen Fahrt biegst du bei GPS 38.33024, 20.54546 nach rechts zum Myrtos Beach ab.

Ursprüngliche Schönheit im ionischen Meer

Einer der beliebtesten Strände von Kefalonia ist der ❺ **Myrtos Beach** im Nordwesten der Insel – gefühlt unendlich lang, mit feinem Sand und klarem Wasser. Nach einem Bad im türkisblauen Meer kannst du auch in der Umgebung einiges erkunden. Direkt unten am Strand gibt es einen großen Parkplatz. Im hinteren Drittel kannst du – wenn du dich unauffällig verhältst und kein Campingverhalten zeigt – auch mal mit dem Camper übernachten (*GPS 38.34303, 20.53679*).

Zurück auf der Hauptstraße (nun mit Namen Epar.Od. Faraklaton – Agias Efimias), orientierst du dich nach Südosten, passierst den Ort Sami und erreichst nach 44 km auf der EO50 die Inselhauptstadt Argostoli. Wenn du noch mehr von Kefalonia kennenlernen möchtest, lohnt sich hier aber auch die alternative Route auf die Halbinsel Paliki mit ihren hübschen Stränden. Neben dem Fteri Beach ist auch der Xi Beach am südlichen Ende der Halbinsel mit seinem orangefarbenen Sand sehenswert.

❺ Myrtos Beach

44 km

Das Saint Theodore Lighthouse kommt klassizistisch daher

Für viele einer der schönsten Strände Griechenlands: der Myrtos Beach auf Kefalonia

Klassizistischer Leuchtturm

Argostoli, die größte Stadt von Kefalonia, ist nur bedingt sehenswert. Stattdessen empfiehlt sich ein kurzer Abstecher zum ❻ **Saint Theodore Lighthouse** *(GPS 38.19159, 20.46771 | wenige Parkmöglichkeiten direkt an der Zufahrtsstraße).* Der außergewöhnliche Leuchtturm ist der Nachbau eines klassizistischen Gebäudes von 1829, das bei dem starken Erdbeben 1953 zerstört wurde. Besonders zum Sonnenuntergang ist er mit seinen Säulen ein hübsches Fotomotiv.

Nun steht der letzte kurze Streckenabschnitt auf der Insel an. Die 12 km lange Fahrt Richtung Südosten nach Pessada führt dich zunächst über die Epar.Od. Argostoliou – Porou. Bei GPS 38.14805, 20.52702 hältst du dich dann rechts und fährst auf die Epar.Od. Argostoliou – Pessadon. Die Strecke ist unspektakulär – aber vielleicht ist das nach den überwältigenden Panoramen der letzten Tage ja sogar mal eine willkommene Abwechslung?

Fährhafen

In Pessada angekommen, orientierst du dich am besten direkt in Richtung Fährhafen ❼ **Pessada Harbour** *(GPS 38.10754, 20.5896);* wenn man es so überhaupt nennen kann. Die Anlegestelle für die Überfahrten nach Zakynthos erinnert viel mehr an eine einfache Kaimauer – aber sie erfüllt ihren Zweck! Die Fährfahrt von Pessada nach Ágios Nikolaos/Zakynthos dauert ca. eine Stunde und wird zweimal täglich angeboten *(ionionpelagos.com).*

❻ Saint Theodore Lighthouse

12 km

❼ Pessada Harbour

32 km

Griechenland

Von Lefkada über Kefalonia nach Zakynthos

Kaum hast du auf Zakynthos den Fährhafen Ágios Nikolaos auf der Hauptstraße Richtung Westküste verlassen, wirst du bemerken, dass die Fahrbahn auf Zakynthos nicht so gut ausgebaut ist wie auf Kefalonia. Hier erwarten dich häufig Buckelpisten; alle Insassen sollten also ruckelfest sein. Wenn du die Blue Caves – mehrere beeindruckende natürliche Grotten in der Steilküste der Insel – erkunden möchtest, halte dich direkt nach Verlassen des Fährhafens in Richtung Norden. Vom Parkplatz am Skinari Kap (GPS 37.93390, 20.69929) starten täglich Bootstouren zu den Höhlen. Mit oder ohne Abstecher zu den Blue Caves orientierst du dich Richtung Südwesten und erreichst über die Landstraße Epar.Od. Machairadou – Anafonitrias schon bald den Porto Limnionas Beach, deinen Ausgangspunkt für die Erkundung von Zakynthos' Steilküste.

8 **Steilküste von Zakynthos**

30 km

Von Felsen hüpfen & mit Schildkröten schwimmen

Auf der Westseite der Insel erwarten dich wunderschöne Panoramen, teils noch verlassene Buchten, unzählige Felsen zum Sprung ins kühle Nass und die Chance auf eine Begegnung mit Meeresschildkröten! Als Ausgangspunkt für die Erkundung der 8 **Steilküste von Zakynthos** eignet sich der gut gelegenen Porto Limnionas Beach (GPS 37.74007, 20.70126). Auf Zakynthos kannst du auch ohne Bootsführerschein ein Motorboot ausleihen und so überfüllte Spots wie die Blue Caves umgehen *(zanterentboats.com)*. Klassische Strände sind dir zu langweilig? Dann wäre dieser vielleicht etwas für dich: Etwa 30 Minuten dauert der Abstieg entlang der Klippen zum Plakaki

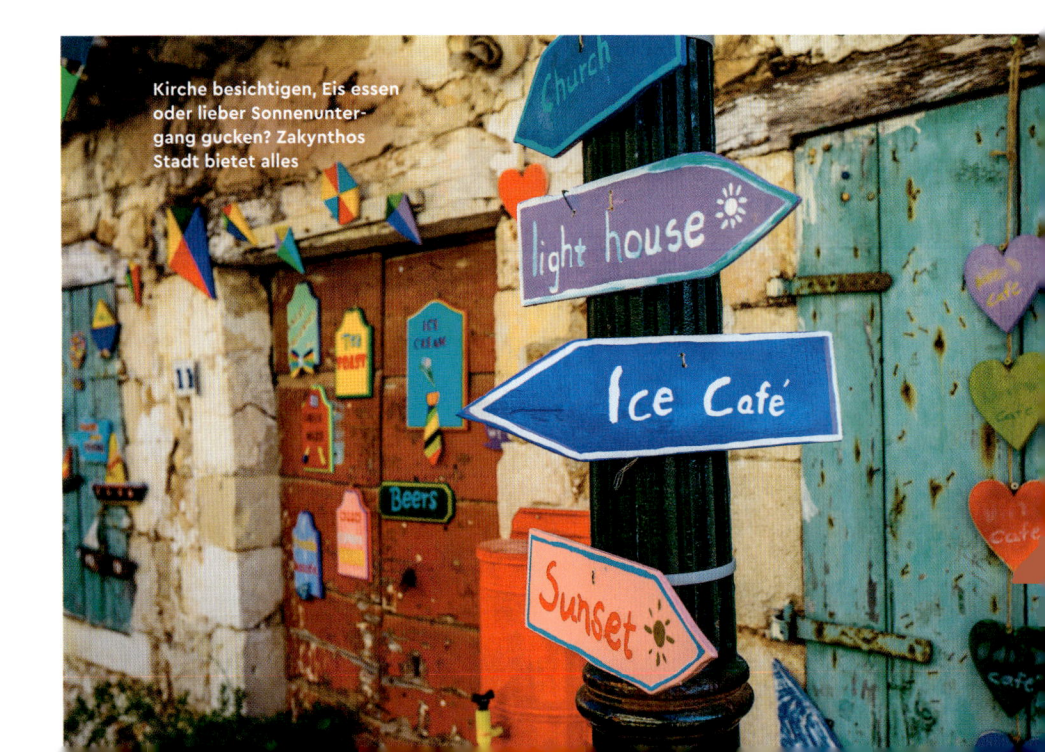

Kirche besichtigen, Eis essen oder lieber Sonnenuntergang gucken? Zakynthos Stadt bietet alles

Den Shipwreck Beach mit dem havarierten Frachter bekommt man nur von oben oder vom Wasser aus zu sehen

Beach. Dort hältst du dich links und erreichst schließlich einen natürlichen Pool. Komm am besten vormittags hierher, wenn die Bucht noch leer und der Weg schattig ist. Parken: Der Ausgangspunkt der Wanderung ist ein Parkplatz mit Wendemöglichkeit *(GPS 37.68580, 20.77245)*. Der Shipwreck Navagio Beach Viewpoint ist einer der Hotspots auf Zakynthos. Umso größer ist die Enttäuschung, weil die Sicht auf das berühmte Schiffswrack sehr eingeschränkt ist. Einen besseren Ausblick hat man von den Trampelpfaden entlang der Klippen, die aber manchmal wegen Absturzgefahr gesperrt sind. Sollten sie geöffnet sein, ist dennoch äußerste Vorsicht geboten! Der Ausblick auf die Steilküste lohnt sich in jedem Fall. Parken: beim Navagio Beach Viewpoint *(GPS 37.86188, 20.62721)*.

Nach einer aufregenden Zeit an der Steilküste von Zakynthos setzt du deine Fahrt auf der Landstraße Epar.Od. Lithakias – Agala nach Zakynthos Stadt fort.

Angenehmes Bummelklima

Bevor du auch die letzte der Ionischen Inseln verlässt, kannst du noch einen gemütlichen Bummel durch den Hauptort von Zakynthos einlegen. Zwar wurde **Zakynthos Stadt** bei dem großen Erdbeben 1953 fast völlig zerstört, doch das Ergebnis des Wiederaufbaus ist durchaus gelungen. Auf dem St. Markos Square und in den umliegenden Gassen findest du kleine Boutiquen, lauschige Cafés und natürlich auch klassische Souvenirlädchen. An der Promenade weht selbst an heißen Tagen eine angenehme Brise. Gut parken kannst du etwa 1 km südlich des Zentrums ganz in der Nähe des Fährhafens *(GPS 37.77611, 20.90014)*.

Zakynthos Stadt

CAMPINGPLÄTZE AM WEGESRAND

In Stadtnähe

Die Lage dieses kleinen Campingplatzes ist ideal, um Lefkada Stadt ohne das eigene Gefährt zu erkunden. Per Taxi bist du in 5–10 Min am Segelhafen, von wo aus du dich zu Fuß ins Getümmel stürzen kannst. Nette Betreiber, schattenspendende Bäume und kleiner Pool.

Kariotes Camping & Rooms

€ | *Kariotes (4 km südöstl. von Lefkada Stadt)*
Tel. +30 26 45 07 11 03 | campingkariotes.gr
GPS: 38.80467, 20.71435

▸ **Größe:** ca. 12 Stellplätze plus Zeltplätze und Mietunterkünfte
▸ **Ausstattung:** Bar, Restaurant, Pool

Am Strand mit Inselblick

Gemütlicher Campingplatz südlich von Lefkada Stadt. Die weite Entfernung zum Zentrum wird durch die wunderbare Lage direkt am Wasser wettgemacht. Vom hübschen Strand aus hast du einen Ausblick auf die Nachbarinsel Meganisi.

Poros Beach Camping & Bungalows

€€ | *Poros Beach (35 km südöstl. von Lefkada Stadt)*
Tel. +30 26 45 09 54 52 | porosbeach.com.gr
GPS: 38.64128, 20.69694

▸ **Größe:** 65 Stellplätze plus Mietunterkünfte
▸ **Ausstattung:** Minimarkt, Restaurant, Pool, Waschmaschinen

Chillen am Pool

Die Stellplätze dieses Platzes nicht weit vom Myrtos Beach sind einfach gehalten, doch der Gemeinschaftsbereich kann sich sehen lassen: großer Pool, eine moderne Bar und viele Liegeplätze mit hübschen Bambusschirmen und Blick auf den Strand. Hier kann man es ein paar Tage aushalten!

Von Lefkada über Kefalonia nach Zakynthos

Camping Karavomilos Beach mit Liegen und Strandblick

In den Gewässern rund um Zakynthos leben leider nur noch wenige Unechte Karrettschildkröten

Camping Karavomilos Beach

€€ | Sami (17 km südöstl. vom Myrtos Beach)
Tel. +30 26 74 02 24 80 | camping-karavomilos.gr
GPS: 38.25137, 20.63808

▸ **Größe:** 294 Stellplätze
▸ **Ausstattung:** Minimarkt, Restaurant, Waschmaschinen, Pool, Spielplatz, Kühlmöglichkeiten

Beim Campen Schildkröten beobachten

Veit und Anna aus Österreich betreiben auf Zakynthos seit über 30 Jahren ihren liebevoll angelegten Campingplatz mit Blick auf die „Schildkröteninsel" Marathonísi. Um die Tiere von der Campingplatzterrasse aus im Wasser zu beobachten, leihen dir die beiden auch ein Fernglas.

Tartaruga Camping

€ | Lithakia (22 km südöstl. von Porto Limnionas) |
Tel. +30 26 95 05 19 67 | tartaruga-camping.com
GPS: 37.69791, 20.83941

▸ **Größe:** 101 Stellplätze
▸ **Ausstattung:** Minimarkt, Restaurant

Mitten in der Natur unter Olivenbäumen

Nur etwa 100 m vom Psarou Beach entfernt betreiben Dimitris und Petros auf Zakynthos unter vielen Oliven- und Eukalyptusbäumen diese Oase der Ruhe. Durch seine Lage auf der Ostseite der Insel bietet der Campingplatz einen netten Kontrast zur rauen Steilküste im Westen. Das Zentrum Zakynthos Stadt ist nur einen Katzensprung (11 km) entfernt.

Paradise Camping

€ | Meso Gerakari (27 km nordöstl. von Porto Limnionas) | Tel. +30 26 95 06 18 88 | paradisecamping.gr
GPS: 37.83662, 20.81493

▸ **Größe:** 70 Stellplätze, Zelt- und Campervermietung
▸ **Ausstattung:** Minimarkt, Waschmaschinen

Griechenland

Kulinarisches am Wegesrand

Von Lefkada über Kefalonia nach Zakynthos

Gemütlicher Innenhof

In der **LightHouse Tavern** in Lefkada Stadt serviert man griechische Klassiker in einem lauschigen Innenhof. Du sitzt auf bunten Stühlen zwischen Hängepflanzen, hübschen Wandtellern und Lampen aus Emaille-Sieben. Unbedingt probieren: Käse im Blätterteig mit Honig und Sesam. *Infos: Filarmonikis | Lefkada Stadt | Tel. +30 26 45 02 51 17 | Facebook: LightHouseLefkada | €€*

Direkt aus dem Topf

„Follow the waiter to the kitchen!", denn in der Küche der **Taverna EYTYXIA** in Lefkada Stadt wartet das *secret menu* auf dich. Von den täglich wechselnden griechischen Gerichten suchst du dir deins direkt aus den Töpfen heraus aus. *Infos: Stampógli | Lefkada Stadt | Tel. +30 26 45 40 02 36 | Facebook: Taverna-EYTYXIA-1960 | €€*

Joghurt im Garten

Frische Salate, leckere Sandwiches und fantasievolle Joghurt-Kreationen – im Myrtos-Beach-nahen **Myrtillo Café Garden** mit lauschigem Garten wird griechische Küche modern, hip und gleichzeitig bodenständig interpretiert. Neben dem griechischen Joghurt mit Honigwabe solltest du unbedingt auch *Grandmas Eggs* probieren. *Infos: Divarata (3 km oberhalb vom Myrtos Beach) | GPS 38.33017, 20.54543 | Tel. +30 26 74 77 01 45 | Facebook: Myrtillokefalonia | €€*

Mezze-Mekka

Wer griechische Küche mag, wird die **Taverna Gialos Porto Atheras** auf Kefalonia lieben! Ja, der Fisch ist frisch und lecker, aber der eigentliche Geheimtipp sind hier die zahlreichen typischen Vorspeisen auf der Karte – am besten einmal rauf und runter bestellen! *Infos:*

Zu den gefüllten Paprika aus dem Ofen passt ein schönes Glas Weißwein

Traditionelle Souvlaki-Spieße mit Fetakäse und Pitabrot

Paliki (33 km westl. vom Myrtos Beach) | GPS 38.33563, 20.40927 | Tel. +30 26 71 09 38 19 | Facebook: gialosatheras | €€

Weinverkostung

Robola ist der wohl bekannteste Wein der Ionischen Inseln. Nie probiert? Dann wäre hier die Gelegenheit, das zu ändern! Auf dem Weingut **Gentilini Winery & Vineyards** auf Kefalonia erfährst du alles über die Herstellung des traditionellen Weißweins und kannst ihn natürlich auch kosten. *Infos: Minies (34 km südwestl. vom Myrtos Beach) | GPS 38.13820, 20.49604 | Tel. +30 26 71 04 16 18 | gentilini.gr | €€*

Einmaliger Blick

Zum fantastischen Panorama auf den Mizithres Beach und das Ionische Meer gibt es im **Keri Lighthouse Restaurant** im Bergdörfchen Keri im Südwesten von Zakynthos Klassiker der griechischen Küche. Das Essen ist für die Qualität eher hochpreisig, die Aussicht dafür unbezahlbar! In der Hauptsaison besser reservieren. *Infos: Keri | GPS 37.65452, 20.80996 | Tel. +30 26 95 02 66 50 | kerilighthouse.com | €€€*

Jenseits der Touristenströme am Strand

Der einst hübsche Ort Katastari auf Zakynthos ist weitestgehend dem Massentourismus zum Opfer gefallen. Doch unscheinbar zwischen Gyrosbuden und Leuchtreklamen liegt ein Kleinod direkt am Strand: **Fishalida**. In diesem Lokal im Lounge-Stil bekommst du fast zu jeder Tageszeit leckere Speisen. *Infos: Katastari | GPS 37.84245, 20.76791 | Tel. +30 26 95 08 50 08 | fishalida.com | €€*

Griechenland

Die Finger des Peloponnes

Von Voidokilia Strand nach Nafplio

Strecke & Dauer
- Strecke: 442 km
- Reine Fahrzeit: 8 Std.
- Streckenprofil: Zum Teil gut asphaltierte Hauptstraßen, aber auch weniger gut ausgebaute Straßen; auf der Mani kurvenreich
- Empfohlene Dauer: 8-9 Tage

Was dich erwartet
Wie eine abstrakte Hand voller landschaftlich reizvoller Abschnitte liegt der Peloponnes zwischen der Ägäis und dem Ionischen Meer. Seine wie Finger nach Süden ausgerichteten Halbinseln sind hauptsächlich für ihre wunderschönen Strände bekannt. Doch da ist noch viel mehr: sehenswerte Cruising-Strecken, Kultur satt und ursprüngliche Natur so weit das Auge reicht. Auf den Halbinseln ist für jeden etwas dabei – die Region eignet sich für Familien, Ruhesuchende, Kulturliebhaber und Outdoor-Freaks.

Die wohl schönste Bucht des Peloponnes

❶ Voidokilia Strand

17 km

„Ochsenbauchbucht" – so wird die Navarino-Bucht, an der diese Tour startet, umgangssprachlich oft auch genannt. Inmitten der bauchigen Bucht liegt einer der schönsten Strände des Peloponnes, vielleicht sogar des ganzen Festlands: der ❶ **Voidokilia Strand.** Feiner Sand schließt sich an tiefblaues Meer an – eingerahmt von Steilwänden und einzelnen Felsen. Doch nicht nur der Strand ist sehenswert; in der Umgebung warten einige Highlights auf entdeckungsfreudige Camper. Achtung: Manche Navis schicken dich über eine unbefestigte Schotterpiste zum Voidokilia Strand. Bieg bei GPS

Dieser Blick auf die Navarino-Bucht mit dem Voidokilia-Strand lohnt die Kraxelei auf die Burg Palaiókastro

36.99224, 21.67344 von der EO Kiparissias Pilou/EO9 gen Westen ab, um auf der befestigten Straße zu bleiben. Parken: Direkt am Strand gibt es einen Parkplatz (GPS 36.96688, 21.66087).

Nachdem du einen der schönsten Strände des griechischen Festlands hinter dir gelassen hast, verlässt du die Bucht in Richtung Westen und biegst einmal links und nach jeweils rund 1,5 km zweimal rechts ab, um auf die EO Kiparissias Pilou/EO9 zu gelangen. Nach 9 km wechselst du nach rechts auf die EO Pilou Kalamatas/EO82/EO9 und folgst den Schildern nach Methoni/Pylos. Nach gut 5 km gabelt sich die Straße. Du hältst dich rechts, um auf der Theod. Kolokotroni und nach ca. 13 km auf die EO Pilou Methonis/EO9 bis Methoni zu gelangen. Auf diesem Stück erhaschst du ab und an einen Blick auf das türkisblaue Meer. Aus der Nähe kannst du dir das Ganze im hübschen Örtchen Pylos anschauen.

Atmosphärische Gassen

Zwar ist ❷ **Pylos** am südlichen Ende der Navarino-Bucht – nicht zuletzt durch den Kreuzfahrttourismus – inzwischen ein recht touristischer Hafenort, ein Besuch lohnt sich jedoch noch immer, denn ihr uriges, typisch griechisches Flair haben sich die engen Gassen erhalten. Oberhalb des Orts thront die Festung Neokastro (*odysseus.culture.gr*) aus dem 16. Jh., eine der besterhaltenen Festungen Griechenlands. Parken: bei GPS 36.91292, 21.69212.

Weiter geht es auf der eher unspektakulären Route. Sie führt dich nach 11 km zum nächsten Zwischenstopp, dem Dorf Methoni.

❷ **Pylos**

11 km

Von Voidokilia Strand nach Nafplio

Fischerdorf mit Festung

Während das kleine Fischerdorf ❸ **Methoni** eher überschaubar ist, thront die Festung von Methoni *(methoni-castle.gr | GPS 38.82173, 20.65643)* imposant auf einer Landzunge im Ionischen Meer. Die Anlage wurde im 12. Jh. von den Venezianern erbaut und geriet im Lauf der Jahrhunderte unter die Herrschaft der Osmanen, später auch der Franzosen. Obwohl im Zweiten Weltkrieg beschädigt, ist sie bis heute gut erhalten. Besonders sehenswert ist der kleine Leuchtturm am südlichsten Ende der Festung. Parken: fußläufig zur Festung bei GPS 36.81791, 21.707756.

Zunächst folgst du der kleinen Küstenstraße und ab GPS 36.80394, 21.78200 dann der Epar.Od. Koronis – Kamarias/Epar.Od. Methonis – Falanthis/Korwni – Methwni Richtung Osten. Bei GPS 36.79225, 21.94029 bietet sich über die Epar.Od. Koronis – Kamarias/Korwni – Methwni ein Abstecher in das malerische Örtchen Koroni an.

❸ Methoni

24 km

❹ Koroni

46 km

Bilderbuch-Kleinstadt

Mit seinen engen, gepflasterten Gassen, gesäumt von weiß gekälkten und pastellfarbenen Häusern mit roten Dächern, ist ❹ **Koroni** eine griechisches Kleinstadt wie aus dem Bilderbuch. Lass dich durch die Sträßchen treiben, genieß das entspannte Flair oder halte an einem hübschen Steinhaus mit der lokalen Bäckerei *(Maizonos 27 | GPS 38.82173, 20.65643 | €)* und deck dich für die Weiterfahrt mit Spanakopita oder anderen griechischen Backwaren ein. Außer-

Von den Venezianern erbaut: die imposante Festung Methoni

Die hübsche Kleinstadt Koroni liegt in einer Bucht der messenischen Halbinsel

halb des Dorfes kannst du dich in der hübschen Badebucht Paralia Koronis *(GPS 36.79329, 21.95806)* erfrischen oder dir am 2 km langen Sandstrand die Beine vertreten, bevor es wieder hinters Steuer geht. Parken: Eine gute Möglichkeit, dein Womo in Koroni abzustellen, bietet sich direkt an der kleinen Hafenpromenade *(GPS 36.79727, 21.95662)*.

Wieder bei GPS 36.79225, 21.94029 auf der Hauptroute angekommen, fährst du erneut auf die Epar.Od. Koronis – Kamarias/Korwni – Methwni, die sogleich zur Epar.Od. Rizomilou – Koronis wird. Folge ihr für 30 km gen Norden, bevor du bei GPS 37.00401, 21.92020 nach rechts auf die EO Pilou Kalamatas abbiegst und dich an den Schildern nach Kalamata orientierst. Nach knapp 9 km wird die Straße zur Navarinou und kurz darauf dann zur EO Pilou Kalamatas, die dich nach gut 7 km und einer Abbiegung nach rechts auf die EO Tripoleos Kalamatas führt und dann, den Schildern folgend, direkt ins Stadtzentrum von Kalamata.

❺ Kalamata

36 km

Paradies für Feinschmecker & Hobbyköche

Vielleicht ist ❺ **Kalamata** nicht das allerschönste Fleckchen Erde, das du du jemals gesehen hast. Und dennoch lohnt sich ein Besuch. Und zwar nicht nur, weil die Stadt perfekter Ausgangspunkt für Ausflüge in die Umgebung ist. Auch das gemütliche und vor allem kulinarische Flair machen Kalamata – weltweit für die ausgezeichneten lila-schwarzen Oliven und das hochwertige Olivenöl bekannt – zu

Griechenland

Von Voidokilia Strand nach Nafplio

einem sehenswerten Zwischenstopp auf dem Peloponnes. Schon von Weitem werden dir die aufgetürmten Obst- und Gemüsesorten unter kleinen bunten Markisen und das Gewusel auffallen: Der Kalamata's Open Market *(Spartis 31 | agorakalamatas.gr)* ist ein großartiges Potpourri aus frischen Lebensmitteln, duftenden Kräutern und Bergtee, regionalen Spezialitäten und tollen Produkten aus den weltbekannten Kalamata-Oliven. Hier kannst du dich für das nächste Camping-Dinner eindecken. Die Region rund um Kalamata lässt die Herzen aller Outdoor-Freunde höher schlagen. Ob Mountainbiking, Wandern, Canyoning oder SUP – hier kommt jeder auf seine Kosten. Stürz dich beim Rafting in die reißenden Fluten des Flusses Lousios oder entdecke die Landschaft rund um Kalamata vom Kajak aus. Ein toller Anbieter ist Explore Messinia – Outdoor Activities *(26 Mpouloukou Street | Kalamata | Tel. +30 69 48 58 31 38 | exploremessinia.com)*. Parken: Kostenlos und bequem parkst du dein Womo an der Agora (GPS 37.04353, 22.11468).

Zurück auf der Route, setzt du die Reise in Richtung Areopoli fort, indem du zunächst der Epar.Od. Kalamatas – Areopolis folgst und dann gut 75 km der nun ansteigenden Epar.Od. Gytheiou – Areopolis. Hier wird die Route reizvoller, schlängelt sie sich doch ab und an am Meer entlang. Es lohnt ein Zwischenstopp in Kardamili.

Kalamata: nicht nur für Olivenfans einen Besuch wert

Kap Tenaro an der Südspitze der Halbinsel Mani ist der südlichste Punkt des griechischen Festlands

Ausgangspunkt für Wanderungen

Das beschauliche Dörfchen ❻ **Kardamili** nördlich von Areopoli ist ein optimaler Ausgangspunkt für Wanderungen zu den Traumbuchten der Máni. Doch auch der Ort an sich ist sehenswert. Lass dich durch die hübschen Gassen mit den liebevoll restaurierten Steinhäusern treiben und genieße einen Freddo Cappuccino in einem der Cafés an der Küste. Parken: wenige Parkplätze im Ort *(GPS 36.88889, 22.23198)*.

Weiter geht es in Richtung Areopoli. Die Route lässt erste Blicke auf Ausläufer des Taygetos-Gebirges zu, das die Region rund um den nächsten Zwischenstopp, die Halbinsel Mani, dominiert.

Geheimtipp unter Ruhesuchenden & Naturliebhabern

Einsame Straßen, verlassene Dörfer, unberührte Natur, raue Küsten und atemberaubende Panoramen auf das Taygetos-Gebirge – das ist die Halbinsel ❼ **Mani.** Bis heute ist diese wunderschöne Region auf dem mittleren Finger des Peloponnes eine der wildesten und weniger touristischen Regionen des Landes. Auch wenn – oder gerade weil – die Infrastruktur hier vielerorts mäßig ist, gehört eine Tour über die Mani zu den Highlights einer Griechenland-Reise. Am besten erkundest du sie bei einer Rundfahrt über die Küstenstraße. Los geht es in Areopoli, dann nach Süden – genauer gesagt zum südlichsten Punkt Griechenlands. Und von dort dann auf der Ostseite der Mani wieder nach Norden bis zum Start. Unterwegs warten imposante Panoramen, pittoreske Buchten und verlassene Dörfer mit

❻ Kardamili

44 km

❼ Mani

26 km

Griechenland 239

Von Voidokilia Strand nach Nafplio

hohen Steintürmen darauf, erkundet zu werden. Starte die Rundfahrt bei GPS 36.665794, 22.38282 auf der Epar.Od. Areopolis – Gerolimena, bieg bei GPS 36.48048, 22.40511 nach links auf die Epar.Od. Chosiariou – Gerolimena ab und folge ihr zurück nach Areopoli.

Nach deiner Rundfahrt über die Mani wird es Zeit für etwas mehr Zivilisation. Deshalb setzt du deine Fahrt in eine der beliebtesten Städte Griechenlands fort: Nafplion. Doch vorher stehen noch einige lohnenswerte Zwischenstopps an. Für den ersten fährst du auf der Epar.Od. Gytheiou – Areopolis einmal quer über den mittleren Finger des Peloponnes und erreichst nach einer knappen halben Stunde Gythio.

8 Gythio

6 km

Urige Hafenstadt

Im urigen Hafenstädtchen **8 Gythio** gibt es nicht nur einen der besten Campingplätze ganz Griechenlands (s. S. 245), sondern auch zahlreiche preiswerte Fischtavernen. I Trata (*Prothypourgou Tzanni Tzannetaki | GPS 36.75688, 22.56948 | €*) direkt an der Promenade gehört zu den besten.

Gleich hinter Gythio wartet schon der nächste sehenswerte Zwischenstopp. Dafür folgst du der Epar.Od. Skalas – Githiou für nicht

In Gythio kann man gut und preiswert Fisch und Meeresfrüchte essen

Der gestrandete Frachter „Dimitrios" verwandelte sich im Lauf der Zeit vom rostenden Wrack zum beliebten Fotomotiv

einmal zehn Minuten nach Nordosten. Die Parkbucht mit Pavillon bei GPS 36.78769, 22.58053 ist nicht nur ein guter Ort für eine Rast – hier lassen sich aus der Vogelperspektive auch tolle Fotos vom Dimitrios Shipwreck knipsen.

Fotogenes Wrack

Ein riesiges Schiffswrack, das mitten auf dem Strand liegt? Was viele vermutlich nur von Zakynthos kennen, gibt es auch auf dem Peloponnes, genauer bei Valtaki. In den 1980er-Jahren strandete das Containerschiff „Dimitrios" hier – und blieb liegen. Heute ist der halb verrostete Koloss ❾ **Dimitrios Shipwreck** mit Graffitis versehen und hat sich zum beliebten Fotomotiv entwickelt. Alternativ kannst du einfach am gefühlt endlosen Sandstrand spazieren gehen oder mit völlig skurriler Aussicht auf das Wrack ein bisschen im Meer planschen.

Du kehrst zunächst gen Osten auf die Epar.Od. Skalas – Githiou zurück und biegst nach gut 11 km rechts ab, um auf die Vasileiou Theodosakou zu gelangen, die nach knapp 2 km zur EO Monemvasias Krokeon wird. Bei GPS 36.86752, 22.81245 bietet sich unbedingt noch ein Abstecher an die Südostküste nach Monemvasia an, einer der schönsten Orte des Peloponnes. Hierfür biegst du bei GPS

❾ **Dimitrios Shipwreck**

62 km

Griechenland

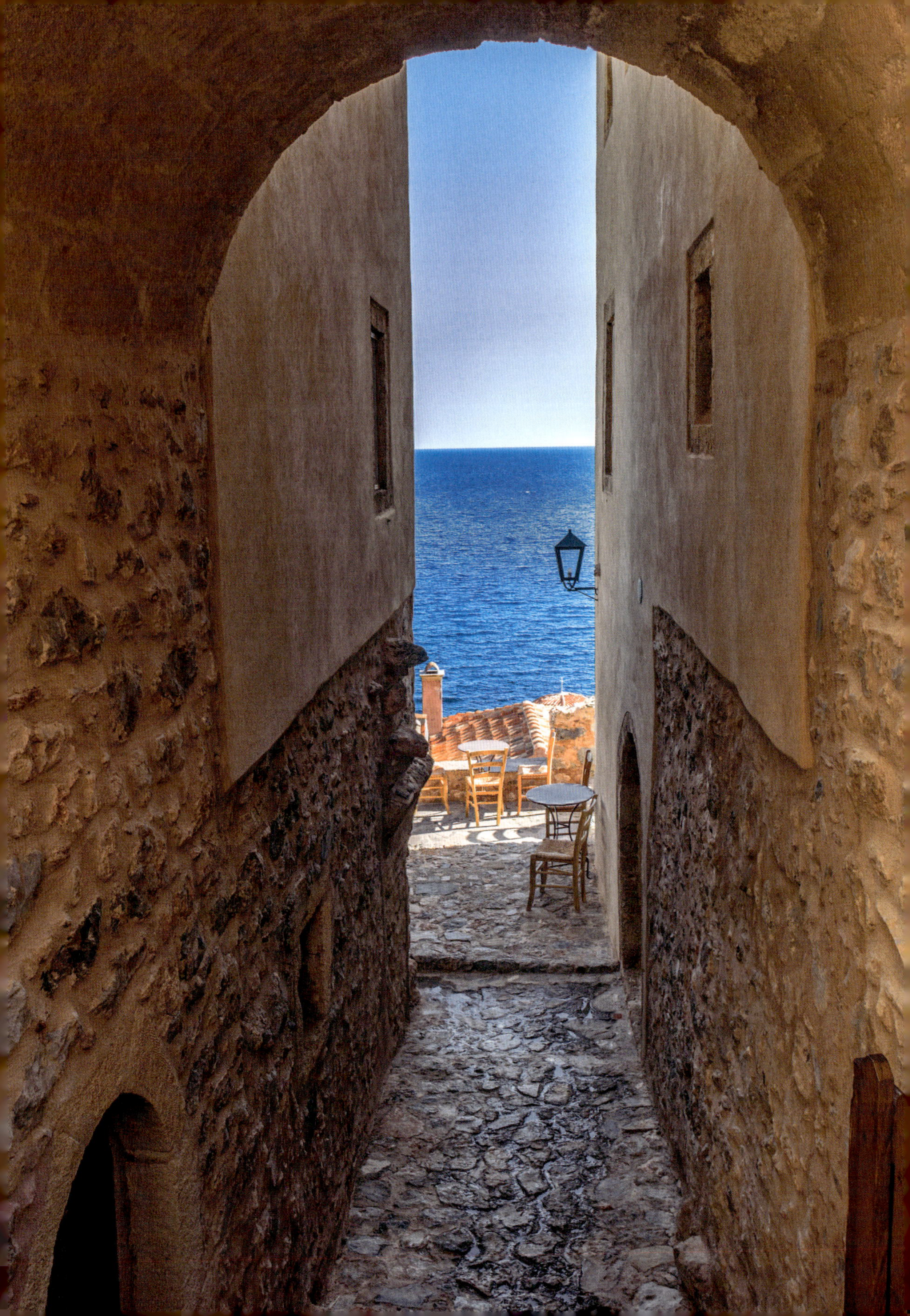

36.86752, 22.81245 in Richtung Südosten auf die EO Monemvasias Krokeon ab und erreichst nach einer guten halben Stunde (34 km) das Ziel.

Romantisch auf einem Felsen

Der mittelalterliche Ortskern von ⑩ **Monemvasia** mit seinen romantischen Gassen liegt auf einem gewaltigen monolithischen Felsen. Aktive Camper nehmen den Aufstieg in die Oberstadt und zur mittelalterlichen Festungsanlage in Angriff und belohnen sich selbst mit dem herrlichen Panorama. Alle anderen können entlang der Straße vorm Tor zur historischen Innenstadt parken *(GPS 36.68593, 23.04807)*.

Zurück auf der Hauptroute, folgst du durchgehend der Epar.Od. Apideon – Leonidiou und erreichst nach ca. 80 Minuten Leonidio.

Oster-Hauptstadt

Die Kleinstadt ⑪ **Leonidio** am Fuße des Parnon-Gebirges bietet nicht nur wunderschöne Buchten, sondern ist auch landesweit für ihr Osterfest bekannt. Kaum irgendwo wird Ostern so ausufernd gefeiert – inklusive Tausender Ballons, die in die Höhe steigen. Zwar können die Straßen hier auch mal enger werden, aber der Nervenkitzel lohnt sich.

Auch wenn das letzte Stück der Route teilweise schöne Ecken zu bieten hat, geht es nun hauptsächlich darum, Strecke zu machen und beim nächsten Stopp anzukommen. Daher fährst du zurück auf die Epar.Od. Astrous – Leonidiou und folgst ihr die nächsten 47 km, bevor sie zur Epar.Od. Kiveriou – Astrous wird. Nach weiteren 19 km biegst du nach rechts auf EO Argous Tripoleos ab und folgst den Schildern nach Argos. Rund 12 km weiter erreichst du das Zentrum von Nafplio.

Griechenlands einstige Hauptstadt

Gerade einmal knapp 14 500 Einwohner zählt ⑫ **Nafplio** heute – kaum vorstellbar, dass die Hafenstadt in den Jahren 1829 bis 1834 die provisorische Hauptstadt des Landes war. Zu Zeiten der griechischen Revolution wurde sie aufgrund ihrer strategischen Lage mit einem Hafen und drei Festungen zum Zentrum Griechenlands erklärt. Davon geblieben ist das weltmännische Flair. Ansonsten strahlt das Städtchen heute statt Widerstand eher Ruhe und Gelassenheit aus. In den kopfsteingepflasterten Gassen der Altstadt mit den malerischen Häuschen, den bunten Blümchen, den Tavernen, Cafés und Boutiquen herrscht eine so gemütliche Atmosphäre – hier muss man sich einfach wohlfühlen! Starte deinen Bummel am besten am Syntagmata Square und lass dich durch das Labyrinth der Gassen treiben. Parken: Sicher und bequem parkst du an der Marina *(GPS 37.56767, 22.79761)*.

⑩ Monemvasia

90 km

⑪ Leonidio

80 km

⑫ Nafplio

Campingplätze am Wegesrand

Von Voidokilia Strand nach Nafplio

Nah am Meer

Funktionaler Campingplatz an der Navarino-Bucht. Die Lage ist perfekt, um Ausflüge in die Region zu machen. Das Team versorgt dich gerne mit Insider-Tipps – zum Teil sogar auf Deutsch.

Camping Navarino Beach
€€ | *Pylos-Nestor (10 km. südöstl. von Voidokilia Strand)* | *Tel. +30 27 23 02 29 73* | *navarino-beach.gr*
GPS: 36.9489, 21.70639

▶ **Größe:** *71 Stellplätze plus Mietunterkünfte*
▶ **Ausstattung:** *Minimarkt, Restaurant, Strandzugang, Bootsrampe*

Noch näher am Meer

Dieser Platz nicht weit von Voidokilia Strand liegt direkt am Strand – mehr noch: Auf den Stellplätzen in der ersten Reihe trennen dich vom Meer gerade mal 10 m!

Camping Anemomilos Finikounda
€€ | *Finikounda (37 km südöstl. von Voidokilia Strand)*
Tel. +30 27 23 07 13 60 | *finikounda.de*
GPS: 36.80569, 21.80211

▶ **Größe:** *60 Stellplätze plus Ferienapartments*
▶ **Ausstattung:** *Minimarkt, Restaurant, Bar, Brötchenservice, Waschmaschinen, Gemeinschaftskühlschränke, Küche, Eismachine, Strandzugang*

Mit Top-Ausblick

Zwar liegt dieser moderne und gepflegte Platz bei Mystras östlich von Kalamata etwas ab vom Schuss im Landesinneren, dafür befinden sich viele Stellplätze angenehm schattig unter Olivenbäumen und bieten einen grandiosen Ausblick auf die Festung von Mystras und die umliegenden Berge.

Castle View Camping
€ | *Mystras (55 km östl. von Kalamata)* | *empfohlene Anfahrt über Epar.Od. Kato Davias – Dimitsanas/Megalopoleos, EO Kalamatas Spartis* | *castleview.gr*
Tel. +30 27 31 08 33 03 | *GPS 37.06945, 22.38184*

▶ **Größe:** *72 Stellplätze plus Mietunterkünfte*
▶ **Ausstattung:** *Restaurant, Pool, Waschmaschinen*

Für All-inclusive-Fans

Auf diesem Platz bei Gythio gibt es wirklich alles, was das Camper-Herz begehrt – groß-

Der Campingplatz Argolic Strand punktet nicht nur mit direkter Strandlage, sondern auch mit schattigen Stellplätzen

Auf dem Campingplatz Finikounda spielen Wellen die Nachtmusik

zügige Parzellen, Glamping-Unterkünfte, moderne Sanitäranlagen, einen echten Traumstrand und einen Pool mit Sonnenliegen.

Camping Gythion Bay

€€ | Gythio (23 km nordöstl. von Areopoli) | Anfahrt über Epar.Od. Gytheiou – Areopolis | Tel. +30 27 33 02 25 22
gythiocamping.gr
GPS: 36.73003, 22.54505

▶ **Größe:** 200 Stellplätze plus Mietunterkünfte
▶ **Ausstattung:** Restaurant, Minimarkt, Waschmaschinen, Gemeinschaftsküche, Kinderbetreuung, Strandzugang, Pool, Beachvolleyball, Wind- und, Kitesurfen, Darts, Tischtennis, Fußball, Fahrradverleih, Autovermietung

Für Bodenständige

Fußläufig zum Meer liegt dieser Platz idyllisch mitten in Olivenhainen in Gythio. Die Plätze sind hier zwar nicht riesig, dafür aber in der Nebensaison und bei geringer Auslastung frei wählbar.

Camping Meltemi

€€ | Gythio | Tel. +30 27 33 02 28 33 | campingmeltemi.gr
GPS: 36.73043, 22.55330

▶ **Größe:** 50 Stellplätze plus Zeltplatz und Mietunterkünfte
▶ **Ausstattung:** Minimarkt, Restaurant, Pool, Poolbar, Waschmaschinen, Strandzugang, Kino, Wind- und Kitesurfen, SUP, eigenes Olivenöl

Der Perfekte

Dieser Platz bei Nafplio ist das modernisierte Vorzeigeobjekt eines Familienunternehmens. Herzliche Betreiber, und die vielleicht modernsten Sanitäranlagen, die du je auf einem Campingplatz gesehen hast. Mit Zugang zum breiten Sandstrand – perfekt!

Camping Argolic Strand

€€ | Plaka, Drepano (11 km östl. von Nafplio)
Tel. +30 27 52 09 23 76 | GPS: 37.53230, 22.89249

▶ **Größe:** 60 Stellplätze plus Mietunterkünfte
▶ **Ausstattung:** Minimarkt, Restaurant, Waschmaschinen

Kulinarisches am Wegesrand

Von Voidokilia Strand nach Nafplio

Frischster Fisch

Da wird der Fisch in der Pfanne – oder auch mal auf dem Grill – verrückt! Frischer als im **Kochili Fish Restaurant** ist er kaum irgendwo. Dazu sitzt du direkt am Voidokilia Strand und genießt den Blick über die Navarino-Bucht. Infos: Pylou-Gargalianwn | Gialova | Tel. +30 27 23 02 32 59 | kochiligialova.com | €€

Einkehr nach dem Marktbummel

Am Ende des Kalamata's Open Market gibt es einfache, aber unglaublich leckere authentische Gerichte. Die Taverne **Psistariá Nikítas** ist der perfekte Abschluss nach einem gemütlichem Bummel auf dem Markt. Infos: Spartis 39–45 | Kalamata | Tel. +30 27 21 02 67 66 | Facebook: nikitas.souvlaki | €

Moussaka-Meister

Eigentlich kennt man die rot-weiß-karierten Tischdecken eher aus der italischen Enoteca, doch in Kalamata schmücken sie die Holztische in der rustikalen griechischen Taverne **Ta Rolla** mit Flair. Unbedingt probieren: die hausgemachte Moussaka. Infos: Spartis 53 | Kalamata | Tel. +30 27 21 02 62 18 | ta-rolla.gr | €

Kaffee & Pancakes

Im hippen Coffee Shop **Blossom Owl** mit Rösterei in Kalamata gibt es nicht nur richtig guten Kaffee, sondern auch köstliche Sandwiches und eine vielfältige Frühstücksauswahl – unter anderem verführerische Pancakes mit verschiedenen Toppings. Infos: Valaoritou 7 | Kalamata | Tel. +30 27 21 06 00 08 | Facebook: blossomowlcoffeeshop | €€

Auf dem Markt von Kalamata gibt es mediterrane Produkte aller Art – natürlich auch die berühmten schwarzen Oliven

Und zum Sonnenuntergang eine frisch gegrillte Dorade ...

Lecker, viel, preiswert

Egal, ob Fisch, Fleisch oder Vegetarisches – bei **To Micro Algeri** in Aeropoli auf der Mani kommen alle auf ihre Kosten. Die Karte hält viele griechische Spezialitäten bereit, die Portionen sind üppig und die Preise fair. Dazu sitzt du gemütlich direkt am Wasser. *Infos: Anatoliki Mani | Areopoli | Tel. +30 27 33 05 94 01 | tomikroalgeri-mani.business.site | €€*

Entspannt im Schatten

Hier ist der Name Programm: Mitten im Nirgendwo machen die Lage unter Bäumen, die angenehme Stimmung und die herzlichen Betreiber die kleine Taverne **To nowhere all day bar restaurant** auf der Halbinsel Mani zu einem echten Wohlfühlort. Serviert werden Spezialitäten der griechischen Küche mit regionalen Zutaten. *Infos: Gerolimenas | Tel. +30 27 33 05 16 65 | tonowhere-bar-rest.wixsite.com | €*

Für Loukoumades-Lover

Du liebst *loukoumades*? Dann bist du hier richtig! In dem kleinen Laden **Pergamónto** in Nafplio gibt es die kleinen frittierten Teigbällchen nämlich in allen Varianten. Neben denen mit Schokolade und anderen Leckereien solltest du unbedingt auch die klassische Version mit Honig und Zimt probieren. *Infos: Koumninou 1 | Nafplio | Tel. +30 27 52 02 45 70 | Facebook: pergamonto.loukoumades | €*

Tradition mit Kick

In der gemütlichen **Pidalio Tavern** in Nafplio sitzt du auf den typischen bunten Holzstühlen zwischen Einheimischen und genießt Klassiker der griechischen Küche nach traditionellen Rezepten, aber mit Pfiff interpretiert. *Infos: 25is Martiou 5 | Nafplio | Tel. +30 27 52 02 26 03 | pidalio.gr | €€€*

An den Nordhängen der Julischen Alpen in Slowenien halten sich Schneereste oft bis in den Sommer hinein

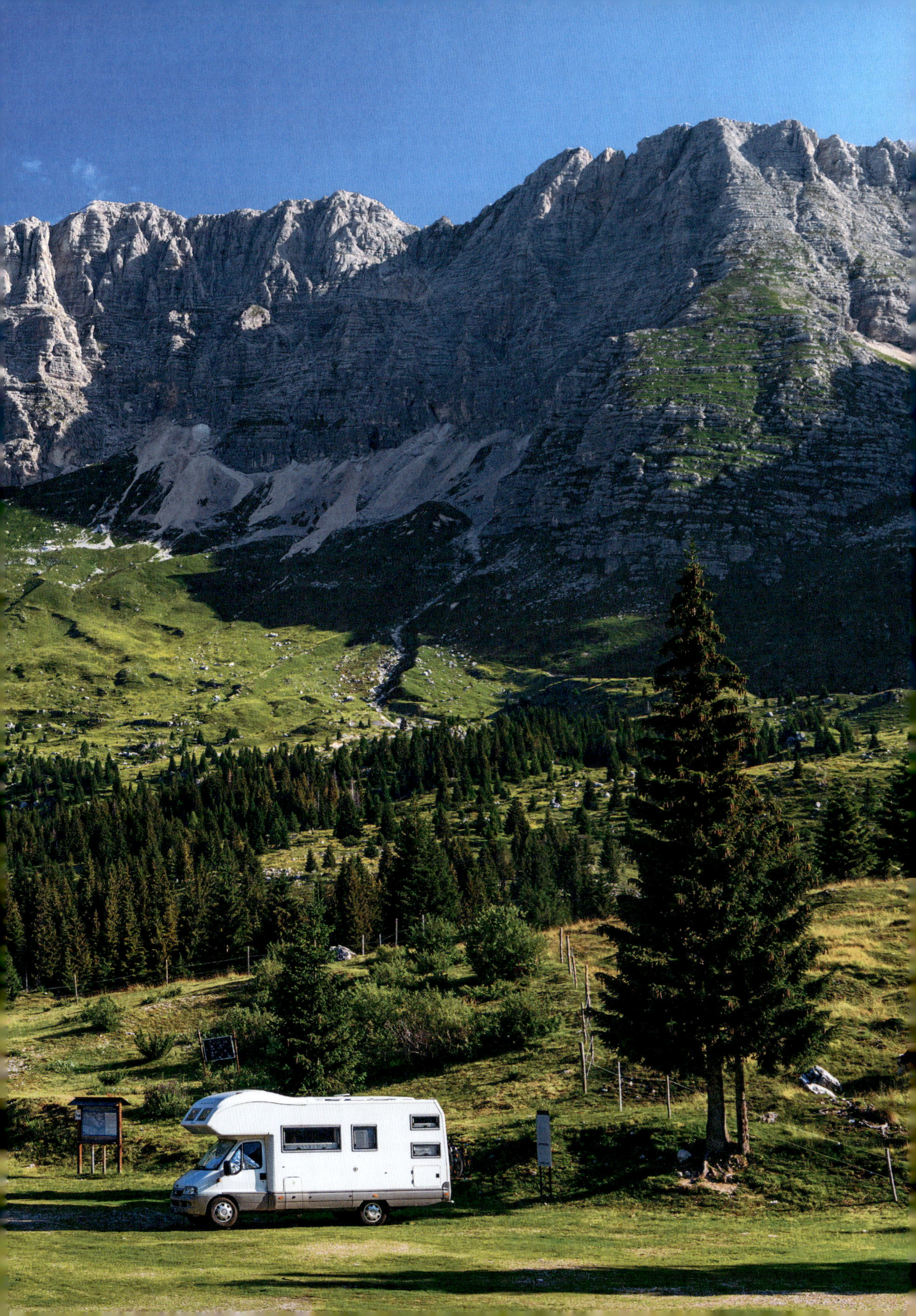

MARCO POLO DIGITALE EXTRAS

TOUREN-DOWNLOAD

Alle Touren aus diesem Band als gpx-Download zur einfachen Orientierung unter: www.marcopolo.de/camper-guide/auf_tour_sueden

PLAYLIST ZU DEN WOHNMOBILTRIPS

Den Soundtrack für deinen Urlaub gibt's auf Spotify unter MARCO POLO Ab in den Süden

Code mit Spotify-App scannen

Register

Abbazia di Monte Oliveto Maggiore 142
Acantilados de la Piedra y San Adrián 58
Ainsa 56
Aljezur 39, 41, 43
Almada 33
Amarante 25
Angera 134
Arcachon 10, 82, 90, 92
Arcos de la Frontera 68
Arona 134
Asciano 141
Ascona 126, 136
Ássos 225

Badoca Safari Park 34
Biscarrosse 84, 90, 92, 93
Bled 11, 163, 168, 170
Bohinj 165, 169, 170, 171
Bohinjska Bistrica 164
Bovec 174, 180, 182
Bozen/Bolzano 11, 112, 122, 124
Braga 22, 28, 31
Brixen/Bressanone 116, 122, 124, 125
Bruneck/Brunico 118, 123, 125

Cadiz 75
Cádiz 68
Cannobio 130
Cape Lefkada 223
Cascade de Clars 100
Castellane 99, 103, 105
Castillo de Loarre 50, 54
Chianciano Terme 146
Comporta 34, 40, 42
Courant d'Huchet 88
Cres 196, 199, 201

Diga Verzasca 128
Dimitrios Shipwreck 241
Douro-Tal 24, 28
Dune du Pilat 10, 84, 90

El Chorro 65, 72, 74
Espacio Salto de Roldán 55
Esposende 21, 30

Fischleintal/Val Fiscalina 121

Fort Kluže 175
Foz de Lumbier 58

„Galebovo krilo"-Denkmal 210
Gorges du Verdon 99
Goriška Brda 178
Grasse 101, 103, 105
Grotte de la Baume Obscure 101
Guimarães 23
Gythio 11, 240, 244, 245

Hossegor 12, 88, 91, 93
Huesca 54
Hvar 13, 207, 213, 215

Igrane 209
Innichen/San Candido 121

Jaca 57, 61
Jesenice 162

Kalamata 237, 244, 246
Kardamili 239
Kefalonia 232, 233
Klausen/Chiusa 115
Kobarid 177, 180, 182
Kobilarna Lipica 179
Koroni 236
Kranjska Gora 160, 168, 172
Krk 11, 196, 199, 201
Krka-Nationalpark 202
Krnica 194

Lac de Léon 88
Lac de Sainte-Croix 97, 102
Lago di Bolsena 148, 151
Lago d'Orta 133, 137, 139
Lefkada 222, 230, 232
Leonidio 243
Lissabon 32, 40, 42
Ljubliana 167
Ljubljana 13, 169, 171
Locarno 126, 136, 138
Lošinj 195, 198, 200, 201

Madonna von Loreto 204
Makarska 210, 213, 215
Málaga 64, 72, 74
Mala Korita Soče 173
Mangart-Sattel 176

Mani 239, 247
Marbella 71
Martuljski Slapovi 161
Medveja 195
Methoni 236
Mijas Pueblo 71
Mimizan-Plage 86
Monemvasia 243
Monte Perdido 61
Montepulciano 145, 150, 152
Moulin à huile Paschetta Henry 95
Moustiers-Sainte-Marie 97, 102, 104, 105
Muzej Železniki 166
Myrtos Beach 13, 226, 230, 232

Nafplio 243, 245, 247
Nationalpark Brijuni 192
Nydri 224

Olite 51
Orvieto 147, 153

Pamplona (Iruña) 12, 50, 60, 62
Parque Nacional de Ordesa 63
Parque Nacional de Ordesa y Monte Perdido 57
Parque Natural de las Bardenas Reales 52
Parque Natural de Valles Occidentales 57, 63
Parque Natural do Sudoeste Alentejano e Costa Vicentina 37
Pessada Harbour 227
Pienza 145
Pitigliano 149, 151, 153
Plage de l'Espécier 87
Plätzwiese/Prato Piazza 119
Plaža Duba 209
Ponti dei Salti 128
Porto 12, 26, 29, 31
Porto Covo 35, 40
Pozzo di Tegna 127
Premantura 193, 200
Prettau/Predoi 117
Primošten 203, 214
Promenade Fleurie 85
Pula 192, 198, 200
Pylos 235

Register

Ronda 66
Rovinj 190, 198, 200

Sagres 10, 39, 41, 43
Saint Theodore Lighthouse 227
San Giovanni d'Asso 143
San Quirico d'Orcia 144
Schloss Pröseles 113
Seis am Schlern/Siusi 114
Sentier du Lézard 98
Serra do Marão 25
Šibenik 202, 212
Siena 13, 140, 150, 152
Sierra de Grazalema 10, 67, 72, 74
Sines 35, 43
Sisteron 94, 102, 104
Škofja Loka 166
Slap Boka 176
Slap Peričnik 162
Šmartno 178, 181, 183
Soča-Tal 174
Split 206, 212, 214
Stara Baška 11
Stresa 132
St. Ulrich/Ortisei 114
Sućuraj-Leuchtturm 208

Tarifa 70, 73, 75
Toblach 123, 125
Toblach/Dobbiaco 119
Tolminska Korita 177
Triest 179, 181, 183
Trogir 205, 214
Tudela 52

Valensole 96
Varese 135, 137, 139
Vejer de la Frontera 69, 73
Velika Korita Soče 173
Verbania 131, 136, 137, 138
Viana do Castelo 20, 28, 30
Vila Nova de Milfontes 36
Vila Real 24, 31
Vodnjan 191
Voidokilia Strand 234, 244, 246

Z
Zakynthos 228, 231, 233
Zaragoza (Saragossa) 53, 61, 62

CAMPING- UND STELLPLÄTZE
Agricampeggio Poggio del Castagno 151
Área Camper Berriozar 60
Área de Autocaravanas Los Caños de Meca 73
Area Sosta Camper Verbania 136
Autocamp Krvavica 213
Auto Camp Sani 212
Camp Bohinj 169
Campeggio Obelisco 181
Campeggio Orta 137
Camping Anemomilos Finikounda 244
Camping Ansitz Wildberg 123
Camping Argolic Strand 245
Camping Bijar 199
Camping Čikat 198
Camping Ciudad de Zaragoza 61
Camping Delta 136
Camping des Gorges du Lou 103
Camping Domaine de Fierbois 91
Camping Frédéric Mistral 103
Camping Gythion Bay 11, 245
Camping Kanpina IZARPE 60
Camping Karavomilos Beach 231
Camping La Famiglia 137
Camping La Montagnola 150
Camping La Viñuela 72
Camping Le Jas du Moine 102
Camping Les Oyats 91
Camping Les Prés Hauts 102
Camping Los Linares 10, 73
Camping Löwenhof 123
Camping Maguide 91
Camping Manaysse 103
Camping Melezza Losone 136
Camping Moosbauer 11, 122
Camping Municipal de Verdalle 90
Camping Navarino Beach 244
Camping Panorama du Pyla 10, 90
Camping Río Ara 61
Camping Río Jara 73
Camping Seiser Alm 122
Camping Serrão 41
Camping Siena Colleverde 150
Camping Stobreč Split 212
Camping Toblacher See 123
Camping Trenta 180
Camping Village Isolino 137

Camping Meltemi 245
Camp Špik 168
Castle View Camping 244
El Arrebol Comfort Camp 61
Ermida Gerês Camping 28
Istas' Garden 29
Kamp David 181
Kamp Grebišće 213
Kamp Kamne 168
Kamp Koren 180
Kamp Rožac 212
Kamp Triglav 180
Kariotes Camping & Rooms 230
Lido Camping Village 151
Ljubljana Resort Hotel & Camp 169
Maistra Camp Polari 198
Orbitur Canidelo 29
Orbitur Viana do Castelo 28
Paradise Camping 231
Parco delle Piscine 151
Parque Ardales Apartamentos y Camping 72
Parque Campismo Quinta da Agueira 29
Parque de Campismo de Melides 40
Parque de Campismo Orbitur Costa Caparica 40
Parque de Campismo Orbitur Sagres 10, 41
Parque de Campismo Porto Covo 41
Peškera Auto Camp 198
Poros Beach Camping & Bungalows 230
River Camping Bled 11, 169
Škrila Sunny Camping 11, 199
Tartaruga Camping 231

IMPRESSUM

Titelbild: Wohnmobil am Atlantik bei Tarifa in Spanien (Shutterstock.com: SCK_Photo)

Fotos: Andrea Markand (177); Andrea Markand (168, 169, 175, 180, 181); C. Hofmeister (95, 102, 105); C. Sehi (130, 136, 137); Camping Maguide (91); DuMont Bildarchiv (43, F. Heuer (65), Frank Heuer (118); Elisabeth Schnurrer (122, 123, 147, 150, 151); iStock.com: anyaberkut (250); laif: Emmanuel Berthier/hemis.fr (90), F. Guiziou (17), hemis.fr/J. P. Azam (57), hemis/Mattes René (56); M. Kaupat (195, 199, 203, 204, 206, 210, 212); M. Kruse (103); M./L. Lackas (13, 229, 230, 241, 244, 245, 246); mauritius images / Alamy: I. Coric (208); Mauritius Images: Alamy (60); mauritius images: Jan Greune (86); Mauritius Images: S. Boixader (61); mauritius images/ EyeEm: Christoph Oberschneider (157); picture alliance/Westend61: Reyes (52); Shutterstock.com: A. Mayovskyy (235), A. Pav (58), A. Pustynnikova (42), Adam Zoltan (176), Adisa (2, 219, 225), Adrian Sediles Embi (55, 59), ajcabeza (38), Alanstix64 (116), Alex Tihonovs (70), Alexandre Rotenberg (34), Andrew Mayovskyy (164, 173, 237), B. I. Silva Alves (28), Benedikt Juerges (119), berni0004 (201), Bildagentur Zoonar GmbH (117), Brent Hofacker (104), Bukhta Yurii (182), canadastock (114), Carlos andre Santos (31), cge2010 (121), Claudio Giovanni Colombo (143), DaLiu (16), Dani Vincek (183), Davide F (135), Dimitris Panas (239), Dreamer4787 (205), E. Cowez (81, 85, 87), editorial_head (218), Erhan Inga (186), ESB Professional (27, 255), Eskild81 (47), essevu (109, 146), fotopanorama360 (171), Francisco Caravana (22), Francois Roux (96), Frank Lambert (124), from my point of view (214), G. Bruev (79), Gaspar Janos (174), Gunter Nuyts (154–5), Happy Moments (166), hbpro (159), Heinz-Peter Schwerin (14–15), hlphoto (233), iascic (189), Ilnes (8–9), istetiana (200), J. Gonzalez (71), J. Kubes (198), Jacek Chabraszewski (138), Jenny Sturm (162), JGA (10–11), joserpizarro (66, 72), JUAN ANTONIO ORIHUELA (68), Juan Carlos Munoz (29), K. Fisher (207), K. Victor (19), Karl Allgaeuer (125), kavram (236), Khirman Vladimir (111), Kirk Fisher (187), Kirk Gulden (215), Kitreel (153), Konstantin Kopachinsky (63), L. Lorenzelli (133), L. Puccini (99), Lecker Studio (74), leoks (179), liggrafie (194), Lmspencer (89), lunamarina (46), M. Krzyzak (191), Marcin Jucha (178), Marco Rubino (144), margouillat photo (23), Marina VN (98), Marques (44–45), Martin M303 (221), Martin Rettenberger (139), Matej Kastelic (67), mats silvan (129), Mazur Travel (30), mehdi33300 (69), Mike Fuchslocher (231), Mirjam Kavcic (170), MNStudio (149), MOIAN ADRIAN (209), N. Valente Fotografia (35), Natalia Lisovskaya (152), nelea33 (93), nelik (12), Nicolas Aeby (128), Nina Zorina (141), nito (62, 75), oksana.perkins (4–5), OPISZagreb (193), P. Debat (197), Philippe Devanne (84), PHOTOCREO Michal Bednarek (227), Piotr Krzeslak (226), PippiLongstocking (108), Pit Stock (238), PIXEL to the PEOPLE (36, 39), pixeldreams.eu (211), portumen (26), R. Semik (248-9), Ralf Liebhold (49), Raphael Rivest (165), RossHelen (223), Rostislav Glinsky (131), Sabine Klein (101), saiko3p (113), SaKaLovo (228), SceneryShots (161), Serge Cornu (78), Simon Dannhauer (24), Sina Ettmer Photography (132), Socialtruant (40), Stanislav Simonyan (83), StevanZZ (106-7, 145, 148), StockPhotoAstur (54), streetflash (37, 216-7), Suporn Thawornnithi (92), SvetlanaSF (51), Syndromeda (53), Thibault RAQUIN (100), Toms Auzins (247), trabantos (25, 127), Tsuguliev (21), Umomos (120), valantis minogiannis (240, 242), Valentyn Volkov (97), veesaw (76–77), Veniamakis Stefanos (232), Video Media Studio Europe (33), Vladimir Sazonov (115), Voyagerix (73), VVargas (41), Wirestock Creators (167), xbrchx (213), Xseon (192), Yasonya (184–5), YesPhotographers (156), Yevhenii Chulovskyi (224), Yuri Turkov (142), ZGPhotography (163)

Texte: Der Inhalt dieses Buchs basiert auf bereits veröffentlichten Texten der Camper-Guide- und der Reiseführer-Reihe von MARCO POLO.

1. Auflage 2025
© 2025 MAIRDUMONT GmbH & Co. KG, Ostfildern

Konzept & Projektleitung: Tamara Siedler
Redaktion & Satz: Ronit Jariv, derschönstesatz
Kartografie: © KOMPASS-Karten GmbH, kompass.de unter Verwendung von © OpenStreetMap Contributors, osm.org/copyright
Als touristischer Verlag stellen wir bei den Karten nur den De-facto-Stand dar. Dieser kann von der völkerrechtlichen Lage abweichen und ist völlig wertungsfrei.
Gestaltung, Umschlag & Layout: Sofarobotnik, Augsburg & München
Bildbearbeitung: typopoint GbR, Ostfildern

Printed in Slovenia

FSC MIX Papier | Fördert gute Waldnutzung FSC® C106600

Lob oder Kritik? Wir freuen uns auf deine Nachricht!
Trotz gründlicher Recherche schleichen sich manchmal Fehler ein.
Wir hoffen, du hast Verständnis, dass der Verlag dafür keine Haftung übernehmen kann.
MARCO POLO Redaktion, MAIRDUMONT, Postfach 3151,
73751 Ostfildern, info@marcopolo.de

Notizen/ Da will ich hin

Eine Tramfahrt gehört in Lissabon auf jeden Fall auf die To-do-Liste

Unvergessliche Erlebnisse

In den Bardenas Reales unter Sternen schlafen

Die Bardenas Reales in der spanischen Provinz Navarra sind eine fast weiße Halbwüste mit bizarren Felsformationen. Wenn du in diesem UNESCO-Biosphärenreservat nachts in den Sternenhimmel blickst, fühlst du dich wie in der Sahara – oder wie auf einem anderen Planeten. ▶ S. 52

Durch die Gorges du Verdon schiessen

Erst rein in den Neoprenanzug und dann rein in die Schlucht! Beim Canyoning in der Verdon-Schlucht in Südfrankreich mit dem Anbieter Secret River erschließt du dir den Fluss schwimmend und springend an der Seite eines Guides. Adrenalinkicks und ein riesiges Grinsen gibt's gratis. ▶ S. 99

Im Maggia- und Verzascatal baden

Die kristallklare Maggia im schweizerischen Tessin bietet am Sandstrand Pozzo di Tegna den perfekten Badespaß. Ein paar Kilometer weiter im Verzascatal warten an der Römerbrücke Ponti dei Salti weitere Bade- und auch Wanderfreuden. ▶ S. 127/128

In den Julischen Alpen Fälle erwandern

Gemeint sind hier die zwei Wasserfälle Martuljski Slapovi am Fuß des Bergs Špik in Slowenien, die auf einfachen bis herausfordernden Wanderwegen nur zu Fuß erreichbar sind. Unterwegs kannst du dich mit einem überm offenen Feuer gekochten Eintopf in der Berghütte Pri Ingotu stärken. ▶ S. 161

Im Krka-Nationalpark einen Fluss erleben

Die Krka schlängelt sich mal durch Schluchten, mal entlang sanfter, begrünter Hänge, staut sich zu Seen und verengt sich zu Stromschnellen. Dazu gibt es Festungsruinen, Wassermühlen, eine Klosterinsel und sage und schreibe sieben Wasserfälle. Erkunden kannst du diese wunderbare Flusslandschaft im Krka-Nationalpark in Kroatien auf zahlreichen Wegen und Stegen. ▶ S. 203

Auf dem Peloponnes die Einsamkeit geniessen

Eine Fahrt an der Küste entlang auf der Mani – dem mittleren „Finger" des Peloponnes – ist ein absolutes Highlight für Reisende, die in Griechenland Abgeschiedenheit und unberührte Natur suchen. Du startest in Aeropolis und fährst einmal um den Finger rum. Unterwegs erwartet dich eine wilde und einsame Landschaft mit schroffen Hügeln und kargen Hängen, gesprenkelt mit verlassenen mittelalterlichen Dörfern. ▶ S. 239